Geomorfologia:
fundamentos e métodos para o estudo do relevo

O selo DIALÓGICA da Editora InterSaberes faz referência às publicações que privilegiam uma linguagem na qual os autores dialogam com o leitor por meio de recursos textuais e visuais, o que torna o conteúdo muito mais dinâmico. São livros que criam um ambiente de interação com o leitor – seu universo cultural, social e de elaboração de conhecimentos –, possibilitando um real processo de interlocução para que a comunicação se efetive.

Geomorfologia:
fundamentos e métodos
para o estudo do relevo

Paulo César Medeiros

Rua Clara Vendramin, 58 . Mossunguê . CEP 81200-170 . Curitiba . PR . Brasil
Fone: (41) 2106-4170 . www.intersaberes.com . editora@editoraintersaberes.com.br

Conselho editorial
Dr. Ivo José Both (presidente)
Dr.ª Elena Godoy
Dr. Nelson Luís Dias
Dr. Neri dos Santos
Dr. Ulf Gregor Baranow

Editora-chefe
Lindsay Azambuja

Supervisora editorial
Ariadne Nunes Wenger

Analista editorial
Ariel Martins

Capa
Design: Igor Bleggi
Imagem de capa: PRILL/Shutterstock

Projeto gráfico
Mayra Yoshizawa

Diagramação
Conduta Design

Iconografia
Vanessa Plugiti Pereira

Dados Internacionais de Catalogação na Publicação (CIP)
(Câmara Brasileira do Livro, SP, Brasil)

1ª edição, 2016.

Foi feito o depósito legal.

Informamos que é de inteira responsabilidade do autor a emissão de conceitos.

Nenhuma parte desta publicação poderá ser reproduzida por qualquer meio ou forma sem a prévia autorização da Editora InterSaberes.

A violação dos direitos autorais é crime estabelecido na Lei n. 9.610/1998 e punido pelo art. 184 do Código Penal.

Medeiros, Paulo César
 Geomorfologia: fundamentos e métodos para o estudo do relevo/Paulo César Medeiros. Curitiba: InterSaberes, 2016.

 Bibliografia.
 ISBN 978-85-5972-012-9

 1. Geografia - Estudo e ensino 2. Geomorfologia 3. Relevo (Geografia) I. Título.

16-01737   CDD-910.7

Índices para catálogo sistemático:
 1. Geografia: Estudo e ensino 910.7

Sumário

Apresentação | 7

Organização didático-pedagógica | 11

Parte 1 – Geomorfologia: teorias e práticas | 15

1. Geomorfologia e ensino da Geografia | 17
   - 1.1 Geomorfologia: a ciência do relevo terrestre | 20
   - 1.2 Geomorfologia no Brasil | 28
   - 1.3 Geomorfologia: conceitos e abordagens geográficas | 34
   - 1.4 Geomorfologia e aprendizagem geográfica | 42
   - 1.5 Prática profissional do geomorfólogo | 47

2. Sistemas de referência em geomorfologia | 59
   - 2.1 Implicações da teoria dos sistemas na geomorfologia | 61
   - 2.2 Sistemas de referência para o estudo do relevo | 67
   - 2.3 Relações entre os sistemas geomorfológicos | 81
   - 2.4 Geomorfologia aplicada ao estudo dos geossistemas | 84

3. Métodos e técnicas do estudo geomorfo-lógico | 93
   - 3.1 Pesquisa científica em geomorfologia | 95
   - 3.2 Técnicas de representações do relevo terrestre | 118
   - 3.3 Construção de maquetes de relevo | 136
   - 3.4 Elaboração de mapas geomorfológicos | 141

Parte 2 – Geomorfologia: processos e formas do relevo | 171

4. Compartimentação do relevo | 173
   - 4.1 Compartimentação topográfica | 175
   - 4.2 Domínios morfoestruturais | 179

4.3   Regiões geomorfológicas | 181

4.4   Unidades geomorfológicas | 184

4.5   Modelados do relevo | 186

5. O clima e sua influência no relevo | 197

5.1   Atmosfera e relevo terrestre | 200

5.2   Formas associadas aos domínios morfoclimáticos | 211

5.3   Intemperismo e formação da estrutura superficial | 222

5.4   Depósitos correlativos e paleopavimentos | 227

5.5   Depósitos tecnogênicos e paisagem | 232

6. Fisiologia da paisagem: vertentes e sistemas hidrográficos | 241

6.1   Vertentes: formas e processos | 244

6.2   Balanço denudacional e morfogenético das vertentes | 251

6.3   Escoamento, formas erosivas e impactos ambientais | 257

6.4   Sistemas geomorfológicos fluviais | 269

6.5   Sistemas geomorfológicos costeiros | 296

Considerações finais | 313

Referências | 317

Bibliografia comentada | 353

Respostas | 359

Anexo 1 | 367

Anexo 2 | 389

Sobre o autor | 395

Apresentação

Nesta obra, temos como objetivo desenvolver conhecimentos sobre a geomorfologia, suas bases teóricas e aplicações nas práticas acadêmicas e profissionais de estudantes e professores. Os métodos e as técnicas dessa ciência são fundamentais para o estudo do relevo terrestre, e seus conceitos e procedimentos caracterizam sua importância para o ensino da Geografia e outras ciências em nível escolar e acadêmico, uma vez que ela se apresenta como disciplina fundamental na formação dos geógrafos, geólogos, engenheiros, entre outros profissionais.

Organizamos os capítulos em dois blocos temáticos, visando atender à organização do trabalho pedagógico de professores e à orientação dos acadêmicos no estudo da geomorfologia, nas modalidades de ensino e nível técnico-científico a que se destina a obra. Planejamos cada capítulo objetivando o aprofundamento teórico e metodológico da geomorfologia, visando à sua aplicabilidade no ensino e na pesquisa do relevo, com apresentação de atividades, materiais, recursos, técnicas e procedimentos didáticos e pedagógicos.

No primeiro bloco temático, examinamos as teorias e as práticas da geomorfologia contemporânea. Nos dois primeiros capítulos, apresentamos a geomorfologia como uma ciência do relevo terrestre, que se consolidou com base em grandes escolas geomorfológicas, as quais produziram teorias e sistemas de referência para a análise dos processos e das formas de compartimentos, unidades e modelados do relevo. Os diferentes paradigmas da geomorfologia confluem, na atualidade, para apoiar o ensino e a pesquisa sobre o relevo no Brasil, produzindo uma abordagem geomorfológica que considera três dimensões de estudo que se integram e interagem: **compartimentação topográfica**, **estrutura super-ficial** e **fisiologia da paisagem**. Essas três dimensões orientam a obra e são aprofundadas nos demais capítulos.

No terceiro capítulo, demonstramos técnicas e métodos de estudo da geomorfologia aplicados para ensino, pesquisa e/ou extensão. A pesquisa científica sobre o relevo adquire cada vez maior espaço, dado o momento histórico atual, no qual as temáticas ambientais ganham destaque – muitas vezes, de forma trágica, como a ocorrência de deslocamentos de massa, deslizamentos, enchentes e outros fatores associados ao espaço geográfico contemporâneo. Também têm destaque as técnicas de representação cartográfica em meio digital, o que amplia as possibilidades de conhecimento das dinâmicas do relevo. Com isso, a cartografia geomorfológica permite integrar vários elementos da pesquisa, tais como as informações quantitativas e qualitativas, as bases cartográficas e as imagens de diferentes origens. Da mesma forma, os mapeamentos geomorfológicos adquirem cada vez maior espaço nos trabalhos técnicos e acadêmicos, com a aplicação de sistemas informatizados e técnicas de tratamento de imagens e informações georreferenciadas.

No segundo bloco temático, apresentamos os processos e as formas do relevo, de acordo com as dimensões ou as escalas geomorfológicas de estudo. No quarto capítulo, analisamos compartimentos do relevo, seus diferentes domínios morfoestruturais, regiões, unidades geomorfológicas e modelados. No quinto capítulo, tratamos da estrutura superficial, que é apresentada como uma resultante da interação de processos climáticos com a formação superficial – a formação de depósitos ao longo do atual período geológico.

No último capítulo, aprofundamos os estudos da fisiologia das paisagens atuais por meio da análise das vertentes ou encostas.

Essa escala do estudo geomorfológico permite a verificação das formas e dos processos de **denudação**, considerando a geração, o transporte e a deposição dos materiais. Destacamos ainda as práticas humanas na alteração dos modelados, uma vez que o ser humano se tornou o principal agente transformador das paisagens.

Nesse último capítulo ainda apresentamos dois importantes sistemas geomorfológicos, o fluvial e o costeiro, que, por natureza, são formadores de processos morfogenéticos nas porções costeiras e no interior dos continentes. A circulação e o escoamento da água nesses sistemas são o fator controlador de processos do relevo, constituindo formas que permitem analisar sua evolução. A análise das redes hidrográficas e das bacias de drenagem nos permite compreender as dinâmicas de esculturação do relevo.

Com isso, vemos que a geomorfologia é uma ciência fundamental para o estudo ambiental e deve ser aplicada e desenvolvida como componente curricular nos planos de cursos, currículos e projetos político-pedagógicos, em nível escolar e acadêmico. Sua característica integradora do estudo de **relevo**, **litosfera**, **atmosfera**, **biosfera** e **antroposfera** nos permite destacar sua importância na formação profissional nesse campo.

Com a abordagem integradora e sistêmica da presente obra, buscamos desenvolver conhecimentos e práticas tendo como objetivo contribuir para a formação de profissionais que optaram pelo estudo dos espaços naturais e humanizados como forma de aperfeiçoamento e promoção do desenvolvimento do conhecimento social e ambiental. A geomorfologia contribui para essa formação e permite ao estudioso a aplicação de uma base teórica e metodológica eficaz, além de cientificamente considerada nos meios acadêmicos e profissionais.

Desejamos a você um bom estudo!

Organização didático-pedagógica

Este livro traz alguns recursos que visam enriquecer o seu aprendizado, facilitar a compreensão dos conteúdos e tornar a leitura mais dinâmica. São ferramentas projetadas de acordo com a natureza dos temas que vamos examinar. Veja a seguir como esses recursos se encontram distribuídos na obra.

Introdução do capítulo
Logo na abertura do capítulo, você é informado a respeito dos conteúdos que serão abordados, bem como dos objetivos que o autor pretende alcançar.

Síntese
Você conta, nesta seção, com um recurso que o instigará a fazer uma reflexão sobre os conteúdos estudados, de modo a contribuir para que as conclusões a que você chegou sejam reafirmadas ou redefinidas.

Indicações culturais

Ao final do capítulo, o autor oferece algumas indicações de livros, filmes ou *sites* que podem ajudá-lo a refletir sobre os conteúdos estudados e permitir o aprofundamento em seu processo de aprendizagem.

Atividades de autoavaliação

Com estas questões objetivas, você tem a oportunidade de verificar o grau de assimilação dos conceitos examinados, motivando-se a progredir em seus estudos e a se preparar para outras atividades avaliativas.

Atividades de aprendizagem
Aqui você dispõe de questões cujo objetivo é levá-lo a analisar criticamente determinado assunto e aproximar conhecimentos teóricos e práticos.

Bibliografia comentada
Nesta seção, você encontra comentários acerca de algumas obras de referência para o estudo dos temas examinados.

Parte 1

Geomorfologia: teorias e práticas

Geomorfologia e ensino da Geografia

Vamos iniciar nosso estudo conhecendo a evolução da geomorfologia, uma ciência que emergiu no século XVIII com os estudos de profissionais das ciências naturais, que passaram a analisar a superfície terrestre de uma forma mais especializada, definindo essa área da ciência como responsável por estudar as formas do relevo presentes no nosso planeta. Nos séculos seguintes, essa ciência se tornou uma ferramenta importante no estudo da geografia, assim como de outras áreas da ciência e da tecnologia. As principais abordagens geomorfológicas que surgiram nessa evolução contribuíram para a explicação do relevo terrestre e desenvolveram teorias como as do **ciclo evolutivo**, da **pediplanação**, do **equilíbrio dinâmico** e da **probabilística**. Os métodos e as técnicas produzidos em sua história também têm contribuído significativamente para a compreensão das relações entre a sociedade e seu ambiente, por meio do conhecimento dos relevos que formam as diversas paisagens terrestres.

O estudo das formas, das estruturas e dos processos que decorrem do relevo nos permite conhecer os sistemas naturais e explicar seus fatores modeladores, o que contribui para a explicação científica do espaço geográfico. A geomorfologia não aparece como uma disciplina específica nos currículos escolares, mas seus conceitos e práticas estão distribuídos nos estudos da geografia ao longo da formação dos estudantes. Assim, cabe aos professores conhecer seus fundamentos e métodos e aplicá-los em cada etapa do trabalho pedagógico, tendo em vista a ampliação da percepção sobre as dinâmicas do relevo terrestre e suas relações com a sociedade.

I.I Geomorfologia: a ciência do relevo terrestre

Conforme a União da Geomorfologia do Brasil (UGB, 2016), a geomorfologia é uma área da ciência que estabelece fundamentos, conhecimentos relativos e formas de aplicações em diversas escalas sobre os grandes conjuntos do relevo e suas dinâmicas, conforme segue:

> A Geomorfologia é a área da ciência que desenvolve pesquisas, análises e aplicações de conhecimentos relativos aos modelos de desenvolvimento dos grandes conjuntos do relevo; às dinâmicas fluviais; aos processos de vertentes, como a erosão e os movimentos de massa e seus impactos; ao levantamento, à avaliação e a recuperação de áreas degradadas; aos levantamentos e às avaliações de recursos naturais; aos mapeamentos temáticos e integrados do relevo; aos zoneamentos ambientais; dentre outros aspectos relevantes do relevo terrestre em qualquer escala.

De acordo com Furrier (2013), o termo *geomorfologia* se origina do grego *geo + morphê + logo*, que define a ciência na qual as formas do relevo constituem o principal objeto de estudo. Conforme Suguio (1998, p. 222), essa ciência é o "ramo das Geociências que, baseado na forma do terreno e nos aspectos geológicos, estuda os processos e produtos envolvidos no desenvolvimento de um relevo".

No século XIX, a Geomorfologia se apresentou como disciplina científica, aparecendo como campo de investigação da geografia física ou da geologia e expandindo-se para outras ciências. As concepções geológicas desse século representaram a **tendência**

naturalista, preocupada em atender ao sistema de produção industrial emergente, tendo como princípio o **utilitarismo** da natureza. Nesse período, a geologia já havia reconhecido todo o conjunto da crosta terrestre e consolidava um corpo teórico ordenado.

Segundo Casseti (1994), entre os geólogos, destacam-se os trabalhos de A. Surell, que apresentou o esquema clássico da erosão torrencial; de Jean L. Agassiz, que estabeleceu as bases da morfologia glacial; de W. Jukes, que definiu conceitos sobre o traçado dos rios; de Andrew Ramsay e Grove K. Gilbert, que demonstraram a capacidade de aplainamento das águas correntes; e de John W. Powell e Clarence E. Dutton, que equacionaram os ritmos de arraste e deposição dos sedimentos; entre outros.

Ao longo do século XIX e início do século XX, os geólogos e engenheiros da América do Norte promoveram a sistematização dos conhecimentos e formaram a **escola geomorfológica anglo-americana**. As primeiras discussões teórico-metodológicas norte-americanas se deram com a publicação do artigo *The Geographical Cycle* por William M. Davis (1899), que apresenta uma proposta de geomorfologia fundamentada na **tendência escolástica**, a qual tinha suas teses sustentadas no **evolucionismo** ou **darwinismo** e influenciou significativamente o conhecimento científico do relevo nesse período.

William Morris Davis
(1850-1934)

Crédito: Wikimedia Commons

No Centro e no Leste Europeu, desenvolveu-se a chamada *escola germânica*, que se preocupou em tratar o relevo por uma perspectiva geográfica, o que podemos atribuir à própria origem de sua linhagem epistemológica, relacionada aos naturalistas, a exemplo de Alexander von Humboldt. Os autores Ferdinand von Richthofen e Albrecht Penck desenvolveram seus estudos voltados à formalização das bases conceituais da geomorfologia germânica.

Ferdinand Paul Wilhelm (1833-1905), barão von Richthofen

Ferdinand Paul Wilhelm, barão von Richthofen (1833-1905), foi um geógrafo e geólogo alemão que produziu um grande trabalho sobre a China e contribuiu para o desenvolvimento de uma metodologia geográfica. Ajudou a criar a ciência da geomorfologia, a qual, segundo ele, é o ramo da Geologia que lida com as características do terreno e do relevo submarino (Encyclopedia Britannica, 2016, tradução nossa).

    Richthofen (1978) desenvolveu a visão humboldtiana de harmonia natural, aproximando-se dos autores naturalistas, que tinham Johann Wolfgang von Goethe (1749-1832) como ponto de referência permanente, e empregou pela primeira vez o termo *morfologia* como sinônimo de *geomorfologia*. Segundo Casseti (2005), a linhagem epistemológica de Richthofen teve como referencial inicial a visão de **globalidade** ou **harmonia natural** desenvolvida por Friedrich Wilhelm Heinrich Alexander von Humboldt (1769-1859), o barão de Humboldt, conhecido na ciência como Alexander von Humboldt, geógrafo, naturalista e explorador alemão. Entre 1799 e 1804, von Humboldt viajou pela América do Sul, explorando e descrevendo o continente. Escreveu um texto científico em cinco volumes, que se tornou sua obra principal, *Kosmos*, na qual ele almejou elaborar uma descrição física do mundo.

Nesse contexto científico, os pesquisadores Albrecht Penck (pai) e Walther Penck (filho) postularam uma **concepção integradora** dos elementos que compõem a superfície terrestre. A postura penckiana, tendo como referência a obra *Die morphologische Analyse* (*A análise morfológica*, em tradução livre), preocupava-se essencialmente com três elementos: os **processos endogenéticos**[i], os **processos exogenéticos**[ii] e os **produtos resultantes de ambos**, que correspondem às formações superficiais e às feições geomorfológicas.

Walther Penck (1953), em *Morphological Analysis of Landform* (*Análise morfológica da forma da Terra*, em tradução livre), utiliza-se da geomorfologia para subsidiar a geologia e contribuir para a elucidação dos movimentos crustais ou de segmentos da crosta terrestre, formalizando o conceito de **depósitos correlativos** para a identificação das camadas sedimentares. Esse conceito se tornou um dos mais importantes no contexto da geomorfologia, em particular para os estudos de vertentes e processos.

Os trabalhos clássicos de Davis (1899) e Penck (1953) foram traduzidos para o inglês em 1953 e são considerados os dois pilares da geomorfologia: o **conceitual** e o **metodológico**. Segundo Abreu (1983), essas duas linhas principais evoluíram paralelamente e convergiram na segunda metade do século XX; nesse percurso, foram fundamentais para a construção de teorias, métodos e técnicas de estudo do relevo, conforme apresentado em seu estudo sobre a filogênese da teoria geomorfológica (Figura 1.1).

---

i. **Endógeno**: Aplicado à rocha magmática, intrusiva ou efusiva, originada no interior da Terra. Também se refere a processos com sede no interior da Terra.

ii. **Exógeno**: Fenômenos geológicos provocados por agentes externos (energia do sol, águas pluviais etc.), formando-se assim um ciclo de decomposição, denudação e sedimentação (Mineropar, 2016).

Figura 1.1 – Filogênese da teoria geomorfológica

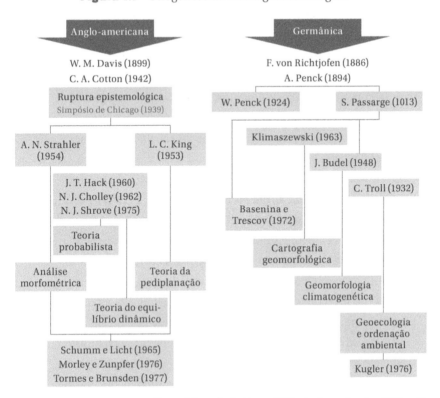

Fonte: Adaptado de Abreu, 1983, citado por Furrier, 2013, p. 41.

Por outro lado, a tendência anglo-americana se dedicou aos métodos de **quantificação**, ao desenvolvimento da **teoria dos sistemas e fluxos** e ao uso da **cibernética** na geografia quantitativa, destacando-se como uma escola especializada em estudos geomorfológicos da década de 1950. Entre os pesquisadores, merece atenção L. C. King (1953), que desenvolveu estudos em áreas de clima árido e semiárido, bem como a **teoria da pediplanação** (vamos tratar dessa abordagem no Capítulo 2). Conforme Cassetti (1994), essa teoria se baseia no princípio da atividade erosiva desencadeada por processos de ambientes áridos e semiáridos, além de considerar a participação dos efeitos tectônicos, como os soerguimentos de caráter epirogenético[iii], ao longo do tempo em diferentes níveis. Nesse ciclo semiárido, ocorre a produção ou a junção de pedimentos individuais e criam-se, então, os pediplanos.

A. N. Strahler (1954) se dedicou à **análise morfométrica**, valorizando a análise espacial e o estudo das bacias de drenagem. J. T. Hack (1960), J. Chorley (1962), N. J. Shreve (1975) desenvolveram estudos baseados na **teoria probabilística**, que se fundamenta no conceito de **entropia**, um princípio definido pelas leis da termodinâmica, o qual descreve tanto as formas de distribuição da energia em um determinado sistema quanto suas possíveis respostas a essas entradas de energia. Ambas as teorias serão aprofundadas no próximo capítulo.

A tendência germânica se consolidou após a Segunda Guerra Mundial, com o desenvolvimento da **cartografia geomorfológica**, que emergiu como instrumento fundamental para a análise do relevo. Esses trabalhos estão registrados nas obras desenvolvidas na Polônia, na Tchecoslováquia e na antiga URSS (Klimaszewski, 1982; Demek, 1967; Basenina; Trescov, 1972). Trataremos dessa área específica em nossos estudos futuros.

De acordo com Casseti (2005), a partir de 1970, no Simpósio de Bringhauton, deflagrou-se uma discussão mais abrangente sobre as questões ambientais e emergiu a designação *geomorfologia ambiental*, com o objetivo de incluir o aspecto social no contexto das aplicações geomorfológicas. Esse período foi marcado pela emergência da **questão ambiental** e, por conseguinte, pela expansão dos estudos aprofundados e diagnósticos de impactos ambientais, como forma de compreensão, controle e

---

iii. **Epirogênese**: Movimentos de soerguimento e subsidência em grande escala, geralmente verticais e lentos, variáveis no tempo, afetando grandes partes ou a totalidade de áreas continentais ou de bacias oceânicas (Mineropar, 2016).

intervenção nos sistemas ecológicos. De acordo com Achkar e Dominguez (1994), a emergência da questão ambiental incorporou novas transformações na geomorfologia da década de 1980, pela necessidade de busca de respostas para as questões técnicas, como a elaboração de cartas de diagnóstico ambiental, e também para as questões filosóficas que envolvem conceitos das relações sociedade-natureza. Nesse processo, foi fundamental a aproximação com a ecologia e a geografia.

Troll (1932) e Kügler (1976a; 1976b) desenvolveram a aproximação de duas grandes áreas de estudo, a **geoecologia** e a **ordenação ambiental**. Assim, trataram a temática da paisagem e a necessidade tanto teórica quanto prática de uma convergência entre geografia física e ecologia.

Conforme Abreu (1983), os estudos no campo da **geomorfologia climática** e da **climatogenética** produzidos por J. Büdel (1948, 1957, 1963, 1969, 1971) contribuíram para a incorporação das condicionantes climáticas no estudo das formas de relevo. Esse modelo considera a ordenação dos conjuntos morfológicos de origem climática em **zonas** e **andares**, produzidos pela interação das variáveis epirogênicas, climáticas, petrográficas (tipologia das rochas, características estruturais, mineralógicas e químicas) e fitogeográficas (distribuição geográfica da vegetação e da fauna mundial) (Abreu, 1983). Além disso, a **teoria da etchplanação** de Büdel mostrou que os aplainamentos são formados e evoluem graças a um mecanismo que atua em duas frentes (Büdel, 1975), quais sejam:

1. **Superfície exumada de lavagem (*washing surface*)** – Corresponde à superfície do modelado propriamente dita, em que predominam os processos mecânicos de escoamento pluvial (*washing*).

2. **Superfície basal de intemperismo (*leaching surface*)** – Nesse caso, o intemperismo é extremamente irregular e localiza-se em uma subsuperfície, onde a rocha é lixiviada e predomina a denudação química (*leaching*).

Com essas premissas, Büdel (1957, 1982) construiu o modelo de **etchplanação**, no qual os processos conjugados de intemperismo químico e físico permitem a denudação diferencial dos regolitos[iv] e a formação de superfícies de aplainamento designadas de *etchplanos*. Os estágios de etchplanação foram classificados por Thomas (1994) em: ***etchplano***, no caso em que os regolitos apresentam as duas superfícies, superior e inferior, bem preservadas; e ***etchsuperfície***[v], quando o regolito está totalmente denudado e aflora à superfície basal de intemperismo.

A **teoria do aplainamento por mudanças climáticas** nos permite compreender a evolução da paisagem, integrando análises geoquímicas, pedológicas[vi], geológicas e geomorfológicas. Os estudos de Millot (1983) sobre a África Ocidental explicaram a formação das amplas superfícies aplainadas encontradas em todo o globo, as quais não se explicam pela erosão fluvial. Segundo o autor, essas superfícies aplainadas teriam sua gênese em regiões

---

iv. **Regolito**: A camada ou o manto de material rochoso incoerente, de qualquer origem (transportado ou residual), que recobre a superfície rochosa ou embasamento; abrange materiais de alterações de rocha em geral (Mineropar, 2016).

v. O **etchplano** apresenta duas superfícies, superior e inferior, sendo a etchsuperfície formada quando o regolito está totalmente denudado e aflora a superfície basal de intemperismo. A preservação de etchplanos e o desenvolvimento de etchsuperfícies resultam do controle litoestrutural e da história climática e tectônica, que são fatores determinantes no modelado (Phillips, 2002).

vi. **Pedologia**: Ramo da ciência do solo que trata de estudos relacionados com a identificação, a formação, a classificação e o mapeamento dos solos. As informações produzidas por esses estudos pedológicos, além de sua utilização pelos demais ramos da ciência do solo, encontram aplicação nas mais diversas áreas da ciência, como agronomia, geografia, geologia, engenharia, arqueologia, biologia, medicina (SBCS, 2016).

áridas ou semiáridas que, antes de estarem conformadas a esse tipo de clima, estiveram submetidas a condições climáticas mais úmidas por tempo suficiente para que ocorresse um intenso processo de alteração do manto de intemperismo (Millot, 1983). A gênese dos aplainamentos se define pela sucessão de climas ao longo do tempo geológico.

Com base nesses fundamentos científicos e no contexto de transformações, a geomorfologia tomou seu espaço de estudo, pesquisa e desenvolvimento. Ao longo de sua evolução, produziu sua própria teoria e se consolidou como disciplina acadêmica contida no campo das geociências e suas diversas escalas de estudo.

Hamelin (1964) classificou essas contribuições científicas em duas dimensões: a geomorfologia funcional e a geomorfologia completa ou integral, desenvolvidas no contexto das geociências. Estas devem ser exploradas em duas escalas temporais distintas: uma de maior magnitude (escala geológica) e outra concentrada nos fenômenos de menor duração temporal, considerando as atividades antropogênicas (escala humana ou histórica).

Em especial, essas dimensões consolidaram a aproximação entre a geomorfologia e a geografia e seus vários segmentos de estudo nos diferentes países e em suas escolas geográficas do nosso país, conforme veremos a seguir.

1.2 Geomorfologia no Brasil

No Brasil, a geomorfologia aparece em estudos pioneiros no final do século XIX e se desenvolveu como disciplina acadêmica durante o século XX, permitindo-nos identificar três períodos mais significativos dessa ciência, de acordo com Christofoletti (1980b):

1. **Períodos dos predecessores** (1817-1910) – Escritos esparsos de viajantes e naturalistas, trabalhos e estudos de geólogos estrangeiros elaborados para as comissões geológicas e demais documentações cartográficas até então recolhidas oficialmente (Figura 1.2). Destacam-se Charles Frederick Hartt (1840-1878), Orville Adalbert Derby (1851-1915) e John Casper Branner (1850-1922).

Figura 1.5 – Expedições de exploração e ocupação do "sertão" de São Paulo na transição para o século XX: instalação da placa do km 100, em Rio Feio

2. **Período dos estudos pioneiros** (1910-1940) – Predomínio de pesquisadores estrangeiros especializados em geologia e em geomorfologia. Destacam-se os trabalhos do engenheiro civil e de minas e geólogo nascido no Rio de Janeiro, Miguel Arrojado Lisboa (1909), sobre o Oeste Paulista e o sul do Mato Grosso; do geólogo norte-americano Roderic Crandall (1910), sobre o Nordeste Oriental; do médico e geógrafo norte-americano Preston James (1949), sobre o Brasil sudeste; e de Luiz Flores de Moraes Rego (1932) sobre a gênese do relevo do Estado de

São Paulo, assim como os trabalhos de Reinhard Maack, Otto Maull e Pierre Denis. Entre os brasileiros, podemos citar estudos de Delgado de Carvalho, Theodoro Sampaio e Pedro de Moura.

Figura I.3 – Reinhard Maack em atividade na expedição de mapeamento do interior do Paraná

Crédito: Acervo Reinhard Maack.
Curadoria: Alessandro Casagrande

Reinhard Maack (1892-1969) exerceu atividades como geólogo no Instituto de Biologia e Pesquisas Tecnológicas (IBPT) em 1944, realizando importantes pesquisas. Maack foi autor dos primeiros mapas geológicos (1953) e fitogeográficos (1955) do Estado do Paraná.

3. **Período de implementação das técnicas modernas** (1940-1949) – Criação do Conselho Nacional de Geografia e fundação das primeiras faculdades de Filosofia. Com a publicação da obra do geógrafo francês Emmanuel de Martonne, *Problemas morfológicos do Brasil tropical atlântico* (Martonne, 1943-1944), define-se

Aroldo de Azevedo (1910-1974)

Crédito: Folhapress

o início desse período. Destacam-se os pesquisadores Francis Ruellan (1943), Fábio Macedo Soares Guimarães (1941) e Aroldo de Azevedo (1949).

Emmanuel de Martonne: geógrafo francês nascido em Chabris (Indre). Responsável pela difusão da geografia como ciência experimental. Seu estudo sobre problemas morfológicos do Brasil tropical-atlântico foi um dos primeiros trabalhos de geomorfologia climática no mundo. Seu livro *Traité de géographie physique* (1909) teve sucessivas edições revistas e tornou-se obra clássica da geografia (UFCG, 2016).

Emmanuel de Martonne
(1873-1955)

Indicação cultural

AROLDO de Azevedo por José Bueno Conti. **Perfil de educador**. São Paulo: TV Cultura, 9 dez. 2011. Programa de televisão. Disponível em: <https://www.youtube.com/watch?v=f3zDDeau5Ig>. Acesso em: 11 mar. 2016.

Aroldo de Azevedo foi um dos primeiros professores de Geografia da Universidade de São Paulo (USP) e o primeiro grande autor brasileiro de livros didáticos de Geografia, com mais de 30 títulos publicados. José Bueno Conti foi aluno de Azevedo e depois ocupou a mesma cadeira na universidade. Produziu um documentário sobre a vida e a obra do Professor Azevedo.

Até meados dos anos 1950, a maior parte da produção científica do país tendia para as raízes anglo-americanas, seguidoras do **paradigma davisiano**. No entanto, após o Congresso de Geografia do Rio de Janeiro, realizado em 1956, os conceitos e as propostas de estudo de raízes germânicas começaram a se incorporar à produção técnica e científica nacional. De acordo com Barbosa et al. (1984), até 1968, a experiência acumulada no Brasil sobre mapas geomorfológicos era pequena e fundamentada nos modelos estrangeiros, sendo quase toda ela baseada em aerofotos e produzida em universidades.

Com a realização da I Conferência Nacional de Geografia e Cartografia, surgiram novas abordagens com foco na elaboração de bases teóricas e metodológicas para a geomorfologia brasileira, tendo destaque as obras de Ab'Saber (1969) e Moreira (1969), que lançaram as bases e os princípios de uma cartografia geomorfológica no Brasil, delineando o conteúdo essencial para o mapeamento geomorfológico como ferramenta fundamental para a análise e o desenvolvimento de estudos do relevo brasileiro.

Com base nessas metodologias, o Projeto Radambrasil, criado em 1971, elaborou os fundamentos para uma cartografia geomorfológica de caráter sistemático. Desde então, os fatos geomorfológicos foram sistematizados em quase todo o território nacional. O projeto resultou também na produção de uma classificação taxonômica do relevo brasileiro, inspirada na proposta de A. Cailleux e J. Tricart (1956, citados por Tricart, 1965), formalizando uma unificação conceitual que embasou os estudos técnicos e científicos do relevo brasileiro.

Os trabalhos de Tricart (1976, 1982) e de Bertrand (1968) produziram a **análise integrada do meio ambiente** e apontaram métodos de estudo do relevo, levando em conta sua interação com os outros elementos **físicos**, **biológicos** e **antrópicos**. Essas abordagens destacaram a geomorfologia no âmbito da geografia, uma vez que produziram subsídios para a evolução do conceito de paisagem, uma das categorias fundamentais dessa ciência.

Entre os pesquisadores que promoveram essa aproximação, destacamos os trabalhos do professor Aziz Ab'Saber (1924-2012), que contribuiu para a organização dos níveis da pesquisa geomorfológica e para o desenvolvimento do conceito de **georrelevo**, no qual trabalhou com a essência da forma do relevo, sua dinâmica e seu papel em face da ação do ser humano, destacando-se ainda sua importância no contexto da geografia.

Aziz Nacib Ab'Saber fez estudos profundos sobre a geografia do país e, durante quase 70 anos, dedicou seus estudos aos domínios de natureza e seus modos de uso, tornando-se referência no assunto no país e internacionalmente. Recebeu o Prêmio Unesco para Ciência e Meio Ambiente de 2001, entre outros. Considerado um dos principais geomorfologistas do país (Aziz..., 2012).

Aziz Nacib Ab'Saber
(1924-2012)

Crédito: Roberto Loffel/Abril Comunicações S.A

Indicação cultural

AZIZ Ab'Saber: 08/06/1992. Disponível em: <https://www.you
tube.com/watch?v=QEYqoH4sZ5I>. Acesso em: 12 jan. 2016.

*Assista à entrevista com o professor Aziz Ab'Saber realizada
em 1992, sobre a Conferência Rio 92, no programa Roda Viva, da
TV Cultura.*

Para Ab'Saber (1958), a geomorfologia é uma "ciência de contato entre a Geologia e a Geografia" e encontrou um campo propício para seu desenvolvimento no ambiente científico brasileiro, ressaltando que suas principais bases conceituais e metodológicas são oriundas das escolas do Hemisfério Norte. Suas pesquisas o levaram à sistematização dos níveis de abordagem metodológica em geomorfologia, oferecendo um quadro de referência que valoriza a perspectiva geográfica ao retomar o conceito de **fisiologia da paisagem** utilizado por Siegfried Passarge (1912), o que reafirma a postura naturalista dos estudos de geografia física global.

1.3 Geomorfologia: conceitos e abordagens geográficas

Vimos anteriormente que a geomorfologia surge como uma componente disciplinar da temática geográfica, constituindo um importante subsídio para a apropriação racional e o estudo do relevo. Vimos também que as diferentes tendências da geomorfologia chegaram ao consenso de que ela é um conhecimento específico, que pode ser sistematizado com o objetivo de analisar as formas do relevo, visando compreender os processos pretéritos e atuais. Portanto, seu objeto de estudo é a **superfície da crosta terrestre** e seus objetivos consistem em conhecer as **atividades tectogenéticas** (endógenas) e os **mecanismos morfoclimáticos** (exógenos), responsáveis pelas formas resultantes das paisagens.

A sistematização desses conhecimentos concorreu para o desenvolvimento da pesquisa geomorfológica no Brasil e contou com a importante contribuição do professor Aziz Ab'Saber (1969), que promoveu a análise do relevo em três dimensões que se integram e interagem: a **compartimentação morfológica**, o **levantamento da estrutura superficial** e o **estudo da fisiologia da paisagem**.

1.3.1 Compartimentação morfológica

De acordo com Casseti (1994), a **compartimentação topográfica** se define por meio dos aspectos **morfológicos** e **morfométricos** do relevo. Esses aspectos resultam das propriedades adquiridas durante a gênese dos compartimentos, seus processos evolutivos ou de formação, considerando as mudanças climáticas no tempo geológico.

Os domínios morfológicos, por suas diferentes naturezas, apresentam características específicas, como os tipos de relevo que são visíveis em diferentes domínios altimétricos e resultam das forças dos agentes internos, comandados pela estrutura e pela tectônica, e dos agentes climáticos externos, conforme nos explica Casseti (2005):

> As formas resultantes do processo evolutivo do relevo podem testemunhar episódios associados a determinados domínios morfoclimáticos, refletindo o jogo de forças entre os agentes internos, comandados pela

estrutura e tectônica, e os externos, associados aos efeitos climáticos, em tempo suficiente para deixar impresso no modelado paleoformas relacionadas a processos morfogenéticos correspondentes.

Os processos exogenéticos e endogenéticos produzem os fatores morfológicos, sendo o **clima** o elemento de destaque no balanço das forças de esculturação. Em nossos estudos futuros, vamos destinar uma unidade ao aprofundamento dos compartimentos geomorfológicas do Brasil.

Vejamos o exemplo da Serra da Borborema, no Nordeste brasileiro: vários estudiosos atribuem as origens desse planalto ou serra aos efeitos do clima, resultado de milhões de anos de intempéries que teriam moldado o relevo acidentado da região, formada pelas terras altas e de aspecto montanhoso de porções do interior dos estados de Pernambuco, Paraíba, Alagoas e Rio Grande do Norte. Os geofísicos Walter Eugênio de Medeiros, da Universidade Federal do Rio Grande do Norte (UFRN), e Roberto Gusmão de Oliveira, do Serviço Geológico do Brasil (CPRM), mostram que as origens do platô, na conta de processos geológicos, são do Período Cretáceo, entre 136 e 65 milhões de anos atrás, ou seja, antes da separação da América do Sul e da África, que até então formavam um único supercontinente, chamado de *Gondwana* (Oliveira; Medeiros, 2012); entende-se que a separação provocou um estiramento da crosta terrestre em trechos do Nordeste brasileiro.

A camada mais externa da Terra se tornou mais fina na região, e uma das consequências desse estirão foi o aparecimento de elevações em certos pontos, como o Planalto ou Serra da Borborema – Mapa A, que consta no Anexo 2 desta obra, e Figura 1.4, a seguir.

Figura 1.4 – Planalto da Borborema: vista panorâmica

Crédito: Rubens Chaves/Pulsar Imagens

Segundo artigo publicado no *Journal of South American Earth Sciences*, o soerguimento da Borborema pode ser consequência de atividade magmática e de uma anomalia térmica profunda que teriam se iniciado há cerca de 30 milhões de anos naquele trecho do Nordeste (Oliveira; Medeiros, 2012).

De acordo com Oliveira e Medeiros (2012), existe outro mecanismo geológico, mais recente e de natureza distinta do estirão ocasionado pela separação dos continentes, que também pode ter desempenhado um papel importante na formação do Planalto Nordestino.

I.3.2 Estrutura superficial

A estrutura superficial se refere aos depósitos correlativos ao longo das vertentes ou em diferentes compartimentos, durante longos períodos de tempo. De acordo com Penck (1924, citado por Casseti, 2005), essas unidades são compartimentos associados às oscilações climáticas que ocorreram ao longo do tempo geológico, com destaque para as oscilações do Pleistoceno, por volta de 2 milhões de anos atrás. São conjunto dos depósitos e entulhamentos que resultaram do trabalho da erosão sobre determinado relevo e que testemunham, por suas características, a energia empreendida nesse sistema de erosão.

O conceito de **correlação dos depósitos** foi desenvolvido por Lyell (1830) em seu livro *Principles of Geology* (*Princípios de Geologia*, em tradução livre). Segundo ele, os depósitos correlativos são unidades que têm **cronocorrelação**, ou seja, ocorreram em determinado período de tempo. A identificação desses depósitos nos permite definir o grau de fragilidade do terreno e o entendimento histórico de sua evolução e formação dos **paleopavimentos**[vii]. Conhecendo as características específicas dos diversos tipos de depósitos que ocorrem em diferentes condições climáticas, é possível compreendermos a dinâmica evolutiva comandada pelos elementos do clima, considerando sua posição em relação aos níveis de base atuais, vinculados ou não a ajustamentos tectônicos (Figura 1.5).

---

vii. **Paleopavimento**: Depósito antigo que muitas vezes corresponde a cascalheiras e baixos terraços, relacionados às oscilações climáticas, normalmente marcadas por linhas de pedras (*stone lines*) (Mineropar, 2016).

Figura 1.5 – Cascalheira soterrada

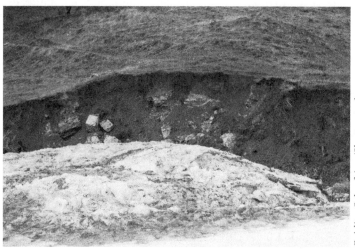

Crédito: Scharfsinn/Shutterstock

Segundo Bigarella, Mousinho e Silva (1965), os depósitos correlativos podem ser definidos como sequências sedimentares resultantes dos processos de agradação – ou deposição progressiva e generalizada de sedimentos no leito de um curso de água –, que ocorrem simultaneamente com fenômenos de degradação na área fonte. Conforme esses autores, eles representam o material residual, depositado em seções de recepção, resultante dos mecanismos morfogenéticos ao longo do tempo, de acordo com alterações climáticas, ajustamentos tectônicos ou pela ação antrópica, definidos como depósitos tecnogênicos.

Os **depósitos tecnogênicos** se originam e se classificam pelas técnicas de produção e apropriação da biosfera que o ser humano desenvolveu ao longo de sua história. De acordo com Oliveira (1990), a intervenção humana sobre a superfície terrestre nos permite afirmar que estamos vivendo um novo período geológico, denominado **Quinário** ou **Tecnógeno**, no qual essa atividade sobre o relevo passa a ser qualitativamente diferenciada da atividade biológica na modelagem da biosfera. Esses processos tecnogênicos se distinguem pela intensidade, que supera, em muito, os processos naturais.

1.3.3 Fisiologia da paisagem

A fisiologia da paisagem resulta das aplicações da **teoria biorresistásica** de Erhart (1956) e dos estudos de **ecodinâmica** de Tricart (1975), que nos possibilitaram conhecer e medir o grau de estabilidade dos diferentes meios produzidos pelo ser humano, bem como a intensidade e a frequência dos processos que resultaram em impactos no meio físico, desde a Revolução Neolítica até a atualidade.

Segundo Kügler (1976a), a fisiologia da paisagem se explica por meio dos **processos morfodinâmicos** atuais, considerando-se nessa análise o ser humano como sujeito modificador da paisagem. Os diversos domínios morfoclimáticos mundiais foram ocupados e alterados pela ação humana, que produziram mudanças nas paisagens. Segundo esse autor, o comportamento do modelado está associado a suas propriedades geoecológicas e sociorreprodutoras, produzindo efeitos morfodinâmicos na forma de impactos ambientais.

No estudo da fisiologia da paisagem, devemos considerar as transformações produzidas pelo ser humano desde a Revolução Neolítica até os dias atuais. O processo de apropriação do relevo pelo ser humano, seja como suporte, seja como recurso, responde pelo desencadeamento de reações que resultam no comportamento do modelado, considerando-se os efeitos morfodinâmicos convertidos em impactos. A presença humana é, assim, responsável pela aceleração dos processos morfogenéticos, de modo a abreviar a atividade evolutiva natural do modelado.

A apropriação do relevo pelo ser humano origina transformações como a subtração da cobertura vegetal, a exposição do solo aos impactos pluvioerosivos e a alteração na infiltração e no escoamento superficial da água. De acordo com Casseti (2005), esses impactos mudam de forma substancial as relações entre as forças de esculturação superficial, gerando desequilíbrios morfológicos ou impactos geoambientais. Temos como exemplos desse processo os movimentos de massa de solo e rochas, o voçorocamento e o assoreamento. Em situações de grave alteração dos processos, ocorrem resultados catastróficos, como deslizamentos em áreas movimentadas topograficamente (Figura 1.6).

Figura 1.6 – Mãe Biela: erosão da Vila Sete, em Cianorte, Paraná

Crédito: Odiario.com.br

"Erosão da Vila Sete em Cianorte, cidade localizada a 93 quilômetros de Maringá (PR). É conhecida como Mãe Biela, e foi considerada a maior erosão urbana do Brasil até a década de 1970" (Carvalho, 2010).

Esses diferentes níveis de abordagem, vistos de forma integrada, permitem-nos a compreensão do relevo em sua **multidimensionalidade** – isto é, possibilitam uma análise integrada do relevo e a produção de representações cartográficas fiéis à situação das áreas ou dos compartimentos estudados. Devemos observar ainda que, no estudo desses três níveis, os processos evoluem de uma escala de tempo geológica para uma escala de tempo histórica ou humana, incorporando gradativamente novas variáveis analíticas, como as relacionadas a derivações antropogênicas.

Nesses três níveis, para maiores controle e mensuração da intervenção humana, devemos empregar técnicas de campo, com aplicação de equipamentos de medição, a exemplo do uso de miras graduadas para o controle de processos de erosão e deposição. Ao longo do nosso estudo, vamos apresentar muitas dessas técnicas e procedimentos de pesquisa voltados ao ensino da geomorfologia e da geografia.

1.4 Geomorfologia e aprendizagem geográfica

De acordo com o levantamento da Comissão Técnico-científica de Geomorfologia da Sociedade Brasileira de Geologia (SBG), que em 1988 produziu o relatório intitulado *A geomorfologia: um quadro atual do ensino e da pesquisa*, até o final do século XX a geomorfologia, no Brasil, foi disseminada especialmente pelos cursos ou programas de geografia e, de forma predominante, por professores com graduação em Geografia.

Segundo Carvalho (1999), o estudo da SBG revelou as várias disciplinas que abordam os conteúdos da geomorfologia, o número de professores que trabalham com a geomorfologia, as titulações dos docentes, as pesquisas realizadas, as posturas teórico-metodológicas, as atividades de extensão, os cursos de pós-graduação e os principais problemas no encaminhamento técnico-operacional das disciplinas. Conforme o autor, esse fato se explica pela existência de um maior número de cursos de graduação em Geografia do que de cursos de graduação em Geologia até o período estudado. Nas licenciaturas e/ou nos bacharelados em Geografia, a Geomorfologia é uma disciplina que consta em grande parte dos currículos como disciplina obrigatória ou, em menor número de casos, inserida no conteúdo de outras disciplinas.

Outros pesquisadores, como Bemerguy e Furtado (1988), Morais (1988) e Souza (1988), publicaram estudos sobre o ensino da geomorfologia na educação básica e constataram que ela não é divulgada de forma específica e, em geral, está integrada ao ensino de geografia física. Os autores confirmaram essa situação de ausência de uma abordagem mais particularizada dos conteúdos de geomorfologia e que poucos temas relativos a essa área de estudo estão inseridos no conteúdo programático das disciplinas de Geografia.

Outra carência encontrada pelos pesquisadores na área de ensino da geomorfologia é a falta de incorporação dos novos conhecimentos dessa ciência aos livros didáticos. Segundo Ross (1985), os livros didáticos de Geografia até então editados estavam desatualizados no que se refere aos novos conhecimentos sobre o relevo brasileiro, reproduzindo informações da geomorfologia e classificações da década de 1940 e deixando conhecimentos importantes e atualizados fora do contexto escolar.

Christofoletti (1981), ao realizar uma avaliação da produção científica em geomorfologia no Brasil, de 1957 até 1976, destaca que um dos primeiros livros publicados dedicados exclusivamente ao ensino escolar do relevo no Brasil chama-se *Formas do relevo*, organizado pelo prof. Ab'Saber (1975b). O livro resultou do Projeto Brasileiro para o Ensino de Geografia, desenvolvido pela Fundação Brasileira para o Desenvolvimento do Ensino de Ciências (Funbec) e pelo Instituto Brasileiro de Educação, Ciência e Cultura (Ibecc), por meio da sua equipe de Geografia. Entre seus objetivos, constava aproximar o conteúdo da geografia à formação profissional adquirida no ensino médio.

Essa meta se enquadrava no espírito da Lei n. 5.692, de 11 de agosto de 1971 (Brasil, 1971), que inseria o ensino profissionalizante no ensino médio e permitia maior flexibilidade curricular, adaptando-se às diferentes orientações das escolas de ensino profissionalizante voltado para a agricultura, a agrimensura, o secretariado e outras formações técnicas. Isso ocorreu – em que pese a crítica de vários autores da geografia sobre a relação entre o Projeto Brasileiro para o Ensino da Geografia e os projetos produtivos de grandes empresas públicas ou particulares, para os planos de reordenação espacial – visando à reprodução do capital dos anos 1970.

Carvalho (1999) estudou a influência do pensamento davisiano nos autores de manuais de metodologia do ensino de Geografia, utilizados no Brasil, em um intervalo que vai de 1922 até 1978, e concluiu que o sistema teórico cíclico davisiano predominou em uma disciplina acadêmica denominada *Geomorfologia*. Isso ocasionou sua transposição para o ensino escolar nos conteúdos do estudo do relevo mundial e do Brasil, por meio dos manuais de metodologia do ensino de Geografia. O autor considera ainda que, apesar da redução da repercussão das ideias cíclicas de Davis, elas devem ser ensinadas na educação básica, em especial nas séries finais do ensino fundamental e no ensino médio, pois, segundo ele:

> [...] propiciam um referencial imprescindível, quando ministradas a partir da abordagem da história da ciência. Desta forma, os alunos compreenderão o contexto que propiciou o desenvolvimento de um conjunto de ideias para a explicação da diversidade das formas de relevo. Acredita-se, desse modo, que o ciclo geográfico e suas derivações deixariam de ser vistos sob uma ótica simplista e que passar-se-ia a reconsiderar a significativa contribuição das ideias de William Morris Davis. (Carvalho, 1999, p. 191)

Nessa perspectiva, vários autores também se dedicaram ao desenvolvimento de proposições para o ensino da geomorfologia na educação básica, integrando essa área da ciência à formação escolar. São exemplo os estudos de Suertegaray (1996), que resgatou as classificações do relevo no Estado do Rio Grande de Sul entre 1948 e 1984 e formulou sugestões metodológicas para o ensino em geral e para o ensino de geografia. Nessa proposta, a autora descreve as diferentes unidades geomorfológicas, incluindo a evolução geológica e geomorfológica da planície litorânea. Propôs ainda que os professores utilizassem as experiências dos alunos, por meio dos trabalhos de campo, buscando estimular os estudantes a reconhecer as mudanças do relevo, os tipos de rochas e solos, a cobertura vegetal e a forma de ocupação do espaço do Rio Grande do Sul. Com a utilização da **Cartografia Escolar**, a autora conclui que

> os mapas mais adequados para o estudo do relevo/paisagens nesta faixa etária, seriam aqueles que expressam as formas como grandes conjuntos, em perspectiva (diagramas morfológicos). Através deles

as crianças teriam uma melhor visualização das diferenças topográficas e entre unidades de paisagem. (Suertegaray, 1996, p. 131)

Entre as práticas pedagógicas que envolvem o ensino do relevo, também destacamos as que buscaram a representação dos relevos como método de estudo. Como exemplo, temos a obra de Archela (2007), que desenvolve brevemente o uso das hachuras na identificação de áreas, curvas de nível e hipsometria na representação do relevo. Essa autora explica e exemplifica em etapas a elaboração de perfis topográficos e maquetes e caracteriza os conceitos cartográficos utilizados na construção de representações de relevo, utilizando as escalas horizontal e vertical para representar o relevo, considerando as curvas de nível e os tipos de perfis topográficos. Além disso, ela dá ênfase à importância da **tridimensionalidade** por meio das maquetes, que seriam uma representação do relevo. Segundo suas observações, a tridimensionalidade das maquetes e a bidimensionalidade do perfil topográfico facilitam a compreensão do espaço geográfico, conforme escreve: "a construção da maquete a partir do mapa, ou mesmo a construção do perfil topográfico – isolado ou combinado, permite uma melhor compreensão do mapa, que deixa de ser uma ilustração qualquer, para ser, efetivamente, uma representação da realidade" (Archela, 1998, p. 73-74).

Segundo Ab'Saber (1975b), é essencial conhecer o relevo, reconhecendo-o em nosso entorno e trajetos, e perceber as diferentes formas de ocupação nas vertentes. Segundo o autor, para o entendimento das formas de relevo, é fundamental iniciar a aprendizagem do espaço vivido, ampliando-a cada vez mais para a compreensão das demais unidades do relevo.

> Nosso aprendizado pode começar muito próximo de nossa própria moradia: com as colinas do nosso bairro, as planícies de fundo do vale que corta as terras de nossas fazendas e sítios, as faixas de beira-mar que mais conhecemos, os picos e irregularidades de relevo que constituem o nosso horizonte visual mais habitual, as escarpas que separam o litoral dos planaltos, os compartimentos e formas de relevo que se sucedem em nossas viagens de rotina, ou ao longo dos itinerários de nossas incursões mais longas, pelo interior do país ou fora dele. (Ab'Saber, 1975b, p. 7-8)

Podemos, então, considerar que a aplicação dos métodos e das técnicas da geomorfologia no ensino e na pesquisa do relevo terrestre é uma abordagem necessária na educação básica e na superior, pois o estudo ambiental se coloca de modo cada vez mais prioritário na formação de professores e estudantes em nosso país. Trataremos dessa temática no decorrer de nossos futuros estudos.

A compreensão das dinâmicas naturais e humanas alteram as formas e definem novos processos de alteração da paisagem e de produção do espaço geográfico. Ao longo do nosso estudo, vamos aprofundar os fundamentos e as práticas da geomorfologia, como base para o desenvolvimento do raciocínio científico dessa importante ciência do relevo e sua aplicação nos sistemas de ensino.

1.5 Prática profissional do geomorfólogo

O trabalho do geomorfólogo é dedicado ao estudo e à avaliação do meio ambiente e dos processos ambientais em determinado espaço. De acordo com Girão e Corrêa (2004), em geral, esse trabalho está associado à apropriação, visando a formas particulares de utilização do meio ambiente. Segundo esses autores,

> a atuação do geomorfólogo torna-se tanto mais relevante na medida em que seus estudos levem a uma compreensão não só das formas geomórficas, mas também de sua dinâmica, responsável por uma permanente modificação derivada da constante ação e reação entre matéria e energia. Assim, alterações nos processos morfodinâmicos, que afetem diretamente o escoamento pluvial de determinada área periférica de uma cidade, podem resultar em processos de erosão dos solos, associados a possíveis movimentos de massa, resultando no assoreamento de baixadas ou cursos d'água. (Girão; Corrêa, 2004, p. 41)

O papel do geomorfólogo na aplicação direta do conhecimento produz uma geomorfologia preocupada com as interações humanas nos sistemas naturais. Segundo Coates (1971), podemos denominar essa ação de *geomorfologia ambiental* e, segundo ele, isso se constituiu no uso prático da geomorfologia, visando à resolução de problemas derivados da apropriação de espaços pela ação do ser humano, com fins de transformação e utilização de formas superficiais por meio de modificações dos processos geodinâmicos.

Assim, o papel do geomorfólogo está voltado para o estudo ambiental, tendo por fim a minimização de distorções da escala dos eventos e o entendimento de processos inter-relacionais responsáveis pela restauração e/ou manutenção do equilíbrio de ambientes. Conforme sugerem Girão e Corrêa (2004), a geomorfologia deve ser aplicada no planejamento, com o objetivo de desenvolver empreendimentos de cunho social, econômico ou ambiental.

Christofoletti (1994), ao buscar a aplicabilidade da geomorfologia no planejamento de políticas ambientais, qualificou duas categorias de planejamento: o **estratégico**, relacionado às tomadas de decisão, no longo e no médio prazos, envolvendo geralmente um conjunto de pesquisas; e o **operacional**, caracterizado pelas tomadas de decisão de rápida efetivação. A implementação de projetos de planejamento necessita do uso de diversos critérios de grandeza espacial, considerando-se o planejamento local e o planejamento regional, chegando até ao planejamento nacional.

A participação dos geomorfólogos nas equipes de planejamento das instituições públicas e privadas permite associar os conhecimentos de base morfogenética do relevo, de forma a contribuir para a tomada de decisão. No entanto, a participação de estudiosos dessa ciência ainda é irrelevante em muitas áreas do setor público; em geral, são integrados geomorfólogos nos planos diretores de algumas grandes cidades brasileiras. Por outro lado, a predominância de outros profissionais (arquitetos, engenheiros civis e geólogos) geralmente é comum nos projetos relativos ao planejamento do uso e da ocupação das terras urbanas.

De acordo com Girão e Corrêa (2004), a carência do estudo geomorfológico nos projetos implica vários problemas de ordem técnica, econômica e ambiental. Para esses autores:

> A falta de estudos geomorfológicos em tais procedimentos no setor público muitas vezes é refletida em perdas materiais de equipamentos infraestruturais decorrentes da ausência de uma visão biomorfoclimática, presente na formação do geomorfólogo, necessária para a interpretação do espaço

geográfico diretamente afetado por tais empreendimentos. (Girão; Corrêa, 2004, p. 43)

O planejamento do uso do solo urbano ou rural deve levar
em conta o relevo e seus processos, pois estes definem os possíveis eventos nas áreas de risco de enchentes, processos erosivos
e movimentos de massa, os voçorocamentos ou deslizamentos de
terras. Da mesma forma, o planejamento permite a formulação
de mapeamentos geotécnicos que mostram a dinâmica geomorfológica das áreas de intervenção de projetos urbanos e agrários.

Vários trabalhos de geomorfólogos foram produzidos para órgãos públicos, visando à estruturação de medidas preventivas, à
recuperação de espaços degradados e à minimização de prejuízos materiais e sociais (Ab'Saber, 1968; Alheiros, 1998; Almeida;
Guerra, 2001; Christofolleti, 1968; Gonçalves; Guerra, 2001; Marçal;
Guerra, 2001).

Os estudos de Guerra e Guerra (1997) sobre a instabilidade
de encostas em áreas urbanas mostraram que estas são derivadas das ocupações desordenadas e aceleradas que levam, entre
outras ações, à construção de casas, deposição de lixo, construção de vias e cortes de taludes de forma inadequada. Com isso,
as ações danosas em relação à fisiografia das encostas, com a retirada indiscriminada da cobertura vegetal para fins habitacio-
nais e econômicos como procedimento inicial, podem desencadear processos que culminarão na instabilidade geomorfológica.

Assim, a utilização da geomorfologia nas ações de planejar
novas ocupações, bem como melhorar a forma de ocupação de
áreas com fragilidades ambientais, contribui para o melhor apro-
veitamento das feições geomorfológicas e dos empreendimentos
efetivados. O papel do geomorfólogo na prevenção ou mesmo na

recuperação de áreas afetadas por processos de degradação ambiental, embora ainda pouco considerado, é, sem dúvida, de destaque.

Os profissionais dessa área estão em constante busca de atualização sobre técnicas de recuperação e prevenção de impactos ambientais, áreas destinadas aos projetos públicos e privados, nas comunidades diretamente afetadas por desequilíbrios ambientais, enfim, em todas as ações que pressupõem a ocupação do relevo.

Síntese

Neste capítulo, conhecemos alguns aspectos históricos da geomorfologia e suas principais escolas científicas. Inicialmente, as escolas anglo-americana e germânica produziram conceitos, métodos e técnicas de estudo e avaliação dos compartimentos do relevo que foram fundamentais para o estudo espacial da superfície terrestre. Com a incorporação das condicionantes climáticas no estudo das formas de relevo, a geomorfologia identificou os conjuntos morfológicos de origem climática em zonas e andares, produzidos pela interação das variáveis epirogênicas, climáticas, petrográficas e fitogeográficas. Assim, ela se consolidou em âmbito mundial, definindo seu campo de estudo e oferecendo às demais ciências seus métodos e técnicas para estudo do relevo.

Vimos também que, no Brasil, a geomorfologia foi incluída na academia e nos órgãos de governo em períodos históricos distintos, incorporando as tendências e produzindo grandes estudos do relevo brasileiro, que servem de base para o ensino e a pesquisa nacionais. A sistematização desses conhecimentos e o desenvolvimento da pesquisa geomorfológica nacional contaram com contribuições de importantes pensadores e definiram dimensões para o estudo geomorfológico em três níveis, que interagem e se integram: a compartimentação morfológica, o levantamento da estrutura superficial e o estudo da fisiologia da paisagem. Aprofundaremos esses três níveis ao longo do nosso estudo.

Demostramos como as paisagens da superfície da crosta terrestre são modeladas por forças tectogenéticas e por mecanismos morfoclimáticos. Com as atividades humanas no atual período geológico, os processos morfogenéticos se aceleram e passam a alterar as formas resultantes do relevo. As técnicas e os métodos de estudo do relevo desenvolvidos pela geomorfologia são fundamentais para o controle e a medição dos impactos humanos no ambiente.

O ensino da geomorfologia nas faculdades, nas universidades e nas escolas de educação básica ainda não é satisfatório, e muito se tem que produzir em termos de conhecimentos, fundamentos, recursos e práticas para aprimorar o ensino, a pesquisa e a extensão nessa área científica.

Indicação cultural

CONSTRUINDO o planeta Terra. Direção: National Geographic. EUA: NatGEO, 2011. 94 min. Disponível em <https://www.youtube.com/watch?v=MPATtHrY1AM>. Acesso em: 12 jan. 2016.

Esse documentário apresenta o planeta Terra e a forma como ele surgiu, há aproximadamente 4,6 bilhões de anos. Durante parte desse período, a Terra foi um ambiente inóspito, com temperaturas elevadas em razão das atividades vulcânicas, com jorros de gases e lava, sem a camada de ozônio e com raios ultravioletas, descargas elétricas e bombardeamento de corpos oriundos do espaço. A atmosfera era ácida, composta de aproximadamente 80%

de gás carbônico, 10% de metano, 5% de monóxido de carbono e 5% de gás nitrogênio. O gás oxigênio era ausente ou bastante escasso, e somente se tornou possível com o surgimento das plantas pela atividade da fotossíntese[viii]. A água – composta de hidrogênio e oxigênio – também foi um elemento responsável pelo resfriamento da crosta e pela formação do relevo primitivo da Terra. Assim, a vida no planeta está associada a essa dinâmica atmosférica e a processos físicos e biológicos. O documentário nos oferece uma visão integrada da formação terrestre e serve para pensarmos o relevo e suas transformações ao longo desses 4,6 bilhões de anos no nosso planeta Terra.

Atividades de autoavaliação

1. A geomorfologia surgiu no século XVIII como disciplina científica ou campo de investigação das ciências naturais. Indique quais foram as ciências que mais se beneficiaram com esses novos conhecimentos sobre a superfície terrestre:
    a) Ciências econômicas e administração.
    b) Comércio internacional e direito.
    c) Geografia e geologia.
    d) Ecologia e biotecnologia.
    e) Física e biologia.

2. Geólogos e engenheiros da América do Norte promoveram a sistematização dos conhecimentos sobre o relevo e formaram a chamada *escola geomorfológica anglo-americana*. Verifique as

---

viii. **Fotossíntese:** Um processo realizado pelas plantas para a produção de energia necessária para a sobrevivência. Ela ocasiona a purificação do ar, pois retira o gás carbônico (CO_2) liberado por nossa respiração ou na queima de combustíveis fósseis, como a gasolina, e, ao final, libera oxigênio (O_2) na atmosfera (Fiocruz, 2016).

proposições a seguir e, depois, marque a alternativa que contém a resposta correta com relação às características dessa escola:

I. A geomorfologia estava fundamentada na tendência escolástica, que tinha suas teses sustentadas no evolucionismo ou darwinismo, influenciando significativamente o conhecimento científico do relevo.

II. Convergiu a ecologia e geografia física no estudo da paisagem.

III. Dedicou-se à quantificação, à teoria dos sistemas e fluxos e ao uso da cibernética na geografia quantitativa.

IV. Desenvolveu a teoria da pediplanação, explicando como o ciclo semiárido produz a junção de pedimentos individuais e criam pediplanos.

V. Contribuiu para o surgimento da geomorfologia ambiental, inserindo as variáveis humanas na produção espacial.

a) Estão corretas as proposições I, III e IV.

b) Estão corretas as proposições I, II e V.

c) Estão corretas as proposições II e V.

d) Estão corretas as proposições IV e V.

e) Todas as proposições estão corretas.

3. Até meados do século XX, a maior parte da produção científica brasileira tendia para as raízes anglo-americanas. No entanto, alguns fatos permitiram a incorporação de raízes germânicas à produção técnica e científica nacional. Assinale as proposições que caracterizam alguns fatos desse período e, depois, marque a alternativa correta:

I. Realização do Congresso de Geografia do Rio de Janeiro (1956).

II. Primeiras expedições aos sertões por geólogos estrangeiros.

III. *Classificações do relevo brasileiro*, de A. Azevedo (1949).

IV. *Classificações do relevo brasileiro*, de Ab'Saber (1964).

V. Criação da Primeira Comissão Geológica no Império.

a) I e II estão corretas.

b) I, III e IV estão corretas.

c) IV e V estão corretas.

d) Apenas II está correta.

e) Todas estão corretas.

4. Ab'Saber (1969) propôs a sistematização de conhecimentos para o desenvolvimento da pesquisa geomorfológica no Brasil, concebendo a análise do relevo em três dimensões, que se integram ou interagem. Relacione as dimensões a suas respectivas definições:

a) Compartimentação morfológica

b) Estrutura superficial

c) Fisiologia da paisagem

( ) Considera os processos morfodinâmicos atuais e as transformações produzidas na paisagem pela intervenção antrópica, desde a Revolução Neolítica até os dias atuais.

( ) Os processos exogenéticos e endogenéticos produzem individualização de determinados domínios morfológicos, sendo o clima o elemento de destaque no balanço das forças de esculturação.

( ) Estudo dos depósitos correlativos ao longo das encostas, associados às oscilações climáticas que ocorreram no passado, denominados *paleopavimentos*.

5. A falta de estudos geomorfológicos no planejamento e na ocupação territorial das áreas urbanas ou rurais muitas vezes resulta em problemas sociais e ambientais. Assinale a alternativa que representa os principais prejuízos causados por essa ausência:

a) Falta de condições para a construção de obras de engenharia, pois esta depende da geomorfologia para se concretizar.

b) Perdas materiais de equipamentos infraestruturais e perdas humanas por possíveis eventos nas áreas de risco de enchentes, processos erosivos e movimentos de massa.

c) Dificuldade de se obter recursos financeiros para a implantação de obras de infraestrutura sem o estudo geomorfológico.

d) Impedimento de ocupações irregulares nas áreas de risco sem prévio estudo geomorfológico.

Atividades de aprendizagem

Questões para reflexão

1. Ao longo dos séculos XIX e XX, a geomorfologia se consolidou como uma área da ciência responsável pela explicação de vários fenômenos da superfície terrestre. Explique, com suas palavras, o objeto científico ao qual se destinam os estudos geomorfológicos.

2. Realize uma observação em seu local de moradia e registre quais são as formas do relevo observáveis na paisagem, tendo como ponto de vista as quatro direções cardeais.

Atividade aplicada: prática

Entreviste três ou quatro pessoas em seu local de moradia ou trabalho usando as seguintes questões:

a) O que é a geomorfologia?

b) Para que serve a geomorfologia?

Em seguida, apresente esses resultados, comparando-os com o que estudamos neste capítulo.

2

Sistemas de referência em geomorfologia

Sabemos que a geomorfologia emergiu como ciência ao se basear em importantes escolas de pensamento dedicadas ao estudo dos processos e das formas do relevo. Neste capítulo, vamos detalhar as grandes contribuições que cada uma dessas escolas produziu ao longo do processo histórico do pensamento geomorfológico, bem como suas aplicações no estudo do relevo.

Vamos conhecer também os paradigmas dominantes de cada escola de pensamento, que resultaram em distintos sistemas de análise do relevo. O conjunto de métodos e técnicas aplicado nas várias abordagens, nos permite explicar a morfologia do relevo com base em **fatores tectônicos** e **climáticos**. A sobreposição dos modelos nos possibilita conhecer as relações entre **forças endógenas** e **forças exógenas**. Com isso, essas relações trazem uma explicação sobre a evolução da paisagem.

As principais teorias ou sistemas contribuíram para a compreensão do processo evolutivo do relevo e transformaram a geomorfologia em uma das mais importantes áreas de estudo das ciências da Terra (geociências). Com isso, a abordagem sistêmica na geomorfologia permitiu um grande avanço científico e o desenvolvimento de abordagens integradoras no estudo das paisagens naturais e/ou modificadas pelo ser humano.

2.1 Implicações da teoria dos sistemas na geomorfologia

Conforme estudamos no capítulo anterior, a geomorfologia se desenvolveu com base nas contribuições de profissionais técnicos, pesquisadores acadêmicos e professores de diferentes níveis de ensino e, ao longo de sua evolução como ciência e disciplina acadêmica, sofreu influências de grandes escolas científicas, paradigmas e teorias emergentes no século XX.

Entre as importantes teorias que convergiram para a compreensão integradora do relevo e fundamentaram o pensamento geomorfológico atual, encontramos a **teoria geral dos sistemas** (TGS), que foi apresentada pelo biólogo Ludwig von Bertalanffy (1901-1972) originalmente em um seminário filosófico em Chicago (EUA), no ano de 1937. Segundo ele, o esgotamento e as limitações dos esquemas metodológicos da ciência clássica aplicados nas academias, de visão separativa e reducionista, não permitiam o estudo integrado dos fenômenos. Por outro lado, na concepção sistêmica, é possível compreendermos a totalidade de um fenômeno ou objeto estudado.

> É necessário estudar não somente partes e processos isoladamente, mas também resolver os decisivos problemas encontrados na organização e na ordem que os unifica, resultante da interação dinâmica das partes, tornando o comportamento das partes diferentes quando estudado isoladamente e quando tratado no todo. (Bertalanffy, 1973, p. 53)

Branco (1989), ampliando a visão de Bertalanffy, mostra que a interpretação integrada da natureza exige visões mais abrangentes do que a óptica reducionista e sugere que o **todo** deve ser considerado como algo mais do que a simples **soma das partes**. Do mesmo modo, a fragmentação do objeto implica o obscurecimento das relações de interdependência das partes com o todo e constituem a realidade principal.

Segundo Christofoletti (2004), a teoria clássica dos sistemas, originada na década de 1930, desdobrou-se em uma série de outros enfoques nas ciências naturais, tais como a teoria dos compartimentos, a **teoria dos conjuntos**, a **teoria das redes**, a **cibernética**, a **teoria da informação**, a **teoria dos autômatos**, a **teoria dos jogos**, a **teoria da decisão** e a **teoria da fila**. Mais recentemente, encarregadas do estudo dos sistemas dinâmicos, adquiriram vulto a **teoria do caos** e a **teoria dos sistemas dinâmicos**.

Os efeitos da visão sistêmica na geomorfologia aparecem inicialmente na escola anglo-americana, contidos na **teoria do ciclo geográfico** de Davis, ainda que sob a óptica de um sistema fechado: ele considera a evolução cíclica do relevo com base em forças endógenas responsáveis pelo rápido soerguimento de certo volume das placas da crosta, bem como por agentes exógenos encarregados de arrasar paulatinamente o modelado até as condições de peneplanície – ou superfície quase plana formada pela erosão –, estado que, teoricamente, está termodinamicamente próximo da entropia máxima.

Na escola alemã, a teoria geral dos sistemas aparece como método aplicado no **sistema geomorfológico** de Walther Penck, que concebe a ação concomitante de forças na acentuação do relevo e de forças exógenas opostas, empenhadas no rebaixamento do modelado.

No entanto, segundo Gregory (1992), foi na obra de Chorley (1971) que a geomorfologia absorveu mais nitidamente a teoria geral dos sistemas, considerando as formas e os processos como sistemas dinâmicos e as transformações de massa e energia como função do tempo. Para Christofoletti (1989), a visão sistêmica influenciou os conceitos de dinâmica do planeta Terra interpretado como um sistema aberto pela **teoria do equilíbrio dinâmico** de Grove Karl Gilbert, em 1877, e revivida por Hack, em meados do século XX.

O método sistêmico aparece também na **abordagem ecodinâmica**, proposta por Tricart (1975), para o estudo da dinâmica das paisagens físicas, que colaborou para a orientação sistêmica. Assim, ele definiu como objeto de estudo as **unidades ecodinâmicas de paisagem**, sendo esta sua definição: "uma unidade ecodinâmica se caracteriza por certa dinâmica do meio ambiente que tem repercussões mais ou menos imperativas sobre as biocenoses[i]" (Tricart, 1975, p. 31). O conceito de **unidade ecodinâmica** é integrado ao conceito de **ecossistema**, suas relações mútuas entre os diversos componentes da dinâmica e os fluxos entre energia e matéria no meio ambiente.

No Brasil, os primeiros ensaios assumiram a denominação de *Geografia Teorética* em algumas análises morfométricas, destacando-se Gandolfi (1968); Christofoletti (1974); Christofoletti e Perez Filho (1975); Christofoletti e Tavares (1977); Christofoletti e Oka-Fiori (1980); Cesar (1977); Machado (1979); e Giometti e Garcia (1999).

Segundo Christofoletti (1999), a estrutura de um sistema é composta de **unidades** ou **variáveis**, que se caracterizam por três dimensões básicas: **tamanho** ou **espaço dimensional**, **correlação entre suas variáveis** e **causalidade** ou **variável de controle**. Essas unidades ou variáveis encontram-se inter-relacionadas, uma dependendo da outra e se relacionando por meio de fluxos de matéria e/ou energia, apresentando atributos ou qualidades específicas. De acordo com o autor, todos os sistemas têm um propósito, uma finalidade ou um objetivo e, conforme se modificam,

---

i. **Biocenose:** Esse termo foi criado por Karl Möbius, em 1877, por ocasião do estudo empreendido sobre os bancos de ostras e os organismos a elas associados. Segundo ele, "a biocenose é um grupamento de seres vivos que correspondem por sua composição, pelo número de espécies e de indivíduos, a certas condições médias do meio, grupamento de seres ligados por dependência recíproca e que se mantém reproduzindo-se em certo lugar de maneira permanente" (Möbius, 1877, citado por OPA, 2016).

podem influenciar todos os demais sistemas. Resultam desse processo de relações em um sistema a **homestasia**, que é a capacidade do sistema de se adaptar às mudanças e manter o equilíbrio, e a **entropia**, que explica a dissipação dos sistemas quando não se adaptam às mudanças do ambiente.

Todos os sistemas recebem e emitem matéria e/ou energia. Com isso, podemos definir a **entrada** (*input*) como aquilo que os sistemas recebem e **saída** (*output*) como aquilo que resulta das transformações do sistema. Segundo sua relação com outros sistemas, um sistema pode ser **aberto**, quando recebe influência do meio externo; ou **fechado**, quando não sofre influência do meio externo (Machado Neto, 2013). Observe a Figura 2.1, que representa esse movimento.

Figura 2.1 – Representação dos sistemas: abertos e fechados

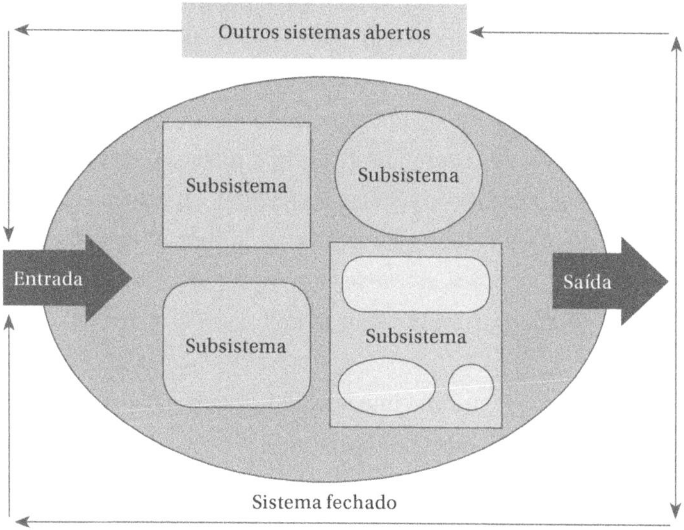

Fonte: Elaborado com base em Christofoletti, 1979.

Assim, podemos entender um **sistema**, seja ele aberto, seja fechado, como o **conjunto de partes inter-relacionadas** que se ordenam para um objetivo comum. Esse objetivo definirá os elementos resultantes, a retroalimentação (*feedback*) e, novamente, o ordenamento dos elementos visando aprimorar esse objetivo, de forma a aprimorar seus próprios subsistemas (Machado Neto, 2013).

No estudo do **relevo**, os sistemas se apresentam na forma de **unidades de relevo**, que adquirem maior ou menor importância, de acordo com a escala e o interesse do pesquisador. As relações entre essas unidades definem seus processos e suas formas, assim como auxiliam na compreensão da realidade local e global.

> Praticamente, a totalidade dos sistemas que interessam ao geógrafo não atua de modo isolado, mas funciona dentro de um ambiente e faz parte de um universo maior. Esse conjunto maior, no qual se encontra inserido o sistema particular que se está estudando, pode ser denominado de universo, o qual compreende o conjunto de todos os fenômenos e eventos que, através de suas mudanças e dinamismo, apresentam repercussões no sistema focalizado, e também de todos os fenômenos e eventos que sofrem alterações e mudanças por causa do comportamento do referido sistema particular. (Christofoletti, 1979, p. 3)

Como exemplo, temos uma bacia hidrográfica ou sistema hidrográfico, em que cada rio ou sub-bacia é, ao mesmo tempo, um sistema em si. As vertentes são elementos ou variáveis de controle que estabelecem relações morfométricas no espaço definido pela topografia da bacia ou das sub-bacias. Os agentes modeladores, como as precipitações e as temperaturas, produzem a entrada e a saída de energia e matéria a cada novo período climático, produzindo novos processos sobre as formas do relevo da bacia ao longo do tempo.

2.2 Sistemas de referência para o estudo do relevo

Ao longo do século XX, as várias abordagens geomorfológicas se difundiram na academia e nos governos, tendo como referência as escolas e seus métodos de estudo. Agora, vamos apresentar algumas dessas abordagens e os sistemas de análise, a fim de subsidiar nossas reflexões sobre o ensino e a pesquisa geomorfológica.

2.2.1 Sistema de Davis: a teoria do ciclo do relevo

A teoria de Davis (1899) se fundamentou no conceito de **nível de base** desenvolvido por Powell (1875), que consiste em todo e qualquer ponto mais baixo em relação a uma área localizada a montante, caracterizando-se como referência aos processos erosivos. Temos como exemplo os cursos de água, os quais têm como nível de base geral o nível do mar.

Conforme Casseti (2005), no **sistema davisiano**, o processo de denudação do relevo inicia-se em uma emersão ou um soerguimento da massa continental, originado por um processo geológico. Diante do elevado gradiente produzido em relação ao nível de base geral, o sistema fluvial inicia a produção forte de entalhamento dos talvegues[ii], originando a linha de desgaste que atinge os cursos de água, formando a rede fluvial. O desgaste dos canais

---

ii. **Talvegue**: Linha que passa pela parte mais profunda de um vale.

pode chegar até a formação de grandes *canyons*, que caracterizam o estágio que Davis denominou **juventude**.

A partir desse estado, o sistema sofre as ações físico-químicas ao longo do tempo, atingindo a **maturidade** até seu estágio de **senilidade**, quando sofre a horizontalização topográfica, com extensos peneplanos.

No modelo davisiano, a atividade fluvial exerce o maior controle sobre o processo de transformação de superfícies soerguidas e enrugadas em superfícies rebaixadas e aplainadas. Os cursos de água provocam a denudação do relevo, rebaixando seus vales, da foz em direção às cabeceiras. Nesse contexto, as superfícies aplainadas tendem a se formar nos litorais e seguir em direção ao interior, conforme mostra a Figura 2.2.

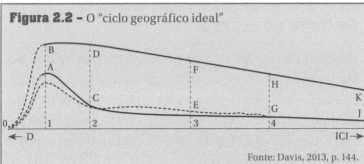

Figura 2.2 – O "ciclo geográfico ideal"

Fonte: Davis, 2013, p. 144.

A linha de base representa a linha do tempo. As linhas verticais representam a altitude média do modelado em relação ao nível do mar, sendo que B, D, F, H e K correspondem à altitude média dos interflúvios, e A, C, E, G e J correspondem à altitude média dos fundos de vale. As diferenças entre BA, DC, FE, HG e KJ correspondem à diferença de cota média entre os topos de morro e os fundos de vale em cada um dos momentos, que são respectivamente denominados 1, 2, 3 e 4. O momento 1 representa a fase final do soerguimento. O momento 2 é aquele em que a diferença de cota entre os interflúvios e os fundos de vale é mais destacada, em razão de os fundos de vale, graças ao acúmulo de água e ao trabalho erosivo dos canais fluviais, serem denudados mais intensamente que os interflúvios. O período 3-4 corresponde àquele em que o desgaste das terras altas é mais acentuado, colaborando para o aplainamento do relevo. A partir do momento 4 o modelado já foi profundamente denudado, motivo pelo qual os processos denudacionais então se desenvolvem de forma muito mais lenta (Salgado, 2007, p. 67).

Conforme Davis (1899), os peneplanos formados chegam a um único nível altimétrico entre os interflúvios e os antigos fundos de vales, apresentando cursos meandrantes, com calhas aluviais aterradas e com pouca ou nenhuma capacidade de transporte fluvial.

Figura 2.3 - Ciclo do relevo conforme Davis

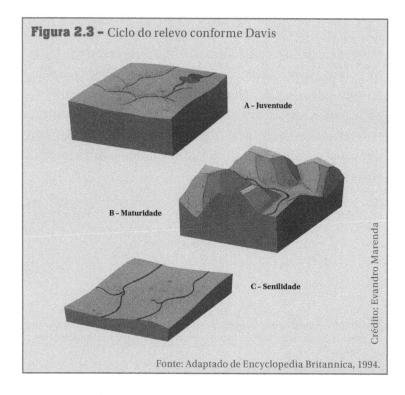

Fonte: Adaptado de Encyclopedia Britannica, 1994.

> A – **Juventude** – Vales em forma de "V", com poucas planícies aluviais, interflúvios extensos, muitas quedas e corredeiras, além de alguns lagos e pântanos; incisão de cursos de água.
>
> B – **Maturidade** – Terreno drenado nas encostas, exceto nas várzeas; tronco e alguns afluentes em forma de meandro[iii]; equilíbrio máximo.
>
> C – **Senilidade** – Grandes vales abertos, com riachos amplamente sinuosos, com divisões indistintas, sedimentos de erosão de litologias resistentes, superfície perto do nível de base de erosão. (Encyclopedia Britannica, 1994, tradução nossa).

O sistema de Davis, conforme já sabemos, apresenta uma formulação evolucionista que foi contestada pela escola germânica pelo excesso de idealismo, pela generalização do ciclo e pela limitação temporal da geodinâmica responsável pelo estágio final. No entanto, suas contribuições para a geomorfologia se deram em uma linguagem acadêmica altamente qualificada e suas representações em forma de blocos e diagramas foram devidamente apresentadas no contexto de um raciocínio lógico e científico, que marcou seu momento histórico e contribuiu para a ciência contemporânea.

---

iii. **Meandro:** Sinuosidade no curso de um rio constituída por duas curvaturas consecutivas, onde o escoamento ocorre no sentido horário em uma e em sentido anti-horário na outra (ANA, 2016).

De acordo com King (1953), o método cíclico utilizado por Davis serviu de conceito científico geral e, apesar das possíveis críticas a seu modelo evolucionista, vários geomorfólogos aplicaram seu sistema em importantes estudos na área ambiental, bem como o ciclo evolutivo da morfologia processada pelos efeitos erosionais.

2.2.2 Sistema de Walther Penck

W. Penck demarcou sua posição contrária ao sistema de Davis por afirmar que a emersão e a denudação aconteciam ao mesmo tempo, e não em momentos distintos, conforme mostrava a teoria cíclica. Ele também mostrou que o método empregado por Davis previa um ciclo ideal do relevo e não incorporava as demais variáveis estudadas pela ciência geográfica germânica. Para Penck (1894), existe uma relação entre o entalhamento do talvegue e os efeitos denudacionais, em função do comportamento da crosta, que poderia se manifestar de forma intermitente e com intensidade variável.

Observe a Figura 2.4, a seguir, que mostra a diferença das abordagens vistas até agora. Enquanto para Davis a denudação (BC) só teria início após o término do soerguimento (AB), Penck mostra que a denudação (B'C) é concomitante ao soerguimento (AB'), com intensidade diferenciada pela ação da tectônica.

Figura 2.4 – Evolução do relevo escalonado proposta por Walther Penck

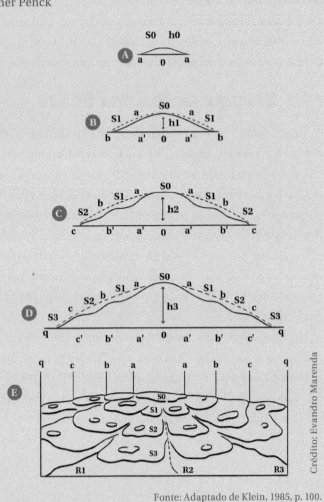

Fonte: Adaptado de Klein, 1985, p. 100.

A – S0 = superfície somital inicial antes do primeiro período de soerguimento; a = nível de base da S0; h0 = altitude inicial da superfície S0.

> **B** – Após um primeiro período de soerguimento, forma-se S1 = superfície incorporada ao soerguimento que tem em **b** seu nível de base; **h1** corresponde ao total do soerguimento; **a'** corresponde à escarpa que delimita S0 de S1. Forma-se o primeiro "degrau" no relevo.
>
> **C** – Após um novo período de soerguimento, incorpora-se S2, que tem **c** como nível de base e está separada da S1 pela escarpa **b'**; **h2** corresponde ao total de soerguimento. Forma-se o segundo "degrau" no relevo.
>
> **D** – Após um novo período de soerguimento, incorpora-se S3, que tem **q** como nível de base e está separada da S2 pela escarpa **c'**; **h3** corresponde ao total de soerguimento. Forma-se o terceiro "degrau" no relevo.
>
> **E** – Representação em perspectiva da fase anterior, na qual fica visível o relevo em "escadaria". R1, R2 e R3 correspondem às redes de drenagem principais.

Fonte: Adaptado de Salgado, 2007, p. 68.

Penck aplicou seus estudos na Floresta Negra, localizada na Alemanha, e mostrou que a incisão no relevo é dependente do grau de soerguimento da crosta por meio de evidências morfológicas ou grupos de declividades vinculados à intensidade da erosão dos rios, submetidos aos efeitos que denominou *tectodinâmicos*.

Penck, assim como Davis, levou em consideração a noção de **nível de base local** e a correspondência entre **soerguimento, incisão** e **denudação**. Porém, sua grande cooperação se deu pela valorização da relação processual entre os elementos do sistema geomorfológico. Segundo Carson e Kirkby (1972), Penck considerou os perfis de declividade como resultantes da movimentação da crosta e levou em conta o sistema de levantamento-denudação davisiano.

Conforme mostra a Figura 2.5, ele definiu o primeiro instante (T1), momento no qual a incisão se apresenta relativamente incipiente, compatível com a intensidade do soerguimento. A partir dessa etapa, ocorrem as demais situações (T2, T3 e T4) em um período progressivamente maior, refletindo o grau de soerguimento.

Figura 2.5 – Grau de incisão do talvegue em relação ao soerguimento

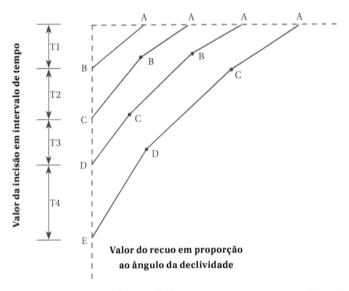

Fonte: Adaptado de Carson; Kirkby, 1972, citados por Casseti, 2005, p. 12.

Em síntese, podemos dizer que o que diferenciou os dois modelos foram as forças que cada um utilizou como explicação para a modelagem do relevo, conforme mostra a Figura 2.6 a seguir.

Figura 2.6 – Contraste de forças na modelagem do relevo de Davis e Penck

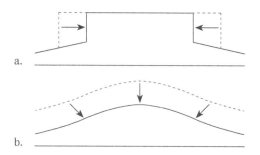

Fonte: Adaptado de Casseti, 2005.

Observemos que, enquanto para Davis o relevo evoluía em um movimento de cima para baixo (*wearing down*), Penck demonstrou que o recuo paralelo das vertentes (*wearing back*) ou o desgaste promove a esculturação.

2.2.3 Sistema de King e Pugh

King (1953, 1956) e Pugh (1955) produziram estudos geomorfológicos na porção sul da África nos anos 1950. Esse continente sofreu períodos rápidos e intermitentes de soerguimento da crosta, separados por longos períodos de estabilidade tectônica. Assim, os autores desenvolveram o conceito de **estabilidade tectônica** com o ajustamento por compensação isostática e também consideraram o recuo paralelo das vertentes (*wearing back*) como forma de evolução morfológica, conforme Penck (1953) havia proposto.

Segundo esses autores, o material que resulta da erosão decorrente do recuo promove o entalhamento das áreas depressionárias, originando o que denominaram de *pedimentos*. Conforme o recuo do relevo evolui por um período de tempo de relativa estabilidade tectônica, ocorre a formação de extensos **pediplanos**.

Por isso, sua abordagem foi denominada **teoria da pediplanação**. A diferença básica em relação ao sistema de Davis é que as grandes extensões horizontalizadas na senilidade, que ele chamou de *peneplanos*, para King (1953), deveriam ser consideradas *pediplanos*, com formas residuais que denominou **inselbergues**.

Figura 2.7 – Evolução geomorfológica de áreas soerguidas e falhadas em regiões de clima com tendência à aridez

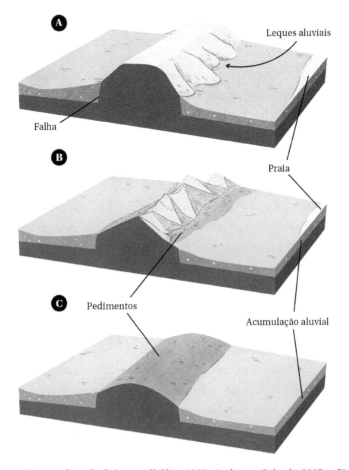

Fonte: Adaptado de Longwell; Flint, 1962, citados por Salgado, 2007, p. 71.

Conforme mostra a Figura 2.7, a desagregação mecânica atua como fator responsável pelo recuo paralelo das vertentes e seus detritos iniciam na base em evolução e se estendem em direção aos níveis de base, produzindo o entulhamento de pedimentos e a elevação do nível de base local. Esse entulhamento ocorreria por atividades ou processos torrenciais, originando as formas conhecidas como *bajadas* e proporcionando o mascaramento de toda e qualquer irregularidade topográfica, caracterizando a morfologia dos pediplanos.

2.2.4 Sistema de John T. Hack

John T. Hack, na década de 1960, em seus primeiros estudos geomorfológicos nos Estado Unidos, buscou interpretar a topografia do vale do rio Shenandoah, na região dos Montes Apalaches. Em sua análise, aplicou o conceito de **equilíbrio dinâmico**, fortemente sustentado na teoria geral dos sistemas. Em seus estudos, considerou o relevo como um sistema aberto que mantém constante troca de energia e matéria com os demais sistemas terrestres. Considerou o modelado do relevo como o produto de uma competição entre a resistência dos materiais da crosta terrestre e o potencial das forças de denudação.

Segundo seus apontamentos, toda e qualquer alternância de energia, seja interna, seja externa, promove uma alteração no sistema, manifestada por meio da matéria produzida, razão pela qual os elementos da morfologia tendem a se ajustar em função das modificações impostas, seja pelas forças tectodinâmicas, seja pelas alterações processuais subaéreas (mecanismos morfoclimáticos). Diante disso, a morfologia não tenderia necessariamente para o aplainamento, visto que o equilíbrio pode ocorrer sob os mais variados panoramas topográficos (Figura 2.8).

Figura 2.8 – Modelo de equilíbrio dinâmico para encosta com declives fortes

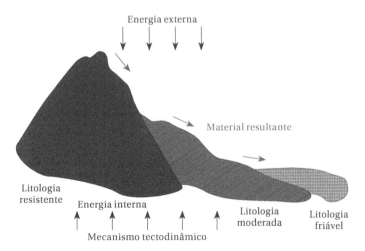

Fonte: Adaptado de Casseti, 2005.

Assim, Hack (1960) define que as formas de relevo e os depósitos superficiais têm íntima relação com a estrutura geológica (litologia) e os mecanismos de intemperização. Ele concluiu que a declividade dos canais fluviais diminui com o comprimento do rio e varia em função do material que está sendo escavado. Segundo Christofoletti (1980a, p. 168), a noção de equilíbrio, para Hack, é considerada em uma perspectiva sistêmica, como o resultado do "comportamento balanceado entre os processos morfogenéticos e a resistência das rochas, além das influências diastróficas atuantes na região". Nesse aspecto, Hack incorpora o conceito davisiano de **equilíbrio**, conferindo-lhe novas dimensões e relações dinâmicas, produzindo um encadeamento lógico na concepção sistêmica do modelado e ampliando a visão fragmentada do relevo.

2.2.5 Sistema de G. Millot

Embora não seja uma abordagem tão difundida como as clássicas que apresentamos anteriormente, a **teoria do aplainamento por mudanças climáticas**, desenvolvida por G. Millot (1983), mostra que as superfícies aplainadas teriam sua gênese em regiões áridas ou semiáridas que, antes de estarem conformadas a esse tipo de clima, estiveram submetidas a condições climáticas mais úmidas, por tempo suficiente para que ocorresse um intenso processo de alteração do manto de intemperismo.

Segundo Millot (1983), os aplainamentos se originam na sucessão de climas ao longo do tempo geológico. As superfícies de aplainamento foram formadas inicialmente em condições climáticas semiúmidas pela combinação de três processos:

1. intemperismo da rocha fresca na subsuperfície;
2. transformação pedogenética do material anteriormente alterado;
3. erosão superficial.

A esses três processos, Millot (1977, 1980, 1983) agrega a ideia de três superfícies ou discordâncias:

1. superfície formada no contato da rocha fresca com a base do nível freático, denominada *discordância geológica*;
2. superfície de alteração pedogenética, denominada *discordância pedológica*; e
3. superfície exumada.

De acordo com Millot (1977), todos os processos de transformação do relevo têm início na subsuperfície, com a intemperização da rocha fresca no contato entre a base do lençol freático e a rocha sã – região denominada, nessa teoria, ***discordância de intemperismo***. Com base nesse princípio, inicia-se a exportação de material iônico do sistema intemperizado; em seguida, ocorre a transformação de minerais primários da rocha em minerais secundários de alteração. Segundo o autor, esse processo é **isovolumétrico**, ou seja, não afeta o volume da rocha alterada e, por conseguinte, nessa fase não produz aplainamentos, apenas prepara o material para a ação dos processos posteriores, conforme mostra a Figura 2.9.

Figura 2.9 – Dupla superfície ou discordância que gera aplainamentos

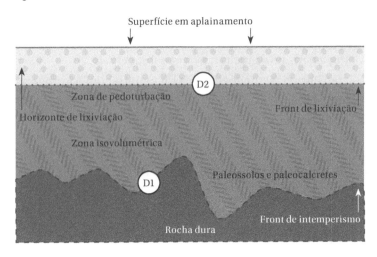

Fonte: Salgado, 2007, p. 74.

À medida que o material já alterado é novamente submetido às condições de um clima árido, nas quais a erosão mecânica é mais agressiva, o relevo sofrerá aplainamento pela sucessão de climas. Os climas úmidos, ao alterarem as "rochas frescas", preparam o material para que, nos climas secos, a erosão mecânica superficial aplaine o relevo.

2.3 Relações entre os sistemas geomorfológicos

Cassetti (2005) nos apresenta um quadro comparativo (Quadro 2.1) com as principais características dos sistemas geomorfológicos em relação aos processos morfológicos e suas variáveis em cada sistema que mostramos anteriormente. Esse quadro permite-nos compreender os pensadores, seus fundamentos teóricos e metodológicos.

Observando os modelos desenvolvidos entre o final do século XIX e os anos 1980, notamos duas grandes abordagens no estudo da evolução da paisagem. Segundo Salgado (2007), os modelos de Davis (1899) e Penck (1953) tiveram como predominantes os **fatores tectônicos**. Os modelos de King (1953), Hack (1960), Büdel (1957, 1982) e Millot (1983) privilegiaram os **fatores climáticos**. Ambas as perspectivas seguiram os paradigmas dominantes em suas épocas.

De acordo com Adams (1975), embora cada uma das teorias tenha suas potencialidades, nenhuma delas foi capaz de explicar completamente as superfícies de aplainamento. Conforme esse autor, elas são resultado da ação dos dois tipos de denudação, de processos endógenos e exógenos, do *back wearing* e do *down wearing*, de erosão fluvial e pluvial etc. Assim, ele propõe que os aplainamentos de dimensão continental devem ser explicados como de **origem poligenética**, tendo como método a justaposição das diversas teorias, considerando uma **visão multidimensional** da formação do relevo.

Cada sistema geomorfológico que analisamos nos permite compreender as abordagens dos pesquisadores e nos orientar na compreensão da evolução dessa ciência. Em nossos estudos futuros sobre o relevo terrestre, retomaremos essas temáticas aplicadas às vertentes e aos processos do relevo.

Quadro 2.1 – Pensadores e sistemas geomorfológicos (1899-1960)

Características	W. M. Davis (1899)	W. Penck (1924)	L. C. King (1953, 1956) / J. Pugh (1955)	J. T. Hack (1960)
Característica geral do sistema	Rápido soerguimento com posterior estabilidade tectônica e eustática.	Ascensão de massa com intensidade e duração diferentes.	Longos períodos de estabilidade tectônica, separados por períodos rápidos e intermitentes de soerguimento da crosta.	Toda e qualquer alternância de energia interna ou externa gera alteração no sistema por meio da matéria.
Relação entre soerguimento e denudação	Início da denudação (comandada pela incisão fluvial) após estabilidade ascensional.	Intensidade de denudação associada ao comportamento da crosta.	Denudação concomitante ao soerguimento.	Reação do sistema com alteração do fornecimento de energia (oscilações climáticas).
Estágio final ou parcial da morfologia	Evolução morfológica de cima para baixo (*wearing down*).	Evolução por recuo paralelo das vertentes (*wearing back*).	Evolução morfológica por recuo paralelo (*wearing back*).	Todos os elementos da topografia estão mutuamente ajustados e se modificam na mesma proporção.
Características morfológicas	Fases antropomórficas: juventude, maturidade e senilidade (peneplano).	Processos de declividade laterais das vertentes: convexas, retilíneas e côncavas (relação entre incisão e denudação por ação crustal).	Nível de pedimentação (coalescência de pedimentos: pediplano).	As formas não são estáticas e imutáveis. Íntima relação com a estrutura geológica.

(continua)

Características	W. M. Davis (1899)	W. Penck (1924)	L. C. King (1953, 1956) / J. Pugh (1955)	J. T. Hack (1960)
Estágio final ou parcial da morfologia	Peneplanização (formas residuais: *monadnocks*).	Superfície primária (lenta ascensão compensada pela denudação). Não haveria produção de elevação geral da superfície.	Pediplanação (formas residuais: *inselbergues*).	Não evolui necessariamente para o aplainamento (equifinalização). O equilíbrio pode ocorrer sob os mais variados "panoramas topográficos".
Noção de nível de base	Processo evolutivo comandado pelo nível de base geral.	A vertente evolui em função do nível de base local.	Pressupõe a generalização de níveis de base (qualquer ponto de um rio é considerado nível de base para os demais à montante).	Ajustamento sequencial.
Variáveis que compõem os sistemas	Temporal/estrutural com subordinação da processual.	Processo, tectônica e tempo.	Processo/forma, considerando o fator temporal, admitindo implicações isostásicas.	Relações entre formas e processos independentes do tempo (processo morfogenético – resistência das rochas – influências diastróficas).

Fonte: Adaptado de Casseti, 2005.

2.4 Geomorfologia aplicada ao estudo dos geossistemas

Como vimos, a abordagem sistêmica na geomorfologia fortaleceu essa ciência e permitiu grandes contribuições aos estudos geográficos das paisagens e à formulação do conceito de **geossistema**. As pesquisas relacionadas a essas duas temáticas deram origem à **morfodinâmica**, desenvolvida por Chorley (1962) e aplicada no Brasil com base nos estudos desenvolvidos por Tricart (1975), que a definiu como a dinâmica que se estabelece entre o clima, a topografia, o solo, o material rochoso e a cobertura vegetal.

Christofoletti (1999) explica que a **teoria geossistêmica** foi formulada com a finalidade de aplicar a teoria geral de sistemas ao estudo das paisagens naturais, modificadas ou não pela ação humana. A concepção de *geossistema* se desenvolveu na antiga União Soviética, na década de 1960, com Viktor Borisovich Sochava (1972). Ele introduziu o termo para descrever a esfera físico-geográfica como um sistema que definiu como *geographical cover*, ou ***geossistema de nível planetário***. Para ele, o geossistema é uma dimensão do espaço terrestre na qual os mais diversos componentes naturais se encontram em conexões sistêmicas uns com os outros. Sochava (1972) concluiu que a vegetação tem um papel de extrema importância na contenção dos fenômenos erosivos, sobretudo em regiões onde a vegetação se encontra em bom estado de conservação.

De acordo com Oliveira (2003), a paisagem seria a materialização de um estado ou de uma situação do geossistema em determinado momento, formada por um conjunto orgânico e dinâmico composto de elementos bióticos, abióticos e antrópicos e regido por relações variáveis no tempo e no espaço. Para esse autor, embora o geossistema seja um fenômeno natural, todos os fatores econômicos e sociais influenciam em sua estrutura (Oliveira, 2003). Nessa abordagem, os fatores relacionados à ação antrópica também são levados em consideração.

De acordo com Bertrand (1971), o geossistema é um complexo essencialmente dinâmico que ocorre em um espaço-tempo e se define pela ação exploratória dos seres vivos. A extensão do geossistema, segundo o autor, compreende entre alguns quilômetros quadrados e algumas centenas de quilômetros quadrados.

O geossistema contém três componentes que interagem em níveis distintos, como mostra a Figura 2.10, a seguir.

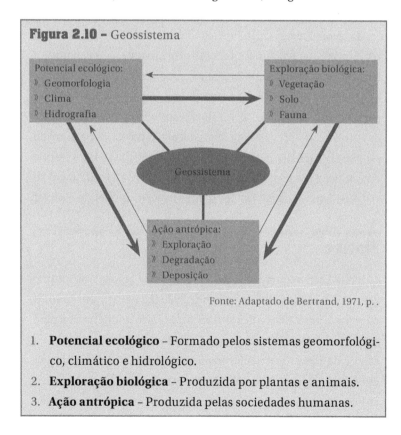

Figura 2.10 - Geossistema

Fonte: Adaptado de Bertrand, 1971, p. .

1. **Potencial ecológico** - Formado pelos sistemas geomorfológico, climático e hidrológico.
2. **Exploração biológica** - Produzida por plantas e animais.
3. **Ação antrópica** - Produzida pelas sociedades humanas.

Para Casseti e Nascimento (1991), o balanço morfogenético é estabelecido pela relação entre os **elementos perpendiculares** (infiltração e cobertura vegetal) e o **elemento paralelo**, representado pela erosão. Quando predominam as componentes perpendiculares e as vertentes se encontram com cobertura vegetal, ocorre o equilíbrio entre potencial ecológico e exploração biológica, que caracteriza um geossistema em estado de **biostasia**. Quando essa vegetação é retirada, ocorre alteração sensível desse equilíbrio, criando condições de **resistasia**. Como exemplo, temos o tempo relativo que o solo leva para ser erodido em condições de exposição direta às precipitações e o tempo que leva para a formação das camadas do solo.

Os geossistemas estão sujeitos a fenômenos desestabilizadores ou eventos que tendem a alterar significativamente a trajetória e a evolução natural de seus agentes, conduzindo a mudanças em seu funcionamento. Nesse aspecto, a geomorfologia busca a compreensão e alternativas de minimização ou contenção dos efeitos decorrentes do processo de degradação do relevo, representado na paisagem. A geomorfologia também contribui para o estudo da evolução dos geossistemas e permite aferir se as mudanças serão positivas ou negativas dos pontos de vista ambiental e social.

Síntese

Ao longo deste segundo capítulo, estudamos a origem e as influências da teoria dos sistemas na geomorfologia, a partir de seu surgimento nos anos 1960, e descobrimos que ela foi fundamental para o desenvolvimento de muitas abordagens e experimentações no estudo do relevo, particularmente por introduzir na ciência geomorfológica a noção de **evolução do relevo** pela ação das forças internas e externas, integrando a análise dos processos e das formas.

Vimos também várias teorias e diversos sistemas desenvolvidos por pesquisadores importantes e que marcaram as tendências e suas escolas geomorfológicas, destacando suas principais contribuições teóricas e metodológicas. Os modelos desenvolvidos entre o final do século XIX e os anos 1980 levaram em consideração duas grandes forças ou fatores: nos modelos de Davis (1899) e de Penck (1953), predominam os fatores tectônicos; por outro lado, os modelos de King (1953), Hack (1960), Büdel (1957, 1982) e Millot (1983) privilegiaram os fatores climáticos.

Consideramos nesta obra, para fins didáticos, que a combinação das diversas teorias permite uma visão multidimensional da formação do relevo. Cada sistema geomorfológico nos permite compreender as abordagens dos pesquisadores e nos orientar na compreensão da evolução dessa ciência. Em nossos estudos futuros sobre o relevo terrestre, retomaremos essas temáticas, aplicadas às vertentes e aos processos do relevo.

Por fim, detalhamos a importância, na geomorfologia, da compreensão sistêmica do espaço geográfico por meio dos geossistemas. A fragilidade ou a potencialidade dos geossistemas nos permite aferir as condições ambientais e sociais desse espaço, bem como oferece meios para a solução dos impactos humanos e para a busca do equilíbrio das forças controladoras que modelam o relevo.

Indicação cultural

GEOGRAFIA (ensino fundamental): as formas de relevo – Novo Telecurso. Direção: Ricardo Elias. Brasil: Fundação Roberto Marinho, 2000. 15 min. Disponível em: <https://www.youtube.com/watch?v=v3XdDJX38N0>. Acesso em: 20 mar. 2016.

Essa teleaula (n. 12) foi produzida pelo Novo Telecurso e publicada no You Tube em 24 de dezembro de 2012. Ela mostra a formação da crosta terrestre por placas que se movimentam e sofrem a ação das forças internas e externas do planeta. O objetivo da aula consiste em mostrar como se formou a litosfera terrestre, os vulcões, os terremotos e os movimentos da crosta, que produzem cadeias de montanhas, planícies, vales e as demais formas do relevo. Nela, você também vai conhecer a ação da água e do ar na modelagem do relevo. Essa série tem outras aulas que ajudam na visualização e na compreensão dos processos de formação do relevo. Esse material pode auxiliar os professores na elaboração de aulas, bem como na exibição direta para diferentes públicos, servindo de boa introdução ao estudo do relevo.

Atividades de autoavaliação

1. A teoria geral dos sistemas (TGS) foi apresentada pelo biólogo Ludwig von Bertalanffy, em 1937, para suprir algumas necessidades científicas de sua época. Assinale **V** para verdadeiro e **F** para falso nas alternativas que mostram quais foram essas necessidades. Em seguida, indique a alternativa que mostra a sequência correta:

    ( ) Esgotamento e limitações dos esquemas metodológicos da ciência clássica de visão separativa e reducionista.

    ( ) Após a TGS, as ciências avançaram para uma visão cada vez mais reducionista dos fenômenos da Terra.

    ( ) Até então as ciências tinham uma visão integradora dos fenômenos naturais e humanos.

    ( ) A visão das partes de um fenômeno passou a ser mais valorizada em detrimento de uma visão de totalidade.

( ) Até então as ciências produziam o estudo isolado dos fenômenos, limitando a compreensão de sua totalidade.

a) V, V, V, V, V.

b) F, V, F, V, F.

c) V, F, F, F, V.

d) F, V, V, V, F.

2. A estrutura de um sistema se caracteriza por três dimensões básicas: tamanho ou espaço dimensional, correlação entre suas variáveis e causalidade ou variável de controle. Nessa relação de retroalimentação dos sistemas, eles podem ser entendidos como:

a) remanescentes e transcendentes.

b) antecedentes e subsequentes.

c) concorrentes e divergentes.

d) concordantes e discordantes.

e) flexíveis e maleáveis.

3. Relacione as unidades de um sistema a seus respectivos significados e, depois, assinale a alternativa que contém a resposta correta:

I. Elementos ou unidades

II. Relações

III. Atributos

IV. Entrada

V. Saída

( ) São as qualidades que se atribuem aos elementos, a fim de caracterizá-los.

( ) São as transformações que as entradas sofrem no interior do sistema e que, depois, são encaminhadas para fora dele.

( ) São os elementos integrantes do sistema que se relacionam e dependem um do outro por meio de ligações que denunciam os fluxos.
( ) Constitui-se daquilo que os sistemas recebem.
( ) São as partes componentes de um sistema.
a) I, III, IV, II, V.
b) IV, V, II, III, I.
c) III, V, II, IV, I.
d) V, IV, I, II, III.
e) II, V, III, IV, I.

4. Relacione os pesquisadores a suas teorias geomorfológicas e, depois, assinale a alternativa que contém a resposta correta:
I. W. M. Davis
II. W. Penck
III. L. C. King e J. Pugh
IV. J. T. Hack
( ) equilíbrio dinâmico
( ) ciclo geográfico
( ) pediplanação
( ) recuo paralelo das vertentes
a) I, II, IV, III.
b) IV, I, III, II.
c) III, I, IV, II.
d) IV, III, II, I.
e) II, III, I, IV.

5. Um geossistema é composto de três componentes em constante interação. Assinale a alternativa que indica a correta relação entre os componentes do geossistema e suas características:
I. Potencial ecológico
II. Exploração biológica
III. Ação antrópica

( ) Vegetação, solo e fauna.

( ) Geomorfologia, clima e hidrografia.

( ) Exploração, degradação e deposição.

a) I, II, III.

b) II, I, III.

c) II, III, I.

d) III, II, I.

e) III, I, II.

Atividades de aprendizagem

Questões para reflexão

1. Com base no estudo sobre a evolução conceitual e metodológica da geomorfologia, apresente suas reflexões sobre os efeitos da teoria geral dos sistemas nas escolas geomorfológicas.

2. Reflita sobre os sistemas de referência de W. M. Davis e de W. Penck e apresente suas diferenças básicas em relação às características gerais dos sistemas geomorfológicos.

Atividade aplicada: prática

De um ponto de vista, observe a paisagem do local de sua moradia e descreva os elementos perceptíveis de acordo com os componentes de um geossistema:

» Potencial ecológico.

» Exploração biológica.

» Ação antrópica.

3
Métodos e técnicas do estudo geomorfológico

Neste capítulo, vamos conhecer alguns dos principais métodos e técnicas de pesquisa aplicados aos estudos da geomorfologia. A investigação científica do relevo produz conhecimentos no campo teórico, o que permite a constante revisão de paradigmas; assim também ocorre no campo experimental, pela observação sistemática e controlada dos processos do relevo, que produz as bases epistemológicas para a ciência geomorfológica.

Vamos conhecer procedimentos e recursos que nos possibilitam a investigação sistemática de determinados processos de esculturação do relevo. O domínio teórico e prático da pesquisa científica qualifica o trabalho do estudante, do pesquisador ou do profissional para a aplicação técnica ou pedagógica.

Os estudos ambientais, para serem aceitos e validados por determinada comunidade científica, devem assegurar a qualidade e a fidedignidade do conhecimento produzido. Para tanto, é preciso garantir a alta qualidade do estudo e de seus resultados na proposição e na execução das soluções.

3.1 Pesquisa científica em geomorfologia

Inicialmente, podemos definir que o **conhecimento científico** é aquele que procura conhecer, além do **fato** ou **fenômeno**, suas **causas** e as **leis** que o regem. Com ele, buscamos descobrir os princípios explicativos que servem de base para a compreensão da organização, da classificação e da ordenação da natureza. Já nos primórdios da história da ciência, o pensador grego Aristóteles (384 a.C.-322 a.C.) afirmava que o conhecimento somente acontece quando sabemos quais são a causa e o motivo dos fenômenos.

Em seu método, ele buscava conhecer perfeitamente as causas, demonstrando seus experimentos em laboratório e aplicando instrumentos, com trabalhos programados, metódicos e sistemáticos.

3.1.1 Método científico e geomorfologia

Em geral, a grande questão que envolve os estudos científicos dos processos naturais e/ou humanos é a escolha de um **método científico** que seja aceito pela comunidade acadêmica e garanta a qualidade da pesquisa e seus resultados.

No entanto, perguntamos: O que é um método científico?

Podemos definir método científico como um processo pelo qual a ciência busca dar resposta aos problemas definidos pelo pesquisador e que resulta na produção de conhecimento, ou na corroboração ou refutação de algum conhecimento preexistente. Como escrevem Lakatos e Marconi (1991, p. 39):

> Todas as ciências caracterizam-se pela utilização de métodos científicos; em contrapartida, nem todos os ramos de estudo que empregam estes métodos são ciências. Dessas afirmações podemos concluir que a utilização de métodos científicos não é de alçada exclusiva da ciência, mas não há ciência sem o emprego de métodos científicos.

Na maioria das disciplinas e campos da ciência, esse processo consiste em reunir evidências empíricas verificáveis por meio de uma observação sistemática e controlada, geralmente resultante de revisões teóricas, experimentos ou pesquisas de campo, segundo o uso da lógica de determinada área de pesquisa.

O método científico reúne, assim, o conjunto de procedimentos aceitos e validados por certa comunidade científica, o que lhe confere qualidade e fidedignidade do conhecimento gerado. Reúne procedimentos técnicos e operações mentais para a verificação do problema investigado, bem como um aglomerado de regras básicas, conceitos e procedimentos que resultam em conhecimento científico e retroalimentam os conhecimentos produzidos anteriormente.

Embora as técnicas e os procedimentos variem de uma área ou disciplina científica para outra, bem como por seus distintos objetos de estudo, em geral, conseguimos determinar certos elementos que caracterizam o método científico aplicado. O método se apresenta como a sequência lógica de procedimentos que devem ser seguidos pelo pesquisador na consecução de um objetivo.

Observe a Figura 3.1, que representa o processo lógico na aplicação científica de um método.

Figura 3.1 – Esquema do método científico

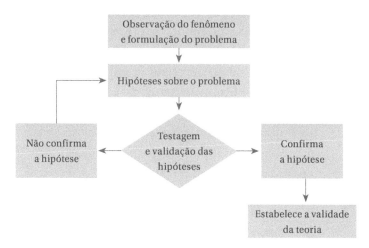

Fonte: Adaptado de Lakatos; Marconi, 1991, p. 46.

O esquema nos mostra que toda e qualquer pesquisa apresenta **princípios básicos e universais**, como o fato de que toda proposta de estudo tem como objetivo responder a alguma questão que envolve determinado **problema**. O problema, ao ser formulado, define o **objeto** de estudo, o qual passa a ser pensado em uma perspectiva teórica e conduz o pesquisador a uma hipótese, que nada mais é do que uma possível resposta ao problema e que, por sua vez, se encontra fundamentada no conhecimento teórico ou científico. Se a hipótese se mostra verdadeira, o pesquisador comprova sua teoria; caso contrário, pode retomar seus procedimentos e rever suas hipóteses ou procedimentos metodológicos até a comprovação científica final (Lakatos; Marconi, 1991).

Segundo Ross (1997), a pesquisa técnico-científica em geomorfologia emergiu dos conhecimentos desenvolvidos pela geologia e pela geografia, sua base teórica e seus métodos específicos a transformaram em um componente curricular fundamental na formação acadêmica, produzindo teorias para o ensino, a pesquisa e a extensão universitária.

No entanto, em termos de método, a pesquisa científica nessa área ainda é o "calcanhar de Aquiles" para a maioria dos estudiosos. Segundo o mesmo autor, é frequente a realização de trabalhos acadêmicos e profissionais com relativa confusão entre os conceitos de **método** e **técnica**, conforme destacado nesta reflexão:

> Deve ficar claro que o tratamento metodológico em uma pesquisa é subproduto direto da teoria. Em função desse atrelamento obrigatório uma mesma área objeto de estudo pode ser analisada através de diferentes óticas e evidentemente chegar a resultados analíticos não obrigatoriamente idênticos. De qualquer

modo, é a metodologia que norteia a pesquisa, enquanto a instrumentalização e as técnicas operacionais funcionam como apoio. (Ross, 1997, p. 29)

Com isso, vemos que a pesquisa científica é fundamental, pois dela derivam as transformações e as atualizações que ocorrerão no ensino e na pesquisa da geomorfologia, e deve levar em consideração essa importante reflexão, pois seus conceitos e suas práticas são sistematicamente aplicados na formação fundamental, tecnológica e superior.

Ainda de acordo com Ross (1997), até o momento, é possível observarmos duas linhas de estudo da geomorfologia: uma de **caráter experimental**, que visa trabalhar por meio de experiências em laboratórios e estações científicas; e outra de **caráter empírico**, que tradicionalmente continua ocorrendo à base das coletas de dados dos pesquisadores, por meio de observações e descrições da paisagem – minuciosas e indispensáveis para a interpretação da gênese do relevo.

A geomorfologia, como ciência da natureza, propõe-se a descrever e explicar os processos e as formas do relevo terrestre. Um pesquisador dessa área se utiliza de diversas metodologias que aplicam técnicas de estudo, que vão desde a observação direta das formas e processos do terreno até a enumeração e a classificação dessas formas e processos. O uso das técnicas subsidia o método de estudo geomorfológico, seja ele para um trabalho técnico para fins práticos, como manejo de solos para agricultura, construção civil ou mineração, seja para um trabalho científico orientado para a busca do conhecimento, como as pesquisas de graduação e pós-graduação.

De acordo com Florenzano (2008) e Venturi (2005), a pesquisa geomorfológica envolve uma variedade de técnicas que congregam as atividades de gabinete e de campo. Essas técnicas foram enriquecidas, sobretudo no que se refere ao uso de imagens de satélites e do geoprocessamento.

3.1.2 Técnicas de interpretação geomorfológica

A escolha do método e das técnicas para o estudo do relevo deve considerar as necessidades do pesquisador, seus objetivos e resultados esperados. Deve ser ainda adequada ao objeto estudado, pois, em alguns casos, isso exige grande investimento de tempo, recursos financeiros, viabilidade e acessibilidade. A pesquisa geomorfológica envolve uma variedade de técnicas que congregam as atividades de gabinete e de campo. Na atualidade, essas práticas de estudo foram enriquecidas com a incorporação de novas tecnologias, como as imagens de satélite e as ferramentas de geoprocessamento. Vamos conhecer algumas delas a seguir.

3.1.2.1 Técnicas de gabinete

As técnicas de gabinete são a base para os primeiros estudos e, somadas às atividades de campo, permitem reproduzir condições de análise, representação e modelagem de sistemas do relevo. De acordo com Florenzano (2008) e Venturi (2005), essas técnicas foram aperfeiçoadas com a incorporação de novas tecnologias, especialmente no que se refere ao uso de imagens e das ferramentas de geoprocessamento.

Fotointerpretação e fotogrametria

Como o nome sugere, a **fotointerpretação** é a técnica de interpretação de imagens dos objetos com a finalidade de deduzir sua significação, a identificação e a determinação de objetos por meio de fotografias, produzindo informações qualitativas. Ela se preocupa com a significância dos objetos no espaço, portanto, com seus aspectos qualitativos. Na geomorfologia, a fotointerpretação é bastante importante para a elaboração de mapas temáticos do relevo (Panizza; Fonseca, 2011).

A **fotogrametria** se dedica ao tratamento dos dados posicionais e geométricos dos objetos no espaço, ou seja, visa conhecer seus aspectos quantitativos. Com a evolução da informática e das técnicas de processamento digital, essa técnica avançou para a **fotogrametria digital** ou **sensoriamento remoto**, com a utilização de sistemas orbitais com sensores de alta resolução "imageando" periodicamente a superfície terrestre.

Essas duas técnicas, em conjunto, permitem-nos conhecer os **aspectos qualitativos e quantitativos** dos dados, de acordo com os objetivos do estudo geomorfológico. Por outro lado, a **escala do mapeamento** pode ser utilizada em estudos de localização de unidades de relevo para definir a exploração mineral, a agricultura, o planejamento urbano e a proteção ambiental, entre outros aspectos.

De acordo com a escala e os objetivos do trabalho, podem ser utilizadas fotografias aéreas (Figura 3.2), imagens multiespectrais, imagens de radar e de *laser*.

Figura 3.2 – Avião adaptado coletando fotografias

Crédito: Jaochainoi/Shutterstock

Na fotointerpretação visual das unidades de relevo, são considerados alguns elementos que orientam o processo de reconhecimento e de identificação dos elementos da superfície terrestre em uma fotografia aérea ou imagem de satélite. De acordo com Panizza e Fonseca (2011), os critérios usados na identificação e na determinação de um objeto são os seguintes:

a. **Tonalidade e cor** – Intensidade da energia eletromagnética refletida por um tipo de alvo na superfície terrestre, em determinada banda do espectro eletromagnético.
b. **Forma e tamanho** – A forma é definida por meio da geometria dos objetos, e o tamanho é diretamente proporcional à escala.
c. **Padrão** – É definido com base na união e na extensão das formas que podem se repetir regularmente, com variações tonais na imagem.

d. **Textura** – É o arranjo dos tons em uma área da imagem, resultando no aspecto suave – até "rugoso" – de um alvo na fotografia ou imagem.
e. **Associação ou convergência** – Os elementos ou objetos estão comumente associados, com um tendendo a ocorrer em função de outro(s).
f. **Sombra** – Na maioria das vezes, dificulta a interpretação das imagens, porque esconde a informação de onde ela está sendo projetada.

As fotografias apresentam como principais características de captação a **projeção central**, a **imagem em quadro** e a **posição vertical**, conforme mostra a Figura 3.3.

Figura 3.3 – Fotografias aéreas

Crédito: Caycebilly/Shutterstock

Conforme Antunes (2010), podemos definir **sensoriamento remoto** ou **teledetecção** como a ciência que tem como objetivo a captação de imagens da superfície terrestre. As aplicações do sensoriamento se modificaram ao longo do tempo e permitiram alcançar níveis cada vez mais elevados de detalhamento e escala, conforme explica esse autor:

> As aplicações do sensoriamento remoto nas décadas de 1970 e 1980 estavam ligadas ao mapeamento ambiental em escalas médias e pequenas (1:50.000 a 1.000.000). A partir de 1997, essa realidade começou a mudar, com entrada em órbita de novos satélites de melhor resolução, havendo um aumento do campo de aplicação. Assim sendo, as imagens orbitais passaram a servir de base para mapeamento em grandes e médias escalas (1:5.000 a 1:25.000). Em 1999, as imagens passaram a reproduzir um maior nível de detalhes ampliando ainda mais as aplicações desta geotecnologia. (Antunes, 2010, p. 3)

As tecnologias do sensoriamento e da fotointerpretação atuais buscam um nível de detalhamento similar ao da fotografia aérea, o que permitirá que o sensoriamento remoto atinja um maior número de usuários e, consequentemente, tenha seus custos reduzidos.

Geoprocessamento

O **geoprocessamento** é um conjunto de tecnologias de coleta, tratamento, manipulação e apresentação de informações espaciais. De acordo com Rodrigues (1993), esse conjunto apresenta como principal ferramenta o sistema de informação geográfica (SIG), que aplica parâmetros, indicadores e variáveis coletadas nos órgãos oficiais e de pesquisa.

O SIG se diferencia entre as tecnologias por sua capacidade de fazer relações espaciais entre diferentes elementos gráficos; essa capacidade se denomina **topologia** e permite descrever a localização e a geometria dos elementos em um mapa, por meio de sua conectividade, contiguidade e pertinência (Rodrigues, 1993).

Segundo Rodrigues (1993), os SIGs apresentam algumas características, tais como:

a. Capacidade de coleta e processamento de dados de diversas fontes, como dados de GPS, mapas preexistentes, fotogrametria e sensoriamento remoto, entre outros.

b. Capacidade de armazenar, recuperar e atualizar dados já processados.

c. Capacidade para manipulação e execução de tarefas, permitindo análises e inter-relações.

Os SIGs também apresentam alguns módulos específicos para conversão de dados, armazenamento em bancos de dados, análise geográfica, processamento de imagens, modelagens de terreno, análises estatísticas e geração de mapas, além de quatro elementos básicos: *hardware* (plataforma computacional), *software* (módulos que executam as diversas funções), dados (elementos do espaço) e profissionais (responsáveis pelo projeto).

Vejamos na Figura 3.4 um exemplo de um SIG de planejamento e gerenciamento urbano.

Figura 3.4 – Logradouros, uso e ocupação do solo

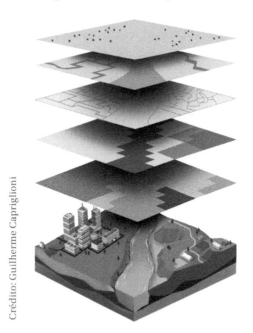

Crédito: Guilherme Capriglioni

No exemplo que apresentamos anteriormente, as informações são disponibilizadas publicamente: esse banco de dados com informações funcionais do município conta com uma base centralizada, com diversas informações que podem ser cruzadas, gerando novos produtos, como gráficos ou desenhos inteligentes. O sistema permite a integração de dados de diversas secretarias e a otimização de processos de gestão de recursos públicos de creches, escolas e postos de saúde.

3.1.2.2 Experimentos de laboratório

Tais experimentos são práticas de investigação que levam em conta dados e processos controlados para a obtenção de variáveis químico-físicas para a análise dos tipos de materiais que compõem as camadas do solo e suas unidades menores. Esses experimentos são fundamentais para a definição do tempo de formação e os processos decorrentes da ação natural nos modelados do relevo.

Análises geométricas e sedimentológicas

As análises geométricas e sedimentológicas são realizadas por meio da **análise granulométrica**, para a determinação das dimensões das partículas do agregado e de suas respectivas porcentagens de ocorrência. De acordo com Dias (2004), o principal objetivo dessas técnicas consiste em conhecer a distribuição granulométrica do agregado mineral ou do solo em estudo e representá-la por meio de uma curva, possibilitando a determinação de suas características físicas:

> A análise granulométrica consiste na determinação das dimensões das partículas que constituem as amostras (presumivelmente representativas dos sedimentos) e no tratamento estatístico dessa informação. Basicamente, o que é necessário fazer, é determinar as dimensões das partículas individuais e estudar a sua distribuição, quer pelo peso de cada classe dimensional considerada, quer pelo seu volume, quer ainda pelo número de partículas integradas em cada classe. Na realidade, estas três formas têm sido utilizadas. (Dias, 2004, p. 10)

A análise granulométrica é realizada por meio de algumas técnicas, como o **peneiramento**[i], quando temos partículas granulares,

---

i. **Peneira**: Aparelho utilizado para ensaio granulométrico e tecido em fios de bronze ou aço inoxidável. Baseia-se apenas nas diferenças de tamanho entre as partículas para efetuar sua separação (Mineropar, 2016).

como as areias e os pedregulhos, possíveis de serem separadas por esse procedimento. Para grãos menores, como nos solos argilosos, a separação é feita por **sedimentação**; nesse processo de separação, as partículas são imersas em meio aquoso e a gravidade atrai para o fundo do recipiente as partículas mais pesadas, enquanto as partículas mais leves ficam em suspensão (Alves, 2011).

Ainda podem ser aplicadas técnicas como **difração** de *laser* para partículas não perceptíveis nos métodos anteriores. Segundo Alves (2011), nesse procedimento, as amostras são previamente separadas e inseridas em um compartimento do aparelho difrator, no qual os feixes de *laser* atravessam e colidem com as partículas, projetando-as em plano posterior acoplado a um processador de sinal, que emitirá as informações para um computador.

Datação por geocronologia

Conforme definem Babinski e Martins (2015), a **geocronologia** é a ciência responsável pela determinação da idade dos minerais que formam os grupos rochosos da crosta terrestre, bem como dos eventos geológicos associados. Assim, com a aplicação de métodos e cálculos, podemos estimar a idade de rochas, de fósseis e de sedimentos associados aos diferentes eventos da história da Terra. Entre os métodos e as técnicas, encontramos a **estratigrafia** e a **paleontologia**, que permitem uma geocronologia relativa, mostrando as camadas de unidade geomorfológicas.

A **radiocronologia** é um dos métodos mais complexos, mas que possibilita a geocronologia absoluta, permitindo que determinemos, por exemplo, a idade de disposição de rochas na faixa de idade do Período Terciário (últimos 65 milhões de anos) ao Arqueano Inicial (3,8 bilhões de anos). Conforme define Torres (1994), esse método consiste na desintegração regular de isótopos radioativos, que ocorre no tempo em velocidades constantes para cada elemento. Alguns elementos instáveis compõem as rochas nas quais o núcleo de seus átomos sofre desintegração espontaneamente, produzindo radioisótopos, denominados *isótopos-pai*, e átomos resultantes, chamados de *isótopos-filhos*. O processo de desintegração tende sempre a obter átomos-filhos mais estáveis.

Ainda segundo esse autor, o tempo necessário para que se realize a desintegração de metade do número de átomos iniciais, originando os átomos-filhos estáveis, denomina-se *período de semivida* ou *meia-vida*. Os períodos de semivida variam conforme os elementos radioativos presentes nos átomos; alguns são muitos longos, outros são curtos, sendo esses valores utilizados na determinação da idade das rochas (Torres, 1994).

Observe, na Tabela 3.1, a seguir, alguns isótopos e seus processos de transformação.

Tabela 3.1 – Isótopos e processo de transformação em anos

Isótopo-pai	Isótopo-filho	Meia-vida (Ga)
(Sm) Samário 147	(Nd) Neodímio 143	106,0
(Rb) Rubídio 87	(Sr) Estrôncio 87	48,8
(Th) Tório 232	(Pb) Chumbo 208	14,0
(U) Urânio 238	(Pb) Chumbo 206	4,5
(K) Potássio 40	(Ar) Argônio 40	1,25
(U) Urânio 235	(Pb) Chumbo 207	0,70
(Re) Rênio 187	(Os) Ósmio 187	43,0
(Lu) Lutécio 176	(Hf) Háfnio 176	35,0
(C) Carbono 14	(N) Nitrogênio 14	0 – 50.000 a

(Ga = bilhões de anos e a = anos)

Fonte: Carneiro; Mizusaki; Almeida, 2005, p. 22.

A escolha do método de datação a ser utilizado depende do material (rocha ou mineral), das características geológicas da região onde a amostragem foi realizada e da presença tanto do isótopo-pai como do isótopo-filho, constituindo um sistema fechado. Segundo Carneiro, Mizusaki e Almeida (2005), existe a possibilidade de escolher entre um número cada vez maior de métodos radiométricos, e as respostas obtidas por meio de cada um deles têm possibilitado posicionar no tempo os principais eventos da história geológica de determinada região, bem como o entendimento da evolução temporal da Terra.

A datação de alguns minerais e materiais nos possibilita a identificação dos eventos geológicos e dos processos que dão forma ao relevo ao longo do tempo. Com a aplicação da geocronologia, podemos compreender os momentos sucessivos de deposição sedimentar presentes nos diferentes compartimentos. Nos próximos tópicos, vamos tratar dessas técnicas na datação das rochas e de sua aplicação na análise do relevo.

3.1.2.3 Técnicas de campo

São técnicas que buscam a aproximação com a realidade dos processos *in loco*. Nesse grupo, aplicam-se práticas de observação direta, com a utilização de recursos para registro, medições, testes, ensaios e representação dos elementos ou componentes da área de estudo. Os pesquisadores geralmente utilizam essas práticas nas várias etapas do levantamento geomorfológico, desde as primeiras observações, nos levantamentos e registros, até a finalização do estudo.

Cadernetas, fichas e materiais de campo

As cadernetas de campo são itens fundamentais para o trabalho de campo em geomorfologia. Nelas, anotamos os elementos observáveis, os rascunhos das formas do relevo e as informações alfanuméricas.

De acordo com Branco (2009), são fundamentais para marcação das distâncias percorridas; descrição das paisagens e dos tipos de rochas e minerais; presença de fósseis; orientação e direção das camadas; afloramentos e todos os outros detalhes que serão relevantes para os demais procedimentos de escritório e laboratório (Figura 3.5).

Atualmente, as cadernetas também estão inseridas em dispositivos digitais, que permitem conexão com os SIGs, possibilitando que sejam incorporadas a uma base de dados de forma relativamente homogênea.

Figura 3.5 – Caderneta de campo

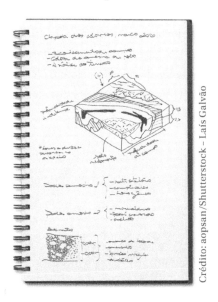

Crédito: aopsan/Shutterstock – Laís Galvão

Na caderneta de campo, o geomorfólogo anota o que vê e considera importante, marca as distâncias e direções percorridas sobre o relevo, descreve paisagens, detalha as rochas, a cobertura vegetal e os solos, identifica minerais e fósseis visíveis. Também anota a direção e o mergulho das camadas de rochas, desenha esquemas sobre a forma e o volume dos afloramentos e registra suas opiniões e hipóteses sobre o que observa no relevo.

As fichas de campo em geral são padronizadas com informações predefinidas para agilidade do registro. Além disso, possibilitam que tais informações sejam incorporadas a uma base de dados de forma relativamente homogênea. Com o desenvolvimento de cadernetas digitais, essas informações são enviadas diretamente aos programas de computadores, facilitando a carga no banco de dados de sistemas de informações geográficas.

Registro fotográfico de campo

As câmeras fotográficas, analógicas ou digitais (Figura 3.6), têm várias funções para a captação das feições observadas no campo, como recursos de vistas panorâmicas e de profundidade, o que contribui para a elaboração de relatórios e fornece apoio à interpretação das unidades de relevo. As fotografias servem de base na elaboração de croquis e na análise dos elementos que o pesquisador visa destacar.

Figura 3.6 – Equipamento fotográfico em campo

Crédito: Volodymyr Burdiak/Shutterstock

Conforme o ponto de vista de Asari, Antoniello e Tsukamoto (2004), a utilização de fotografias estimula a observação e facilita a descrição das paisagens pelos estudiosos, preparando-os para elaborar suas próprias conclusões e criar soluções para os problemas da sua realidade.

A fotografia é o registro visual de determinado espaço em um momento histórico, do ponto de vista de um observador. Para Kossoy (1999), ela não é, nem pretende ser, um raio X dos objetos retratados; no entanto, pelas possibilidades que oferece para a leitura do espaço, certamente é um bom indicativo dessa realidade.

Na elaboração de trabalhos que exigem o detalhamento de processos nos compartimentos, a fotografia é um recurso fundamental para a ilustração e a exemplificação das formas do relevo. É também um excelente recurso para análise da paisagem em complementação à cartografação e à modelagem espacial.

Calhas de Gerlach

A técnica com as calhas de Gerlach consiste em analisar a dinâmica erosiva de remanejamento e/ou transporte de materiais do regolito, comparando-se diferentes situações de uso do solo em relação às chuvas, às variações de volume de tipos de vertentes e às inclinações do terreno. Determinadas porções ou parcelas do terreno são isoladas por lâminas ou placas metálicas e, na porção menos elevada, são assentadas calhas para a coleta de sedimentos e água, que são depositados em um tambor medidor (Cunha; Guerra, 1996) (Figura 3.7).

Figura 3.7 – Modelo de calha de Gerlach

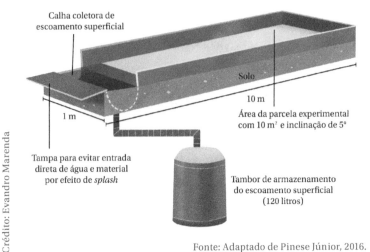

Fonte: Adaptado de Pinese Júnior, 2016.

Após a coleta do material, o pesquisador mede os volumes, seca o material, pesa-o e o mede com precisão. Com esse procedimento, é possível dimensionar os ciclos e os materiais que se movimentam em determinada porção do relevo.

Pinos de erosão

São pinos graduados em centímetros, com a finalidade de medir a erosão do solo relativa às diferentes condições de clima, relevo e usos do solo. De acordo com Venturi (2005), a técnica consiste basicamente na introdução dos pinos no solo, seguindo-se os mesmos critérios adotados para as parcelas com as calhas de Gerlach. Em geral, são introduzidos cerca de cinco pinos para unidades de até 2 metros quadrados (Figura 3.8).

Figura 3.8 - Modelo de pinos de erosão

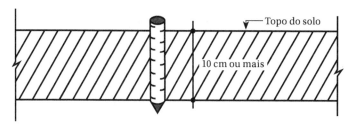

Fonte: Adaptado de Guerra, 1996, citado por Venturi, 2005, p. 78.

Após a instalação, o observador deve monitorar o local durante um período de tempo que vai de meses até anos, verificando e registrando a retirada ou a deposição de sedimentos, de forma a atestar o rebaixamento ou a elevação da unidade de solo testada.

Testes de infiltração

Os testes de infiltração indicam a capacidade de o solo receber e armazenar determinados volumes de água. Conforme Venturi (2005), os testes são realizados por meio de equipamentos denominados *infiltrômetros*, geralmente construídos em metal e constituídos por dois anéis vazados inseridos cerca de 70 centímetros no solo.

Após a inserção do aparelho, são colocados volumes controlados de água, que determinarão o tempo de saturação do solo.

Teste de resistência à penetração

Esse é um teste que utiliza hastes metálicas ou equipamentos denominados **penetrômetros**[ii] para medir a resistência à penetração em um solo úmido não saturado. Como escreve Venturi (2005), esses equipamentos são utilizados para a verificação do estado de compactação do solo, permitindo perceber quais tipos de solo, em determinadas condições de relevo, apresentam vulnerabilidade a erosões.

Esse teste indica o estado de compactação do solo, utilizando como medida o quilograma-força por centímetro quadrado (kgf/cm^2). São recolhidas medidas estáticas e dados de resistência à penetração, que servirão para a produção de mapas de resistência do solo. A medição do grau de compactação do solo e a localização de camadas compactadas em seu perfil ajudam no diagnóstico sobre determinados usos do solo, bem como para o planejamento de ações voltadas a sua conservação e/ou recuperação.

Monitoramento de voçorocas

Nesse teste, aplica-se a técnica de **estaqueamento**, visando ao monitoramento da evolução dos processos de erosão linear. As estacas de ferro são implantadas na área, pregadas diretamente no solo a uma distância variável do rebordo erosivo. A distância entre elas varia de acordo com as formas a serem medidas, ou seja, reentrâncias e talude da voçoroca (Figura 3.9).

---

ii. **Penetrômetro:** "Dispositivo usado para medir a compactação do solo. O dispositivo é, ocasionalmente, também usado para medir a densidade de outros materiais, tais como produtos farmacêuticos e alimentares. A variedade de estilos e tamanhos diferentes de penetrômetros existe para uso em diversos ambientes, incluindo engenharia, agricultura, geologia e exploração científica" (Mecânica Industrial, 2016).

Figura 3.9 – Estacas para controle de erosões

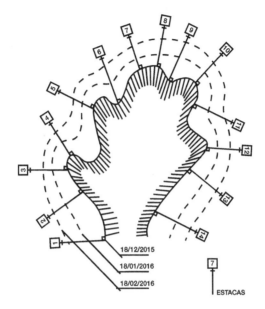

Fonte: Adaptado de Cunha; Guerra, 2002, p. 144.

Conforme mostra a Figura 3.10, as estacas são marcos de referência para medições da evolução negativa da voçoroca ao longo do tempo e permitem calcular áreas e volumes de sedimentos deslocados.

Figura 3.10 – Medição e monitoramento de voçoroca

Fonte: Geossol, 2008.

Observe, nas figuras, o trabalho de monitoramento da voçoroca, as medições e a instalação de pinos ou estacas de controle. A equipe de campo é indispensável, pois só assim os movimentos podem ser monitorados.

3.2 Técnicas de representações do relevo terrestre

São práticas de estudo do relevo que levam em consideração a possibilidade de representar os elementos geomorfológicos em planos bidimensionais e tridimensionais. Buscam materializar as formas do relevo para visualização do pesquisador e da comunidade em geral, facilitando a interpretação e a análise dos fenômenos e processos.

3.2.1 Croquis ou esboços

Quando não é necessária uma representação cartográfica exata ou para um exercício de visualização, podemos fazer uma representação gráfica à mão livre, ou seja, um **esboço** de determinada área.

Esse esboço não obedece a uma rotina técnica para a elaboração de mapas, porque tem como função principal uma identificação inicial dos compartimentos do relevo, como os vales em topos do terreno, em perspectiva ou plana, em papel com formato de cartaz, com a indicação dos principais elementos geomorfológicos a serem estudados.

Geralmente, o esboço não tem como finalidade a divulgação para o público e visa apenas mostrar informações sobre uma pequena área. Em muitas situações, supre a falta de uma representação cartográfica detalhada e serve de apoio para análises preliminares e desenvolvimento de raciocínios sobre a área estudada.

3.2.2 Blocos-diagramas

Bloco-diagrama é uma forma de representação bidimensional que simula a visão tridimensional, pois representa a superfície terrestre sob a forma de **perspectiva**. Como espelha uma parte da crosta terrestre na forma de um bloco, tem a vantagem de representar a parte estrutural da crosta correspondente desse bloco (Lisle; Brabham; Barnes, 2014).

Em geral, a figura compõe-se de cinco partes:

1. parte da carta a ser trabalhada;
2. curvas de nível;
3. quadriculado do bloco com as marcações sobre as linhas horizontais dos cruzamentos das curvas de nível com essas linhas;
4. perfis topográficos resultantes das marcações anteriores;
5. desenho do modelo, orientado pelos perfis, com o sombreado de acabamento.

Observe, a seguir, as etapas de elaboração do bloco-diagrama:

a. Base cartográfica quadriculada (Mapa 3.1).

Mapa 3.1 - Mapa-base: altimétrico

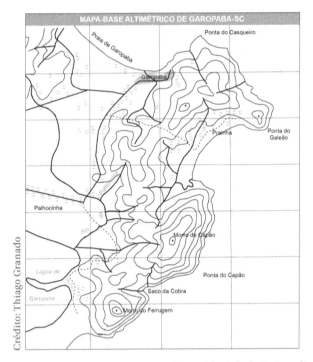

Fonte: Adaptado de Cartografia, 2014.

b. Elaboração de uma malha quadriculada, com a identificação de linhas do relevo por quadrícula em um plano diagonal (Figura 3.11).

Figura 3.11 - Projeção das cotas altimétricas no plano quadriculado

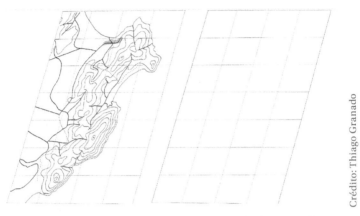

Fonte: Adaptado de Cartografia, 2014.

c. Alinhamento dos pontos de mesmo quadriculado com os pontos de passagem da configuração escolhida (Figura 3.12).

Figura 3.12 - Modelagem da elevação e contornos

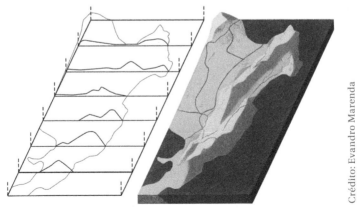

Fonte: Adaptado de Cartografia, 2014.

d. Com base na observação da paisagem, destacam-se os principais compartimentos do relevo e suas texturas e simbologias próprias, vistas em perspectiva.

Dito isso, passamos à análise de outra ferramenta importante para o geomorfólogo, o perfil topográfico.

3.2.3 Perfil topográfico

O perfil topográfico é uma representação gráfica, em um plano cartesiano, de um corte vertical do terreno, segundo uma direção de um corte previamente escolhido, de tal forma que seja possível representar intuitivamente, entre os topos, os desníveis de certos tipos de rocha, assim como a topografia do terreno. Segundo Almeida (2016), em geral, suas aplicações se destinam ao apoio na produção de mapas hipsométricos, de declividade e outras representações do relevo.

As etapas de elaboração de um perfil topográfico são as seguintes (IBGE, 2014):

a. Sobre o mapa topográfico, devem ser escolhidos dois pontos extremos (A e B) que se deseja representar e traçar uma reta ligando esses pontos. Observe que o eixo vertical apresenta uma intersecção com as várias linhas de altitude ou cotas a serem representadas. Ainda sobre o mapa topográfico, posiciona-se uma folha de papel milimetrado, de forma que as linhas fiquem abaixo e paralelas à linha A-B; feito isso, deve-se criar duas linhas na folha milimentrada, uma na vertical, na qual coloca-se as cotas de altitude, e outra horizontal, que será usada como base para a representação das distâncias entre os pontos (Mapa 3.2).

Mapa 3.2 – Mapa topográfico

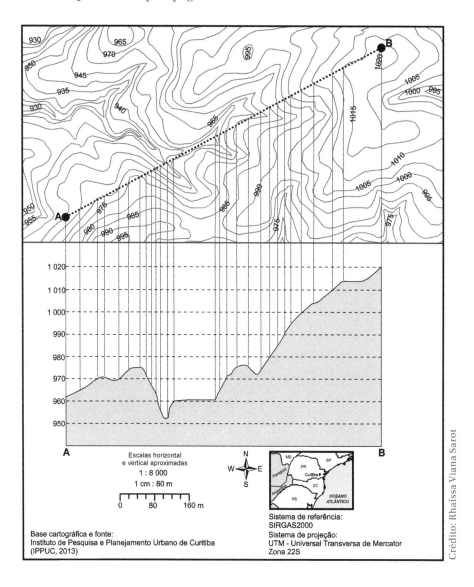

b. Depois disso, aplica-se ou sobrepõe-se o papel milimétrico ou quadriculado na base cartográfica, de maneira que o eixo horizontal sobre o qual vai ser construído o perfil seja paralelo à linha reta definida no mapa. Deve-se traçar uma linha que corte as curvas de nível, lembrando que será nelas que se terá a base para a topografia; após fazer isso, deve-se colocar um ponto em cada cruzamento da linha traçada com a do mapa original (Figura 3.13).

Figura 3.13 - Modelo de curva de nível e plano cartesiano

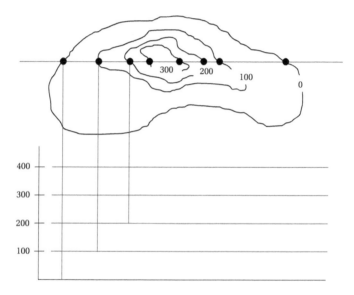

Fonte: Adaptado de IBGE, 2014.

c. Sobre o eixo horizontal, deve ser projetada a intersecção de cada curva de nível com a linha reta, considerando a cota de altitude correspondente. Deve-se traçar uma nova linha vertical, ligando esses pontos ao da altura correspondente no gráfico (Figura 3.14).

Figura 3.14 – Modelo de transposição das curvas de nível para o plano cartesiano

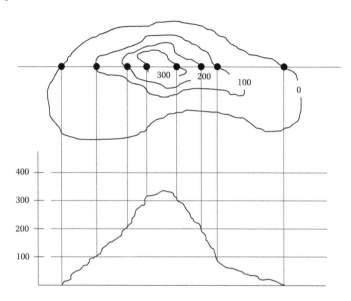

Fonte: Adaptado de IBGE, 2014.

d. Com cinco ou seis retas, é fechada a poligonal – em uma poligonal pequena – e tem-se o lugar onde será representado o corte. Isso tudo deve ser feito com todos os cruzamentos, até o fim do gráfico, com o auxílio de uma régua.

O perfil topográfico deve conter ainda informações como o **norte verdadeiro**, para que possa ser calculado o **azimute verdadeiro** (ou topográfico), de tal forma que seja possível orientar todas as projeções nas direções N (norte) e E (leste ou *East*), ou S (sul) e W (oeste ou *West*), de acordo com os eixos da projeção. A precisão do procedimento é indicada pela inter-relação com a distância a ser determinada. O perfil topográfico se torna completo com a indicação de um mapa de localização.

3.2.4 Mapas e cartas

Entre as várias técnicas aplicadas ao estudo do relevo, merece destaque a produção de cartas e mapas para a análise do relevo. Essas técnicas são aplicadas em vários países como meio para o planejamento de políticas de gestão ambiental, ordenamento territorial, segurança e controle militar, entre outros.

O mapeamento geomorfológico exige procedimentos ordenados, com estudos preliminares, investigações de campo, aplicação de ferramentas computacionais e geração de bancos de dados. Com a difusão de sistemas informatizados e de programas para tratamento de imagens satélite e mapeamentos aerofotogramétricos, a cartografação digital do relevo passou a ser uma ferramenta muito importante para estudiosos de várias ciências.

A exigência do planejamento urbano, regional, ambiental e territorial fez surgirem técnicas de mapeamento e organização de padrões de representação cartográfica, as quais veremos a seguir.

3.2.4.1 Cartas geomorfológicas

As cartas de **pequena escala**, em geral, são orientadas para a representação de fenômenos morfoestruturais e destinam-se a áreas superiores a 10 km². Essa representação mostra uma visão de conjunto da região estudada e suas escalas variam de 1:1.000.000 a 1:250.000 (Mapas 3.3, 3.4, 3.5, e 3.6).

Mapa 3.3 – Área de Curitiba na escala 1:50.000

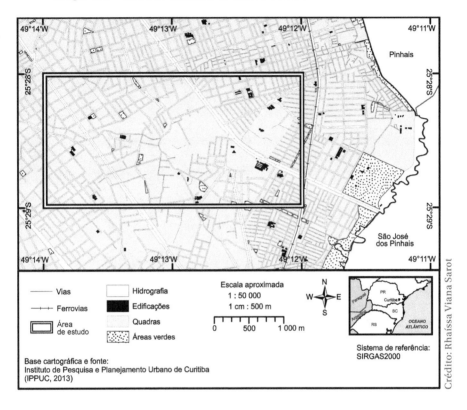

Mapa 3.4 – Área de Curitiba na escala 1:100.000

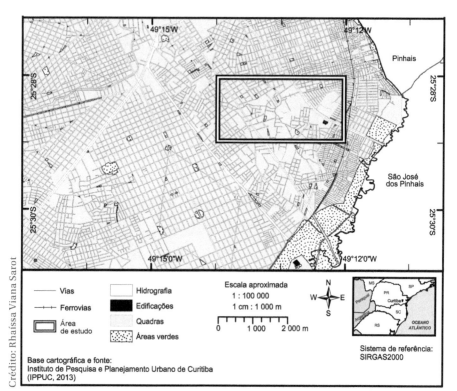

Mapa 3.5 - Área de Curitiba na escala 1:250.000

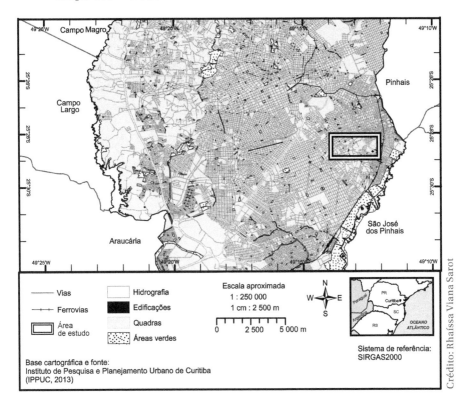

Mapa 3.6 – Área de Curitiba na escala 1:100.000.000

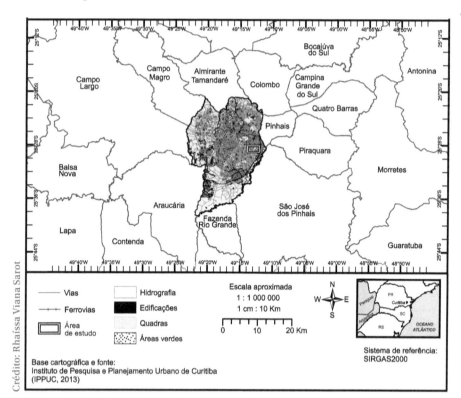

Nas cartas de **grande escala**, em geral, são representadas formas inferiores ou iguais a 10 km², nas quais se destacam os dados morfométricos, informações morfográficas representadas por simbologias próprias, dados morfogenéticos e a cronologia ou idade das formas. As escalas entre 1:20.000 e 1:50.000 representam maiores detalhes, como pequenos vales e cristas. Escalas superiores (> 1:20.000) são mais úteis em observações micromorfológicas, como dunas, carstes[iii] e voçorocas. A escolha de cartas e escalas está relacionada aos tipos de resultados esperados pelos profissionais e pelas organizações que realizam estudos do relevo.

3.2.4.2 Mapas geomorfológicos

Os **mapas geomorfológicos** representam os **objetos cartográficos do relevo**, com aplicação de cores e símbolos para identificação dos dados morfométricos, morfográficos, morfogenéticos e morfocronológicos. Os mapas permitem a representação de aspectos físicos naturais, artificiais e abstratos da superfície terrestre, em geral com a adoção de escalas de 1:1.000.000 a menores.

A seguir, apresentamos um mapa geomorfológico do Estado do Acre, produzido pelo Instituto Brasileiro de Geografia e Estatística (IBGE, 2005) – Mapa 3.7 e Figuras 3.15, 3.16, 3.17, 3.18 e 3.19. Observe que cada informação numérica, textual ou iconográfica tem funções específicas, que são fundamentais na leitura e interpretação cartográfica.

---

iii. Carste, carso ou *karst*, também conhecido como relevo cárstico ou cársico (ou sistema cárstico ou cársico), é um tipo de relevo geológico caracterizado pela dissolução química (corrosão) das rochas, que leva ao aparecimento de uma série de características físicas, tais como cavernas, dolinas, vales secos, vales cegos, cones cársticos, rios subterrâneos, canhões fluviocársicos, paredões rochosos expostos e lapiás. O relevo cárstico ocorre predominantemente em terrenos constituídos de rocha calcária, mas também pode ocorrer em outros tipos de rochas carbonáticas, como o mármore e as rochas dolomíticas.

Mapa 3.7 – Mapa geomorfológico do Estado do Acre – IBGE/BR

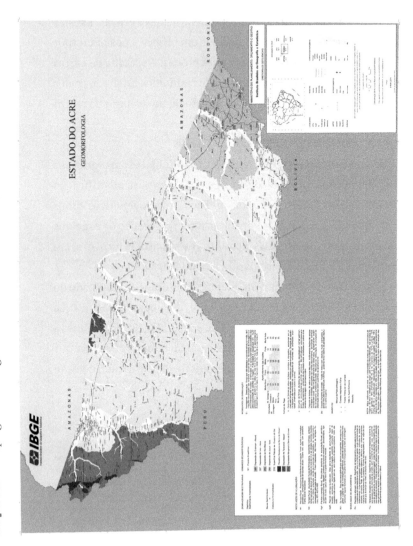

Fonte: IBGE, 2005.

Figura 3.15 – Órgão responsável

Fonte: IBGE, 2005.

Figura 3.16 – Articulação e localização da folha

Fonte: IBGE, 2005.

Figura 3.17 – Localidades, limites, vias de circulação, pontos de controle e altitude, hidrografia e vegetação

Fonte: IBGE, 2005.

Figura 3.18 – Sistema de projeção e informações adicionais

Base cartográfica elaborada a partir de folhas topográficas e planimétricas integrantes do Sistema Cartográfico Nacional, na escala 1:250.000, com atualização parcial de elementos através de imagens de satélite Landsat TM 5 e 7 obtidas no período de 1991 a 1998, em atendimento ao contrato IBGE/CISCEA (Projeto SIVAM).

PROJEÇÃO POLICÔNICA

Escala 1:1.000.000

20 15 10 5 0   10   20 Km

Coordenação de Recursos Naturais e Estudos Ambientais

O IBGE agradece a gentileza da comunicação de eventuais falhas verificadas neste mapa, através do tel.: 0800-218181, ou por e-mail: ibge@ibge.gov.br.

1ª edição

© IBGE. 2005

Direitos de Reprodução Reservados

Fonte: IBGE, 2005.

Figura 3.19 – Unidades geomorfológicas e domínios morfoestruturais do Estado do Acre

Fonte: IBGE, 2005.

Segundo Tricart (1965), o **mapa geomorfológico** consiste na representação gráfica dos elementos do relevo com base em cartas topográficas. Nele se destacam as informações de natureza geomorfológica dos elementos do terreno, com ênfase nas formas herdadas pelos processos naturais ou transformadas pela ação humana. Ainda segundo esse pesquisador, o detalhamento das formas do relevo no mapa depende da **escala** de análise aplicada.

Podemos representar os fenômenos geomorfológicos de diferentes formas, por meio de **mapas temáticos** elaborados com base em cartas produzidas por organismos governamentais e de pesquisa científica. Por meio dessas bases cartográficas, podemos produzir outras formas de representação, sejam elas bidimensionais, sejam tridimensionais, considerando ainda os recursos digitais e geotecnológicos. Seja para fins didáticos, seja por motivos gerenciais ou de controle territorial, as representações são ferramentas fundamentais para o estudo do relevo.

3.3 Construção de maquetes de relevo

As **maquetes**, também conhecidas como *modelos*, são aplicadas em situações educacionais, de planejamento ou em ensaios técnicos e servem de modelagem para estudos diversos. Também denominada de *modelo espacial*, a maquete do relevo é uma representação em escala reduzida de seus compartimentos.

Em sua construção, são aplicados materiais e técnicas que vão desde a utilização de sucata até materiais especiais, como plásticos, argila, cimento e outros que permitam moldagem. A maquete do relevo necessita de uma carta topográfica como base. As equidistâncias[iv] e as formas das curvas de nível são reconstituídas na modelagem, de acordo com a precisão do construtor da maquete.

---

iv. **Equidistância:** É o espaçamento, ou seja, a distância vertical entre as curvas de nível. A equidistância varia de acordo com a escala da carta, com o relevo e com a precisão do levantamento. Na representação cartográfica, sistematicamente, a equidistância entre uma curva e outra deve ser constante.

Para a construção de uma representação tridimensional do relevo, é necessário um **mapa de altitudes** ou **hipsometria**. Segundo Bochicchio (1993), o mapa hipsométrico é feito com as cores hipsométricas, segundo o **método das isolinhas** ou **isarítmico**, que pressupõe o uso das curvas de nível ou curvas hipsométricas como limites das superfícies de altitudes, as quais são identificadas por cores diferenciadas em uma escala cromática preestabelecida e convencional.

No conjunto, a combinação das cores oferece a sensação de volume, assim como a identificação da compartimentação do modelado terrestre. Obviamente, complementa esse tipo de representação a rede hidrográfica, o mais completa possível, a depender da escala de redução e da localização das principais formas de relevo – serras, montes, planaltos, planícies etc. (Bochicchio, 1993).

A seguir, apresentaremos os passos para a construção de uma maquete do relevo brasileiro, utilizando alguns materiais e recursos. Observe o exemplo da construção da maquete do relevo do Brasil (Sousa, 2014).

1º passo – base cartográfica

Para a construção de uma maquete de relevo, é necessário um mapa hipsométrico com curvas de nível e suas equidistâncias definidas. Em geral, esse tipo de mapa pode ser encontrado no atlas com o nome de *mapa de altitudes* ou *altimétrico*, conforme mostra o Mapa B, que consta no Anexo 2 desta obra.

A escolha do tamanho ou da **escala** da maquete obedece a duas regras fundamentais:

1. **Tamanho real ou escala horizontal** – Desejada para os fins a que se destina: pedagógico, tecnológico, técnico-profissional ou comercial, entre outros. Recomendamos ajustar o mapa-base

de forma a atingir o tamanho desejável ou escala da maquete. Para isso, recomendamos uma base de tamanho A2 ao A0.

2. **Tamanho altimétrico ou escala vertical** – Desejada pela natureza do uso e pela precisão escalar. No caso da maquete do Brasil, é necessário exagerar na escala vertical, para que os compartimentos do relevo sejam destacados; se for aplicada a mesma medida da escala horizontal em cada curva de nível, não haveria muita expressão altimétrica e as lâminas seriam muito finas. Por isso, é importante considerar a espessura das lâminas e/ou materiais que serão utilizados. Nesse caso, aplicam-se lâminas de espuma vinílica acetinada – conhecida pela sigla EVA – com aproximadamente 4 mm de espessura – cada 4 mm equivalentes a 200 m ou mais de altitude.

2º passo – produção da maquete

A seguir, cada curva de nível é copiada e separada como molde para o recorte das lâminas que formarão a maquete. São vários os materiais que podem ser utilizados na confecção das lâminas (isopor, EVA, papelão, argila, papel machê, aramados e outros).

No mapa-base devem ser reforçadas as curvas de nível, que são os limites entre os níveis altimétricos, seguindo a mesma cor da legenda e suas altitudes. Normalmente, aplica-se o verde para as curvas abaixo de 200 m; o amarelo para as curvas de 200 m; o laranja para as curvas de 400 m; o marrom para as curvas de 800 m; e marrom ou quase preto para as curvas acima de 1.200 metros. Pode-se aplicar cópia das curvas em papel transparente ou decalcar com papel-carbono as curvas de nível sobre placas que serão recortadas.

Observe na Figura 3.20 como ficam as curvas separadas.

Figura 3.20 - Modelos de curvas de nível para maquete

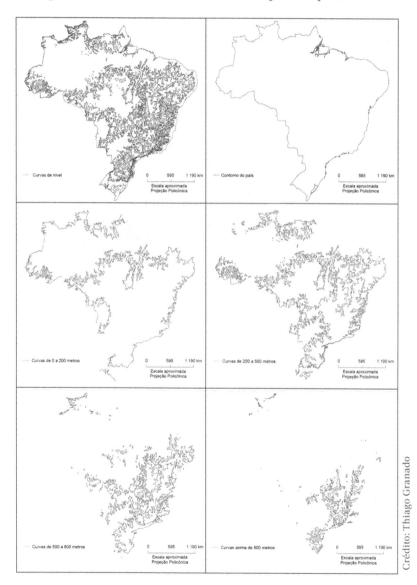

Fonte: Adaptado de Cartografia Escolar, 2016.

Com as curvas de nível devidamente separadas, devem ser riscadas e recortadas as lâminas de EVA e, em seguida, coladas uma sobre a outra, em ordem, de acordo com o mapa altimétrico, sobre uma superfície plana e firme que servirá de base ou fundo para a maquete (Figura 3.21).

Figura 3.21 – Maquete em material EVA

Crédito: Paulo César Medeiros

Material utilizado:

» Mapa altimérico do Brasil.
» Papelão para fundo/base.
» Papel vegetal.
» Lâminas coloridas de EVA.
» Tesoura.
» Estilete.
» Cola branca.
» Caneta com ponta porosa.

3º passo – tematização da maquete

A utilização da maquete decorrerá do rigor das escalas aplicadas, do detalhamento das curvas de nível e da altimetria, da disposição das formas de relevo e de seu relacionamento com a rede hidrográfica e com os limites estaduais e municipais. Entre os fenômenos geomorfológicos mais detalhados, em geral, encontram-se os cursos de água, as cadeias montanhosas, os planaltos e as planícies. Podem também ser aplicados elementos sobre a maquete, como peças em miniatura e com texturas diversas, para fins didáticos, decorativos, com ou sem a precisão escalar que o trabalho exige.

As maquetes e os mapas do relevo permitem a observação direta das altitudes por meio de tonalidades, bem como a delimitação dos compartimentos do relevo – vales, planaltos, planícies, depressões e montanhas. Eles também apresentam a distribuição da rede hidrográfica e a possibilidade de definir os limites das bacias hidrográficas. Segundo Almeida (2001), para entender e explicar essas representações, é preciso que o estudante ou o pesquisador tenha a noção, por exemplo, das relações entre a drenagem e a morfologia. Dessa forma, a **linguagem cartográfica** no ensino deixa de ser um item isolado no programa, um capítulo em que se ensina tudo sobre mapas e maquetes, mas de forma segmentada.

3.4 Elaboração de mapas geomorfológicos

Sabemos que a geomorfologia evoluiu ao longo do século XX e sua incorporação aos estudos geográficos, geológicos, biológicos e sociológicos permitiu o avanço dessas áreas de conhecimento. Com o desenvolvimento das técnicas e das ferramentas de representação cartográfica do relevo, surgiu um ramo específico na cartografia, destinado ao detalhamento das formas e dos processos geomorfológicos: a **cartografia geomorfológica**, uma ferramenta que nos permite compreender a representação do espaço e das diversas variáveis que compõem a superfície terrestre. A aplicação da cartografia na geomorfologia aprimorou sua participação nos estudos ambientais, econômicos e sociais.

3.4.1 Histórico e aspectos gerais

As primeiras cartas geomorfológicas apareceram na Polônia e, segundo Florenzano (2008), essa foi uma técnica fundamental para o controle militar do território polonês durante a Segunda Guerra Mundial. Conforme escreve Abreu (1982), nesse mesmo período pesquisadores soviéticos produziram diversos mapeamentos geomorfológicos voltados à análise de grandes e médios espaços, utilizando fundamentalmente o método cartográfico. Com base nessas primeiras experiências, as técnicas de representação do relevo se tornaram uma ferramenta fundamental nas pesquisas e nos trabalhos técnicos.

Casseti (2005) explica que essa forma de representação cartográfica constitui um importante instrumento na espacialização dos fatos geomorfológicos, permitindo representar a gênese das formas do relevo e suas relações com a estrutura e os processos, bem como com a própria dinâmica dos processos, considerando suas particularidades.

Para Ross (1992), a preocupação que deve orientar os estudos técnicos na geomorfologia é sua aplicabilidade no planejamento socioeconômico e ambiental, uma cartografação integrada dos espaços físico-territoriais nas suas diversas dimensões, conforme qualifica:

> A cartografação geomorfológica deve mapear concretamente o que se vê e não o que se deduz da análise geomorfológica, portanto em primeiro plano os mapas geomorfológicos devem representar os diferentes tamanhos de formas de relevo, dentro da escala compatível. Em primeiro plano deve-se representar as formas de diferentes tamanhos e em planos secundários, a representação da morfometria, morfogênese e morfocronologia, que têm vínculo direto com a tipologia das formas. (Ross, 1992, p. 25)

Entre os vários estudiosos da cartografia geomorfológica, é consenso que a falta de uma padronização universal para representar cartograficamente os mapas geomorfológicos consiste em um desafio para as várias associações de profissionais. Segundo Ferreira (2005), desde a década de 1960, as tentativas de padronização da cartografia geomorfológica é assunto nos encontros e nas comissões científicas de geógrafos e geomorfólogos.

Podemos ver alguns padrões em uso desde esse momento histórico na Suíça, na Sociedade Geomorfológica Suíça, que definiu regras gerais e legendas padronizadas. Já o sistema francês é fortemente marcado pelos estudos de Tricart (1957, 1965, 1975). Há ainda outros sistemas, como o holandês (ITC) e o alemão. Embora esses países tenham avançado nessa questão, ainda falta uma padronização que possa ser entendida e compartilhada no âmbito internacional.

No Brasil, conforme estudamos anteriormente, as experiências com a cartografia do relevo avançaram com a realização do Projeto Radambrasil, que produziu o mapeamento integrado dos recursos naturais renováveis e não renováveis do território por meio da interpretação de imagens de radar e de outros sensores.

Embora ainda existam dificuldades quanto à classificação das formas e à determinação da escala apropriada para representar a realidade de uma área estudada, é consenso que as representações do relevo se aprimoraram com a evolução de novas tecnologias nas últimas décadas do século XX, sustentadas no **sensoriamento remoto**, que atualmente oferecem à geomorfologia recursos imprescindíveis para o êxito de várias pesquisas.

3.4.2 Sensoriamento remoto e SIG

As últimas décadas têm sido marcadas por avanços tecnológicos na elaboração de *softwares* e *hardwares* para tratamento e produção de informações georreferenciadas, os quais integram a gama de benefícios produzidos com as inovações da ciência.

Conforme escrevem Silva e Rodrigues (2009), o sensoriamento remoto permite a obtenção de informações de objetos ou alvos, sem que se tenha contato físico com eles, o que envolve basicamente duas fases.

1. Na primeira fase, ocorre a aquisição da imagem e são fornecidas informações acerca da radiação eletromagnética, dos sistemas sensores, do comportamento espectral dos alvos, entre outros.
2. Na segunda fase, ocorre a utilização dos dados por diferentes interesses das diversas áreas, como geografia, geologia, pedologia, hidrologia e agronomia.

O sensoriamento remoto opera com base em sensores que captam a radiação eletromagnética refletida ou emitida por alvos terrestres ou atmosféricos. Esses sensores são classificados em *ativos* e *passivos*. Os **ativos** são emissores e receptores de ondas, que podem apresentar uma visada vertical ou vertical-lateral em relação à superfície, como é o caso do **radar** (abreviatura de *radio* *detection and ranging*, que pode ser traduzida como "detecção e telemetria pelo rádio"), o qual opera na detecção e na medição de distâncias por ondas de rádio. Os sensores *passivos* são apenas receptores de sinais, pois não os emitem.

De acordo com o IBGE (2009), as técnicas de sensoriamento remoto tanto podem ser executadas isoladamente quanto podem estar conjugadas a outras igualmente relevantes para a análise do relevo. Quando os dados do sensoriamento são combinados com outras variáveis e organizados em um **sistema de informações geográficas** (SIG), o potencial de análise do sistema é ampliado em consequência dessa integração. Esse processo denomina-se *geoprocessamento* ou *processamento de informações geográficas e dados espaciais*, pela utilização de programas computacionais.

O SIG integra operações convencionais de bases de dados, com possibilidades de seleção e busca de informações e análise estatística, conjuntamente com possibilidades de visualização e análise geográfica oferecidas pelos mapas gerados pelos programas. Nesse sistema, as informações ou *inputs* primários são dados espaciais georreferenciados organizados segundo as funções de aquisição, codificação, manipulação, armazenamento e recuperação, análise, extração e *display* dos dados.

3.4.3 Mapeamento geomorfológico

Segundo a Diretoria de Geociências do IBGE (2009), no caso da geomorfologia, qualquer mapeamento deve seguir um conjunto de procedimentos gerais em seus levantamentos e na produção de informações de recursos naturais. O Instituto definiu o fluxo geral das principais atividades do mapeamento, considerando os procedimentos básicos para obtenção dos mapas, conforme mostra o fluxograma a seguir (Figura 3.22).

Figura 3.22 – Procedimentos básicos do mapeamento geomorfológico

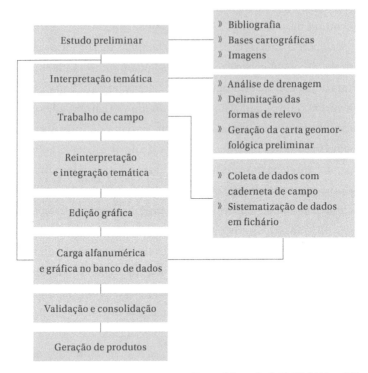

Fonte: Adaptado de IBGE, 2009, p. 131.

O mapeamento deve seguir as etapas do fluxograma anterior, com a finalidade de padronizar os procedimentos de tal forma que a base de dados e as informações permitam a reprodução do estudo e a comparação dos produtos cartográficos obtidos.

3.4.3.1 Estudos preliminares

Tais estudos consistem na seleção de dados gráficos e bibliográficos, na seleção de bases cartográficas para o georreferenciamento, na seleção de imagens de sensores remotos adequados aos objetivos, no levantamento da bibliografia disponível e na seleção de mapas temáticos da área de estudo (geologia, solos, vegetação, geomorfologia, entre outras).

3.4.3.2 Interpretação temática

De acordo com o IBGE (2009), a interpretação temática é dividida em quatro etapas básicas.

1. **Análise da drenagem** – Análise das propriedades da drenagem, cujos parâmetros principais são: grau de integração, grau de continuidade, tropia[v], grau de controle, sinuosidade, retilinearidade, angularidade, ângulo de junção e assimetria; ordenamento dos canais, padrões e subpadrões de drenagem e do tipo de canal para a identificação da textura. Posteriormente, deverão ser analisados os tipos de modelados, as formas de relevo e os índices de dissecação.

2. **Interpretação de imagens em meio digital** – Na interpretação são utilizadas bases cartográficas da área de estudo, imagens georreferenciadas e *softwares* específicos de análise e tratamento. Aqui, o pesquisador realiza a identificação e a comparação de uma série de parâmetros espaciais e espectrais que constituem os padrões das imagens: tonalidade, cor, tamanho, textura, forma, associação, contexto, localização, posição topográfica e iluminação (Veronese, 1995).

3. **Identificação e delimitação dos modelados e das formas de relevo** – Aqui, o pesquisador identifica o delineamento

---

v. **Tropia** (ou **tropismo**): Vem do grego *tropos*, que significa "direção", "volta", "maneira" ou "modo". Em resumo, é o desenvolvimento de um organismo em determinada direção, sob a influência de uma excitação exterior, como calor ou luz (Dicionário Priberam, 2016).

dos diferentes tipos de modelados (acumulação, aplanamento, dissecação e dissolução) pela associação das características visíveis na imagem aos fenômenos não visíveis a elas associados, como os processos e as propriedades hidrológicas e pedológicas.

4. **Elaboração de carta geomorfológica preliminar** – Envolve a criação de um arquivo vetorial que utiliza uma base cartográfica referenciada, possibilitando a carga do arquivo *raster*[vi] da imagem previamente selecionada para a interpretação.

Em seguida, o elaborador do mapa deve seguir as instruções da sequência (IBGE, 2009):

a. traçar as linhas delimitadoras dos tipos de modelados e das formas de relevo, inserindo as legendas correspondentes a cada polígono, com seus respectivos índices;

b. traçar os símbolos lineares e pontuais que representam as feições de detalhe do mapeamento – é importante ressaltarmos que alguns símbolos lineares (ex.: escarpa erosiva, borda de terraço, ressalto) podem constituir limites de formas e de modelados;

c. efetuar a articulação dos elementos mapeados com as áreas contíguas, assegurando a continuidade, a precisão e a uniformidade do mapeamento.

O mapeamento preliminar encerra uma etapa da representação espacial. Deve ser confirmado em estudo de campo e posteriormente corrigido, dando forma ao mapa geomorfológico.

---

vi. **Imagens *raster***: Chamadas também de *bitmap*, são imagens "pixelizadas", ou seja, um conjunto de pontos (*pixels*) contidos em um quadro; cada um desses pontos apresentam um ou vários valores que descrevem sua cor.

3.4.3.3 Trabalho de campo

Mencionamos anteriormente os trabalhos de campo como uma metodologia de investigação na geomorfologia. Esses trabalhos complementam as informações obtidas em gabinete. No caso dos mapeamentos geomorfológicos, esses trabalhos muitas vezes necessitam de meios de transporte específicos para percorrer trechos terrestres, trechos fluviais (em alguns casos) ou em relevos íngremes onde é impossível o acesso com veículos. Segundo o IBGE (2009, p. 137), alguns procedimentos complementares ao trabalho de campo são necessários, tais como:

> Selecionar cópias das imagens que serão utilizadas, com as principais localidades e estradas; selecionar os mapas temáticos referentes a mapeamentos existentes, bem como as cartas topográficas; elaborar roteiro, estimando o percurso; preparar material para coleta de amostras das formações superficiais e selecionar os perfis pedológicos que já tenham sido analisados, identificando-os nas imagens; e preparar material básico: mapa rodoviário atualizado, GPS, câmera fotográfica, cópias das imagens, caderneta e fichas de campo (em papel ou em PDA), martelo, pá, picareta, sacos plásticos para amostras, gravador, e outros.

O uso das cadernetas de campo, que também vimos anteriormente, é fundamental para a confirmação dos dados de gabinete e dos detalhamentos da paisagem. As fotografias devem ser identificadas para utilização nos relatórios e para a localização dos pontos de controle. Todos os dados e informações adquiridos em campo constituirão subsídios para o relatório e a geração dos mapas.

3.4.3.4 Reinterpretação e integração temática

Nessa fase, incorporam-se ao mapeamento as alterações e atualizações de campo e é processada toda a revisão das unidades geomorfológicas mapeadas, da taxonomia, dos símbolos e da integração com as folhas contíguas. Os diversos técnicos e profissionais envolvidos no mapeamento realizam suas confirmações e os ajustes necessários nos dados cartográficos – quantitativos e qualitativos –, aprimorando as informações e a comunicação visual.

3.4.3.5 Edição gráfica

Uma vez corrigidos e atualizados os dados de gabinete e de campo, a produção dos mapas necessita das técnicas e dos procedimentos de geoprocessamento, a fim de (IBGE, 2009):

a. garantir a topologia na delimitação dos elementos gráficos;
b. identificar e corrigir inconsistências de limites entre áreas contíguas;
c. compatibilizar a densidade de vértices dos elementos com a escala de trabalho;
d. verificar e ajustar os elementos gráficos com as normas e os padrões estabelecidos para o mapeamento geomorfológico (taxonomia, cor, peso e estilo dos elementos).

Depois de concluídos esses procedimentos, devem ser organizados os arquivos para envio à Diretoria de Geociências do IBGE, conforme estabelece a orientação do mapeamento geomorfológico.

3.4.3.6 Cargas alfanumérica e gráfica no banco de dados de geomorfologia

A Coordenação de Recursos Naturais e Meio Ambiente, da Diretoria de Geociências do IBGE, mantém um banco de dados de geomorfologia, que é parte do Banco de Dados e Informações Ambientais (BDIA). Esse banco de dados reúne um grande acervo de dados sobre os recursos naturais do território nacional brasileiro, na escala de 1:250.000.

Os dados estão estruturados em um ambiente de SIG e o sistema disponibilizado para os usuários permite o carregamento de dados gráficos e alfanuméricos. Conforme mostra o manual do IBGE (2009, p. 140):

> A carga gráfica consiste em incorporar ao banco de dados os objetos gráficos identificados tanto na etapa do estudo preliminar quanto na reinterpretação. São considerados elementos gráficos a delimitação dos polígonos dos domínios morfoestruturais, das unidades geomorfológicas e dos modelados, assim como os ornamentos e símbolos lineares e pontuais, todos digitalizados e identificados nas etapas anteriores. O processo de carga alfanumérica refere-se também à incorporação ao banco de dados do conjunto de dados textuais identificados na etapa do levantamento preliminar e/ou nas informações provenientes do trabalho de campo.

Os dados alfanuméricos compõem descrições da paisagem, das formas de relevo, da rede de drenagem e dos processos predominantes identificados com base em um levantamento pontual no campo.

3.4.3.7 Validação e consolidação

Nessa etapa, ocorre a verificação da consistência e da correção dos dados carregados no banco de dados. Conforme indica o IBGE (2009), nesse momento, verificamos:

a. a simbologia representada em relação à forma do relevo mapeada;
b. a conformidade da cor com a unidade geomorfológica mapeada;
c. a correspondência de conexão entre as ocorrências alfanuméricas e as gráficas;
d. a hierarquia entre a tipologia definida para um elemento gráfico e a verdade terrestre identificada no campo;
e. a atualização do banco de dados, com a incorporação de novos conceitos do tema, mediante a leitura e a revisão das normas técnicas.

Após a verificação e a correção dos dados, poderão ser gerados os produtos cartográficos necessários aos estudos de caso e demais informações oficiais do sistema nacional geomorfológico.

3.4.3.8 Geração de produtos

O banco de dados de geomorfologia é um dos mais importantes produtos do trabalho, pois é com base nele que podem ser gerados alguns importantes documentos cartográficos, tais como:

a. carta geomorfológica final, na escala 1:250.000;
b. cartas derivadas desse mapeamento;
c. carta de avaliação de relevo;
d. estatísticas e indicadores ambientais.

A carta temática, que será o produto final, deve estar vinculada a uma base cartográfica, da qual são extraídos os elementos para compor o produto a ser gerado. De acordo com o IBGE (2009), entre os principais elementos estão: limites político-administrativos, drenagem, toponímia, sede municipal, rodovias, rede urbana, reservatórios, informações de margem. Esses são alguns elementos considerados para efeito de localização e delimitação dos eventos do tema.

A carta geomorfológica final, ainda segundo o manual do IBGE (2009), deve ser apresentada na escala 1:250.000, tendo como finalidade agrupar os fatos de acordo com a taxonomia, com a extensão do mapeamento (domínios morfoestruturais, regiões geomorfológicas, unidades geomorfológicas, modelados e letras-símbolos, além das formas de relevo simbolizadas), destacando-se os processos e as formas.

> As unidades básicas do mapeamento são os modelados, representados por polígonos que, agrupados, identificam a unidade geomorfológica a qual pertencem. As formas de relevo, os índices de dissecação, no caso dos modelados de dissecação homogênea e estrutural, os níveis de terraceamento e de inundação nos modelados de acumulação são informações que compõem a carta. Também são representadas as formas de relevo simbolizadas, lineares e pontuais. (IBGE, 2009, p. 141)

Com base nas definições da União Geográfica Internacional (UGI), uma carta geomorfológica de detalhe, em escala grande, deve comportar quatro tipos de dados: **morfométricos**, **morfográficos**, **morfogenéticos** e **cronológicos**.

Em seus estudos, Tricart (1965) caracterizou esses dados da seguinte maneira:

1. **Dados morfométricos** – São informações métricas importantes e intrínsecas aos sinais ou símbolos para a representação das formas do relevo, a exemplo da extensão de terraços ou escarpas erosivas e da declividade de vertentes, entre outras. Para evitar a sobrecarga de informações na carta geomorfológica, o que dificulta sua leitura, os dados morfométricos, como a declividade das vertentes e a hierarquização da rede hidrográfica, podem ser apresentados à parte, em uma representação cartográfica específica.

2. **Dados morfográficos** – São as formas de relevo propriamente ditas, resultantes do processo evolutivo, sendo sintetizadas como formas de agradação ou de degradação. Como formas de **degradação**, destacamos as escarpas de falha ou erosivas, as ravinas e as voçorocas (ou boçorocas). Como formas de **agradação**, destacam-se os depósitos aluviais em planícies de inundação, a concentração de colúvios pedogenizados[vii] ou de pedimentos detríticos inumados[viii].

3. **Dados morfogenéticos** – Referem-se aos processos responsáveis pela elaboração das formas, que devem figurar de tal maneira que sua origem (ou gênese) seja diretamente inteligível. Como exemplo, temos as superfícies erosivas associadas ao

---

vii. **Colúvios pedogenizados**: Solos ou fragmentos rochosos transportados ao longo das encostas de morros em razão da ação combinada da gravidade e da água. A pedogênese revela fatores que regulam os processos de formação do solo, os quais são material de origem, clima, relevo, ação de organismos e o tempo (Mineropar, 2016).

viii. **Pedimentos detríticos inumados**: Formados por erosão plana, levemente inclinada, entalhada no embasamento, geralmente coberta por cascalhos fluviais que se encontram inumados ou enterrados (Mineropar, 2016).

processo de aplainamento, que devem conter referências ao processo de pediplanação.

4. **Dados cronológicos** – Referem-se ao período de formação ou elaboração de formas ou feições. Devem ser expressos por meio de cores, as quais, mesmo sendo adotadas com outro sentido, podem oferecer subsídios dessa natureza. Nas representações geológicas, as cores convencionadas expressam as relações cronológicas das estruturas litoestratigráficas, que inclusive são dispostas de forma cronológica na legenda.

As cartas geomorfológicas devem sempre estar acompanhadas de uma **síntese temática**. De acordo com o manual do IBGE (2009), normalmente, a síntese contém as seguintes informações: descrição e caracterização geral da área, com dados geográficos e de ocupação humana; metodologia, contendo um resumo dos procedimentos e materiais utilizados na elaboração da carta; e caracterização geomorfológica. Essas informações auxiliam na identificação das unidades geomorfológicas mapeadas, de seus diversos tipos de modelados e de outros aspectos relevantes da geomorfologia da área de estudo.

3.4.4 Representação cartográfica das formas de relevo

Segundo a classificação taxonômica aplicada em nossos estudos (IBGE, 2009), as formas de relevo simbolizadas referem-se à quinta ordem de grandeza, imediatamente a seguir aos modelados de relevo já mencionados, e abrangem feições que, por sua dimensão espacial, somente podem ser representadas por símbolos lineares ou pontuais.

Conforme aponta o IBGE (2009), a simbolização das formas do relevo permite que os pesquisadores identifiquem as unidades de estudo de acordo com a escala escolhida.

As formas simbolizadas são aplicadas à comunicação cartográfica e à identificação das unidades de paisagens nos estudos técnicos e pedagógicos.

Assim, as formas foram divididas de acordo com a natureza de suas posições nos compartimentos geomorfológicos. Listamos e representamos todas elas no Anexo 1 ao final desta obra, as quais nos servirão de guia para a conceituação e a visualização das formas e suas características específicas.

As formas estão relacionadas com suas origens, locais de ocorrência, processos denudacionais e forças endogenéticas ou exogenéticas, conforme veremos nos tópicos seguintes.

3.4.4.1 Formas relacionadas às ações fluviais, lacustres e marinhas

Nas seções fluviais, lacustres e marinhas dos continentes, surgem formas de planícies e/ou terraços que resultam de acumulações de materiais, visíveis por sua extensão de ocorrência e resultados da denudação do relevo. Observe o exemplo do meandro abandonado (*oxbow lake*) (Figura 3.23) e da ilha barreira (*barrier island*) (Figura 3.24).

Figura 3.23 – Meandro abandonado (Quadro A do Anexo 1)

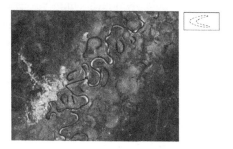

Figura 3.24 – Ilha barreira (Quadro A do Anexo 1)

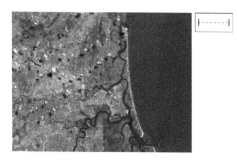

Além desses exemplos, de acordo com o *Manual de Geomorfologia* do IBGE (2009), compõem esse grupo as seguintes formas[ix]: deltas, auréolas de colmatagem, borda de terraço, cone de dejeção, leque aluvial (*alluvial fan*), garganta, depressão pseudocárstica, barras em pontal (*point bars*), barras de canal (*scroll bars*), dique marginal (*natural levee*), paleodrenagem (*palaeochannel*), vereda, *dale*, cristas de praia (*beach ridges*), *chenier*, linhas de acreção, falésia, paleofalésia, paleolitoral, recife, restinga (*barrier spit*). Essas diferentes seções fluviais, lacustres e marinhas

---

ix. Veja essas formas no Anexo I desta obra.

produzem paisagens únicas e por isso são feições e formas de depósitos acumulados pela denudação, onde surgem formas que resultam de acumulações de materiais, pela ação das águas continentais e oceânicas.

3.4.4.2 Forma relacionada à ação eólica

As dunas (Figura 3.25) são a principal forma desses depósitos arenosos de origem eólica. Ocorrem na zona litorânea, remobilizando depósitos marinhos e/ou fluviomarinhos, e no interior dos continentes, como resultado do retrabalhamento de acumulações fluviais, lacustres ou de enxurradas (IBGE, 2009).

Figura 3.25 - Duna (Quadro B do Anexo 1)

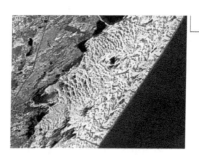

Crédito: Imagem Mosaico GeoCover na folha SH22za

Essas formas apresentam dimensões e formas variadas – tais como parabólica, barcana e longitudinal – e se posicionam de acordo com a direção principal dos ventos, eventualmente apresentando disposição linear.

3.4.4.3 Formas relacionadas à ação cárstica

São formações que ocorrem nas rochas carbonáticas, por processos de dissolução, formando "bordas de patamar cárstico"; têm também sulcos, ou caneluras, sobre a superfície das rochas, denominados *lapies*. Quando ocorrem em depressões cársticas em forma oval ou arredondada, denominam-se ***dolinas*** (Figura 3.26); podem ocorrer também na forma de "morros cársticos", blocos maciços com torres ou pináculos (IBGE, 2009).

Figura 3.26 - Dolinas (Quadro C do Anexo 1)

Crédito: Imagem Mosaico GeoCover na folha SE23za

As **ressurgências** são saídas subterrâneas de águas em relevos cársticos; quando se formam em um poço cárstico que infiltra a água em dobras e fraturas, denominam-se ***sumidouros***. As depressões em formato de rosácea irregular formada por dolinas articuladas são denominadas ***uvalas***; por fim, em zonas deprimidas de forma alongada, ocorrem os chamados ***vales cársticos*** (IBGE, 2009).

3.4.4.4 Formas relacionadas à dissecação que engloba feições residuais

Essas formas ocorrem em relevos residuais e podem se apresentar de diferentes formas: em **cristas simétricas**, alongadas, isoladas e com vertentes com alta declividade; em **cristas assimétricas** (Figura 3.27), alongadas e com baixa declividade.

Figura 3.27 – Crista assimétrica (Quadro D do Anexo 1)

Quando aparece em forma de crista, cúpula, domo ou dorso de baleia, essa forma se chama *inselbergue*; e, quando ocorre em topos aguçados com encostas íngremes e convexas, é denominada *pontão*.

3.4.4.5 Formas relacionadas a bacias e coberturas sedimentares

As formas em *cuesta* apresentam relevo assimétrico, com desnível abrupto pelo recuo erosivo deixando expostos no relevo os "morros testemunhos" (Figura 3.28).

Figura 3.28 – Morro testemunho (Quadro E do Anexo 1)

De acordo com o IBGE (2009), os *morros testemunhos* são assim denominados porque representam o relevo residual com topo plano, geralmente limitado por escarpas deixadas pela erosão de *cuestas*.

3.4.4.6 Formas relacionadas a dobramentos

Ocorrem em sistemas de escarpa: quando voltadas para o centro, são denominadas *bordas de anticlinal escavadas*; quando a escarpa for voltada para o exterior da sinclinal, chamam-se *bordas de sinclinal suspensas*; quando preservadas pela existência de uma camada resistente à erosão, são denominas *dorsos anticlinais* (IBGE, 2009).

Quando apresentam cristas justapostas com distribuição espacial regular, são denominadas *marcas de enrugamentos* (Figura 3.29).

Figura 3.29 – Marcas de enrugamento (Quadro F do Anexo 1)

Crédito: Imagem Mosaico GeoCover na folha SD23xb

Conforme o IBGE (2009), ocorrem também com facetas triangulares de camada, com formas triangulares resultantes da esculturação de estratos sedimentares de resistência distinta à erosão.

3.4.4.7 Formas relacionadas à tectônica de falha

Ocorrem em zonas de falha tectônica e podem ser em forma de **escarpa adaptada à falha**, que acompanha paralelamente a zona de falha; de **escarpa de falha**, quando resultante do deslocamento vertical ou horizontal de blocos falhados; de **facetas triangulares de falha** (Figura 3.30), quando delimitadas por escarpas resultantes da esculturação de planos de falhas (IBGE, 2009).

Figura 3.30 - Facetas triangulares de falha (Quadro G do Anexo 1)

Crédito: Imagem Mosaico GeoCover na folha SD23vc

As facetas triangulares são delimitadas por escarpas resultantes da esculturação de planos de falhas. Ocorrem em escarpas de falhas e em frentes dissecadas de blocos falhados. Conforme o IBGE (2009), essas falhas também aparecem em forma de vale ou sulco estrutural, se originadas a partir de falha, fratura ou diáclase, submetida à tectônica rúptil e de ocorrência litológica generalizada; ou anomalia de drenagem, quando ocorre mudança brusca do padrão de canal de drenagem.

3.4.4.8 Forma relacionada a estruturas circulares

Ocorrem em ressalto topográfico, geralmente de forma circular ou elíptica, denominado **borda de estrutura circular** (Figura 3.31).

Figura 3.31 - Borda de estrutura circular (Quadro H do Anexo 1)

Crédito: Imagem Mosaico GeoCover na folha SE23ya

Essas formas se caracterizam pela presença de ravinas e/ou de material coluvial em suas encostas e com padrões de drenagem anelar e radial. Geralmente estão associadas aos corpos ígneos intrusivos, em rochas sedimentares e alguns tipos de rochas metamórficas.

Síntese

Neste capítulo, apresentamos os principais métodos e técnicas de pesquisa aplicados aos estudos da geomorfologia. A pesquisa científica exige princípios básicos na investigação de problemas, na formulação de testes de hipóteses, bem como na formulação e na reformulação de teorias.

Mostramos diferentes procedimentos e recursos para o estudo do relevo, que vão das primeiras coletas de dados e análises de gabinete, medições e aferições de processos em laboratório, até estudos de campo aprofundados e a utilização de recursos de alta precisão e inovação tecnológica.

Também apresentamos vários meios de representação dos fenômenos geomorfológicos, com destaque para a construção de maquetes de relevo com base em cartas topográficas e mapas altimétricos. No ensino e na pesquisa da geomorfologia, faz-se necessária a aplicação dos procedimentos técnicos, com a finalidade de orientar o trabalho e promover uma leitura científica do relevo.

Indicação cultural

GARCÍA, A. G. **Perfil topográfico con Googlemaps y Google Docs**. Disponível em: <https://www.youtube.com/watch?v=4XbWKmYrE4E>. Acesso em: 20 mar. 2016.

Esse vídeo apresenta a construção de um perfil topográfico usando o Google – Maps & Docs. Mostra o passo a passo da definição do mapa, da identificação das curvas de nível e da construção de uma tabela de altitudes e distâncias, bem como a geração do perfil em gráfico. A narrativa é em língua espanhola, de fácil compreensão pela objetividade e exemplificação na tela do computador. O uso combinado dessas ferramentas pode auxiliar os estudantes e profissionais nas análises de gabinete e, posteriormente, ser confrontadas em trabalho de campo.

Atividades de autoavaliação

1. Em uma pesquisa científica, o **problema**, ao ser formulado, define o objeto de estudo, que passa a ser pensado em uma perspectiva teórica e conduz o pesquisador a uma hipótese. Assinale a alternativa que indica a definição da **hipótese** no contexto de uma pesquisa científica:

a) É o problema específico que precisa ser determinado somente ao final da pesquisa.

b) É uma possível resposta ao problema e, quando é comprovada verdadeira, o pesquisador comprova sua teoria; caso contrário, ele pode retomar seus procedimentos.

c) É uma parte da pesquisa na qual o pesquisador tem pouca influência, uma vez que está subordinado aos resultados.

d) É uma variável numérica que se aplica para verificar a falsidade de uma teoria científica.

e) É um recurso metodológico que se aplica na mensuração da qualidade das pesquisas científicas.

2. Assinale a representação gráfica que se apresenta no plano cartesiano de um corte vertical do terreno, segundo uma direção de um corte previamente escolhido, de tal forma que seja possível representar intuitivamente, entre os topos, os desníveis de certos tipos de rocha e a topografia do terreno, inclusive o perfil antiquado:

a) Maquete.

b) Carta geológica.

c) Perfil topográfico.

d) Bloco-diagrama.

e) Croqui.

3. Assinale a alternativa que apresenta a técnica que se baseia na desintegração regular de isótopos radioativos naturais para determinar a idade das rochas:

a) Radioatividade.

b) Radiocronologia.

c) Paleografia.

d) Corocronologia.

e) Radiotopografia.

4. Assinale a alternativa que apresenta o tipo de mapa que aplica o método das isolinhas ou isarítmico e que, com o uso das curvas de nível, estabelece os limites de superfícies de altitudes, as quais são identificadas por cores diferenciadas em uma escala cromática preestabelecida e convencional:

a) Mapa geológico.

b) Mapa de isolinhas.

c) Mapa hipsométrico.

d) Mapa planimétrico.

e) Mapa planisférico.

5. Assinale a alternativa que apresenta o tipo de mapa que representa os objetos cartográficos do relevo, com aplicação de cores e símbolos para a identificação dos dados morfométricos, morfográficos, morfogenéticos e morfocronológicos:

a) Mapa morfológico.

b) Mapa geofísico.

c) Mapa topológico.

d) Mapa geomorfológico.

e) Mapa pedológico.

Atividades de aprendizagem

Questões para reflexão

1. Segundo Ross (1997), o tratamento metodológico em uma pesquisa é um subproduto direto da teoria. Em função desse atrelamento obrigatório, uma mesma área de estudo pode ser analisada por meio de diferentes óticas e, evidentemente, apresentar resultados analíticos não obrigatoriamente idênticos. De qualquer modo, é a **metodologia** que norteia a pesquisa, enquanto a **instrumentalização** e as **técnicas operacionais** funcionam como apoio. Com base na afirmativa desse autor, identifique as grandes linhas de pesquisa da geomorfologia.

2. Conforme estudamos neste capítulo, a pesquisa geomorfológica envolve várias técnicas e procedimentos de pesquisa que, direta ou indiretamente, auxiliam os pesquisadores no estudo do relevo. Considerando isso, questionamos: Se você precisasse verificar o tempo de formação das rochas em determinado estudo, quais técnicas utilizaria?

Atividade aplicada: prática

Observe o trecho da carta topográfica a seguir e indique os principais elementos perceptíveis nessa forma de representação do relevo.

BACIA DO ALTO IGUAÇU (quadrícula da folha D41NEF)

Instituto das Águas do Paraná — 1 : 10 000

SG-22X-D-IV-1-NE-F

Crédito: Rhaíssa Viana Sarot

LOCALIDADES
Mais de 100 000 habitantes
De 50 000 habitantes
De 20 000 a 50 000 habitantes
De 5 000 a 20 000 habitantes
Até 5 000 habitantes
Vila
Povoado
Núcleo ou propriedade rural
Edificações

LIMITES
Internacional
Interestadual
Intermunicipal
Áreas especiais

ESTRADAS DE RODAGEM
Auto-estrada
Pavimentada
Sem pavimentação
Caminho. Trilha
Identificação de rodovias

ESTRADAS-DE-FERRO
Bitola normal ou larga
Bitola estreita
Caminho aéreo (cabo)
Linha telefônica e telegráfica
Linha de energia elétrica

Pontos de controle
Altitudes

HIDROGRAFIA
Mangue. Salina
Curso d'água intermitente
Lago ou lagoa intermitente
Terreno sujeito a inundação
Brejo ou pântano
Poço (água). Nascente
Salto, cascata ou catarata
Cachoeira
Corredeira, rápido, travessão
Barragens: terra, alvenaria
Fundeadouro
Areia
Campo de emergência. Farol
Igreja. Escola. Mina

VEGETAÇÃO
Mata, floresta. Cerrado, macega, caatinga
Culturas: permanente, temporária

IPPUC
Fontes: PARANACIDADE
SUDERHSA

Sistema de Referência: SAD69
Sistema de Projeção: UTM-22S

Curvas de nível
(equidistância de 5m)

Escala 1 : 10 000 / 1 cm = 100m

168

Parte 2

Geomorfologia: processos e formas do relevo

4 Compartimentação do relevo

No bloco temático anterior (Parte 1), estudamos a história da geomorfologia e suas principais correntes teóricas. Conhecemos os diversos métodos e técnicas aplicados ao estudo do relevo e as representações oficiais dos modelados. Deste Capítulo 4 em diante, vamos tratar das unidades taxonômicas da geomorfologia do Brasil e suas especificidades.

Neste bloco, iniciamos o estudo da **compartimentação topográfica do relevo**, uma forma de abordagem de grandes extensões de áreas com características semelhantes, como as condições derivadas de eventos tectodinâmicos, morfogenéticos ou morfoclimáticos, e registradas em formas litoestratigráficas.

As forças e os agentes internos e externos interagem para a formação dos modelados e para a configuração de diferentes unidades geomorfológicas. Então, vamos conhecer esses compartimentos, suas dinâmicas e estruturas.

4.1 Compartimentação topográfica

Já sabemos que o relevo resulta da ação processual das forças internas e externas ao longo do tempo. Essa ação pode ser reconstituída por meio das evidências intimamente relacionadas a paleoformas[i], como os depósitos correlativos ou as formas específicas vinculadas aos mecanismos morfogenéticos. Podemos, então, considerar que o relevo é caracterizado, de modo geral, por superfícies erosivas ou peneplanos e superfícies deposicionais ou

---

i. **Paleoforma**: Modelado em relevo cuja morfologia da superfície foi gerada por um sistema morfogenético antigo. A maioria das formas encontradas na superfície da Terra é antiga e recebe a denominação *legado* (La Historia con Mapas, 2016).

pediplanos, dotadas de formas de dissecação, em formatos tabulares, convexos e aguçados. Como nos diz Casseti (2005), a explicação para a diversidade do relevo terrestre deve levar em conta as transformações dos sistemas naturais e humanos ao longo do tempo. Essa heterogeneidade de formas de relevo se explica pela diferenciação estrutural e pela influência dos **domínios morfoclimáticos**. Ainda para Casseti (2005), as alterações no relevo, observadas na escala do tempo histórico, resultam também da ação direta ou indireta do ser humano, não sendo considerada nessa ação a participação dos processos internos.

Também temos reforçado ao longo de nosso estudo que as condições do modelado de determinado relevo são resultado de forças contrárias, internas e externas, à estrutura superficial. As forças internas promovem os movimentos horizontais e os verticais (soerguimento e a subsidência); as forças externas estão relacionadas aos mecanismos morfogenéticos, tendo o clima como força controladora dos processos de intemperização, erosão, transporte e deposição dos materiais em compartimentos específicos.

Assim, podemos dizer que a compartimentação topográfica de um relevo advém de relações tectônico-estruturais ocorridas ao longo do tempo e que são registradas nos depósitos superficiais. As semelhanças entre os conjuntos de formas é que caracterizam os compartimentos morfológicos, e suas denominações, portanto, definem sua gênese e história evolutiva.

Segundo o *Manual técnico de geomorfologia* do IBGE (2009), o ordenamento dos fatos geomorfológicos deve ser realizado de acordo com uma classificação temporal e espacial, na qual se distingam os modelados como unidades básicas e seus grupamentos hierarquicamente relacionados. A individualização desses conjuntos de feições considera a natureza estrutural, litológica, pedológica, climática e morfodinâmica, que age na evolução das formas do relevo e na composição da paisagem no decorrer do tempo geológico.

Assim, o manual nos apresenta as unidades considerando a ordem decrescente de grandeza e identificando-as em **táxons** ou **sistemas de classificação científica aplicados à geomorfologia**, sendo eles: domínios morfoestruturais, regiões geomorfológicas, unidades geomorfológicas, modelados e formas de relevo simbolizadas (IBGE, 2009), conforme apresentaremos ao longo de nosso estudo.

Observe a Figura 4.1, que ilustra essa hierarquização dos fatos.

Figura 4.1 – Táxons ou sistemas de classificação geomorfológica

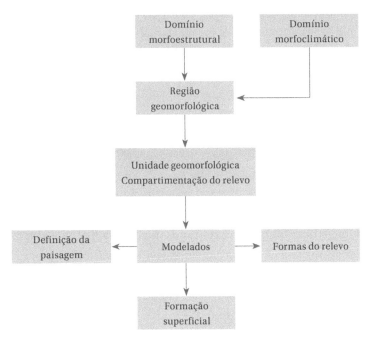

Fonte: Adaptado de IBGE, 2009, p. 27.

Essas unidades taxonômicas espaciais e temporais estão relacionadas à dimensão da área em estudo e aos fatores genéticos registrados ao longo do tempo; isso significa que existem escalas geográficas distintas para o tratamento de cada nível ou táxon específico. Em geral, as unidades morfoestruturais são identificadas na escala do milionésimo, enquanto o estudo das vertentes e a descrição da paisagem somente é possível em uma escala bem maior, variando entre 1:5.000 até 1:20.000.

Alguns estudos e projetos nacionais aplicaram diferentes escalas de compartimentação do relevo brasileiro, como o zoneamento ecológico-econômico da Amazônia Legal, proposto por Becker e Egler (1997). Esses pesquisadores apresentaram um estudo de âmbito regional sobre a vulnerabilidade da paisagem natural e da potencialidade social da Região Amazônica, considerando uma base cartográfica na escala 1:250.000 – portanto, de âmbito regional. O Projeto Radambrasil empregou uma metodologia de compartimentação do relevo que teve como base a ordenação dos fatos geomorfológicos, fundamentando-se no princípio de grupamentos sucessivos de subconjuntos constituídos de tipos de modelados. Em escalas grandes, de 1:5.000 até 1:20.000 (quinto táxon), ocorrem diversos estudos sobre as vertentes como elementos de representação e análise.

Podemos concluir que, na escala dos domínios e das regiões geomorfológicas, a estrutura geológica e os efeitos tectônicos assumem relevância para explicar os traços gerais do modelado. Por outro lado, na escala das vertentes, predominam os processos morfogenéticos pretéritos e atuais, sobretudo os morfodinâmicos, considerando nessa escala também a ação antropogênica.

Do mesmo modo, podemos considerar que o estudo dos compartimentos nos permite conhecer as vulnerabilidades do relevo, como sua suscetibilidade erosiva em função de determinados usos ou ocupações. Permite também que conheçamos as potencialidades de um relevo como depósitos de cobertura com fertilidade natural. Segundo Tricart (1975), é possível definir uma caracterização da vulnerabilidade natural aplicando-se conceitos ecodinâmicos sobre o relevo, tomando-o como um componente básico do sistema geomorfológico.

4.2 Domínios morfoestruturais

Os **domínios morfoestruturais** abrangem grandes áreas, atingindo escalas regionais, derivadas do arcabouço geológico, da natureza das rochas e da tectônica de placas. Esses grandes conjuntos sofreram interferência dos fatores climáticos variáveis ao longo do tempo geológico. Os exemplos mais conhecidos dessas unidades são as bacias sedimentares, os cinturões, as plataformas e os **crátons**[ii], de idades geológicas distintas. Representam o primeiro nível hierárquico da classificação do relevo.

No caso brasileiro, o mapeamento do IBGE (2009) apresentou quatro domínios, conforme mostra o Mapa C, contido no Anexo 2.

---

ii. **Cráton:** A porção da crosta terrestre que permaneceu estável e sofreu pouca deformação por longos períodos em relação a uma época geológica. Em termos atuais, refere-se a áreas continentalizadas e suas adjacências (IBGE, 1999).

» Os domínios mostrados no Mapa C são quatro (IBGE, 2006b):

1. **Depósitos sedimentares quaternários** – São áreas de acumulação de sedimentos, representadas pelas planícies, por terraços de baixa declividade e, eventualmente, depressões modeladas sobre depósitos de sedimentos horizontais a sub-horizontais de ambientes fluviais, marinhos, fluvio-marinhos, lagunares e/ou eólicos, distribuídos na zona costeira ou no interior do continente.

2. **Bacias e coberturas sedimentares fanerozoicas** – São áreas de planaltos e chapadas que se formaram sobre rochas sedimentares horizontais a sub-horizontais, em alguns casos dobradas e/ou falhadas, formadas em ambientes de sedimentação diversos nas bacias paleozoicas, geralmente encontrados nas margens e/ou no interior do continente.

3. **Cinturões móveis neoproterozoicos** – São áreas representadas por planaltos, alinhamentos serranos e depressões interplanálticas, em rochas dobradas e falhadas, incluindo principalmente metamorfitos e granitoides associados. São formados no Período Proterozoico, o éon[iii] compreendido entre 2,5 bilhões e 542 milhões de anos atrás.

4. **Crátons neoproterozoicos** – São áreas de planaltos residuais, chapadas e depressões interplanálticas, que têm como embasamento metamorfitos e granitoides associados e como cobertura, rochas sedimentares e/ou originadas de vulcano-plutonismo, deformadas ou não. O metamorfismo e os dobramentos são do éon compreendido aproximadamente entre 3,85 bilhões e 2,5 bilhões de anos atrás.

---

iii. **Éon**: Significa um intervalo de tempo muito grande, indeterminado. A história da Terra está dividida em quatro éons: Hadeano, Arqueano, Proterozoico e Fanerozoico. Com exceção do Hadeano, todos os éons são divididos em **eras**. Uma era geológica é caracterizada pelo modo como os continentes e os oceanos se distribuíam e como os seres vivos nela se encontravam (Branco, 2016).

Segundo Ross (1992), esses domínios formam **unidades morfoestruturais** que apresentam características geológicas prevalentes, tais como direções estruturais que se refletem no direcionamento geral do relevo ou no controle da drenagem principal. Exemplos dessas formações são os planaltos e as chapadas da Bacia Sedimentar do Paraná, formados por sedimentos paleomesozoicos, e a Depressão do Araguaia, formada por estruturas cristalinas do Complexo Goiano, no Brasil Central.

4.3 Regiões geomorfológicas

Essas regiões representam o segundo nível hierárquico da classificação do relevo, conforme afirmamos anteriormente. São compartimentos inseridos nos conjuntos litomorfoestruturais que sofreram a ação dos fatores climáticos pretéritos e atuais, portanto, com situações genéticas semelhantes e feições comuns, associadas às formações superficiais e às fitofisionomias.

Conforme o IBGE (1995), essas áreas são definidas por agrupamentos de unidades geomorfológicas que apresentam semelhanças resultantes da convergência de fatores de sua evolução. São formações que apresentam uma compartimentação reconhecida regionalmente e não mais apresentam um controle causal relacionado às condições geológicas, mas estão ligadas, essencialmente, a fatores climáticos atuais ou passados.

As regiões geomorfológicas constituem o **segundo nível hierárquico** da classificação do relevo. De acordo com o IBGE (2009, p. 29), as regiões apresentam compartimentos inseridos nos conjuntos litomorfoestruturais, com "características genéticas comuns, agrupando feições semelhantes, associadas às formações superficiais e às fitofisionomias". As regiões são definidas também pela ação dos fatores climáticos pretéritos nas unidades de relevo.

Segundo Barbosa et al. (1984), essas áreas se caracterizam por uma compartimentação reconhecida regionalmente e estão ligadas a fatores climáticos atuais ou passados; portanto, não são as condições estruturais ou litológicas que lhes conferem características comuns e aspectos semelhantes. Como já mencionamos, o clima também é um fator interveniente ou integrante desse conceito.

Segundo a classificação dos macrocompartimentos geomorfológicos elaborada por Ross (1990), o Brasil apresenta três grandes grupos: **planaltos**, **planícies** e **depressões**. Você pode observar a distribuição desses compartimentos no Mapa 4.1.

Mapa 4.1 – Regiões geomorfológicas do Brasil

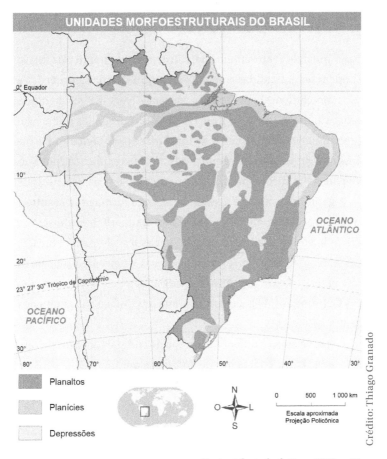

Fonte: Adaptado de Ross, 1996, p. 53.

São exemplos de regiões geomorfológicas brasileiras: o Planalto da Borborema (Região Nordeste), a Chapada Diamantina (BA), as Chapadas do São Francisco (MG e BA), a Serra do Espinhaço (MG), a Serra da Mantiqueira (MG, RJ e SP) e o Planalto das Araucárias (Região Sul).

4.4 Unidades geomorfológicas

Essas unidades representam o **terceiro nível taxonômico** do relevo e podem ser entendidas como um arranjo de formas altimétrica e fisionomicamente semelhantes em seus diversos tipos de modelados. Conforme escreve Ross (1992), essas unidades podem ser denominadas simplesmente de ***unidades morfológicas*** ou *áreas sujeitas à geomorfogênese*, que produz formas explicadas por fatores paleoclimáticos e por condicionantes litológicas e estruturais.

A geomorfogênese e a semelhança das formas são resultantes dos processos paleoclimáticos sobre a superfície rochosa. São exemplos de unidades geomorfológicas brasileiras: a Planície Amazônica (Região Norte), os Tabuleiros Costeiros (Nordeste), os Patamares de Roraima (RR), a Chapada dos Parecis (MT), o Planalto dos Guimarães (MT), a Serra da Canastra (MG) e o Planalto dos Campos Gerais (PR).

Observe essas unidades no mapa de compartimentos de relevo (Mapa D) que consta no Anexo 2 desta obra.

De acordo com o IBGE (2009), no Brasil, esses conjuntos de formas de relevo que compõem as unidades geomorfológicas constituem compartimentos identificados como *planícies, depressões, tabuleiros, chapadas, patamares, planaltos* e *serras*.

Veja as definições que apresentamos na sequência.

> » **Planícies** – São conjuntos de formas de relevo planas ou suavemente onduladas, em geral posicionadas em baixa altitude e nos quais os processos de sedimentação superam os de erosão.
>
> » **Tabuleiros e chapadas** – São conjuntos de formas de relevo de topo plano, elaboradas em rochas sedimentares ou metamórficas; a presença de rochas dispostas em camadas horizontais

e sub-horizontais é observável na paisagem, em geral limitada por escarpas; os tabuleiros apresentam altitudes relativamente baixas, enquanto as chapadas têm altitudes mais elevadas.

» **Depressões** – São conjuntos de relevos planos ou ondulados situados abaixo do nível das regiões vizinhas, elaborados em rochas de classes variadas.

» **Patamares** – São relevos planos ou ondulados, elaborados em diferentes classes de rochas, que constituem superfícies intermediárias ou degraus entre áreas de relevos mais elevados e áreas topograficamente mais baixas.

» **Planaltos** – São conjuntos de relevos planos ou dissecados e de altitudes elevadas, limitados, pelo menos em um lado, por superfícies mais baixas e nos quais os processos de erosão superam os de sedimentação.

» **Serras** – Constituem relevos acidentados, elaborados em rochas diversas, formando cristas e cumeadas ou bordas escarpadas de planaltos.

Fonte: Adaptado de IBGE, 2009, p. 30.

Como vimos anteriormente, o território brasileiro é formado por terrenos acidentados com formação geológica cristalina antiga e bastante desgastados pela erosão. Isso justifica as modestas altitudes na grande parte do território; além disso, não apresenta dobramentos ou cadeias montanhosas modernos. As bacias sedimentares são constituídas de terrenos relativamente aplainados, de idades geológicas recentes em seus estratos superiores (terciários e quaternários). Essa condição estrutural permitiu a esculturação atual dos conjuntos de formas de relevo que compõem as unidades geomorfológicas brasileiras.

4.5 Modelados do relevo

Os modelados correspondem ao **quarto táxon** ou nível de classificação do relevo e são definidos pelas condições do relevo em relação a suas formas geométricas, verificando-se semelhanças ou similaridades em função de uma gênese comum, seus processos morfogenéticos e os materiais correlativos superficiais.

O IBGE (2009) apresenta quatro tipos de modelados: acumulação, aplanamento, dissolução e dissecação, conforme mostra a imagem a seguir (Figura 4.2).

Figura 4.2 – Modelados do relevo

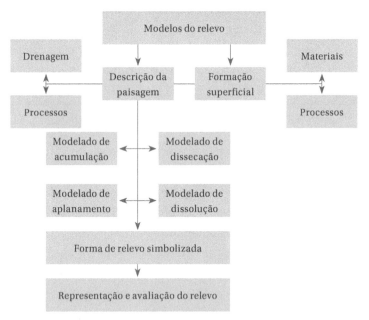

Fonte: Adaptado de IBGE, 1995.

Os modelados de acumulação, dissecação, aplanamento e dissolução estão representados e simbolizados para nos permitir uma classificação nacional, de acordo com os padrões de ocorrência, seus processos e formas.

4.5.1 Modelados de acumulação

Esses modelados ocorrem pela deposição de sedimentos fluviais, lacustres, marinhos, lagunares, eólicos e de gêneses mistas. Resultam de todos os fenômenos decorrentes em determinada área – por exemplo, das bacias hidrográficas, onde todos os processos internos provocam a produção e o deslocamento de sedimentos pela superfície (IBGE, 2009).

Na Figura 4.3, temos dois exemplos de modelados de acumulação no relevo brasileiro: a planície fluvial na jusante do Rio Guaporé, em Roraima, e a planície marinha nos campos de dunas do litoral de Torres, no Rio Grande do Sul.

Figura 4.3 – Planícies fluvial e marinha

Crédito: Mario Friedlander/Pulsar Imagens
Crédito: Lisandro Luis Trarbach/Shutterstock

Nas planícies, essas formas de modelados resultam em uma área plana formada pela acumulação fluvial sujeita a inundações periódicas, correspondendo às **várzeas** atuais. Os terraços apresentam forma plana, levemente inclinada, apresentando ruptura de declive em relação ao leito do rio e às várzeas recentes. Ocorre nos vales por meio de aluviões de variações granulométricas, pleistocênicas e holocênicas (IBGE, 2009).

4.5.2 Modelados de aplanamento

O termo *superfície* ou a expressão *modelado de aplanamento* dizem respeito às porções continentais caracterizadas por relevo plano ou suavemente ondulado modelado pela ação da erosão subaérea e que combina indistintamente estruturas geológicas de natureza e resistência diferenciada (Ollier, 1981). O intervalo de tempo necessário para a formação de amplas superfícies de aplanamento, em escala continental, estão entre 2 e 10 milhões de anos (King, 1956; Tricart e Silva, 1968; Barbosa et al., 1984; Nunes et al.,1995; Mauro; Dantas; Roso, 1982).

Esses modelados são caracterizados por seu atual estado de conservação ou degradação. Essas áreas podem sofrer alterações de modo rápido, em função das condições de uso do solo e eventos climáticos críticos, e ocorrem na forma de pediplanos degradados, inumados e desnudados. Em geral, apresentam a superfície de aplanamento parcialmente conservada ou pouco dissecada e/ou separada por escarpas ou ressaltos de outros modelados de aplanamento e de dissecação correspondentes aos sistemas morfogenéticos subsequentes.

Na Figura 4.4, temos dois exemplos desses modelados: as escarpas do planalto dissecado do Tocantins e a depressão do Médio Tocantins, em Palmas (TO), e a Serra do Sincorá, com pedimentos anticlinais adentrando a Chapada Diamantina (BA).

Figura 4.4 - Modelados de aplanamento

São encontrados nos topos de planaltos e chapadas, dominados por residuais ou dominando relevos dissecados. Também ocorrem como pediplanos retocados inumados e/ou desnudados nas depressões pediplanadas interplanálticas e periféricas tabuliformes e no sopé de escarpas que dominam os níveis de erosão inferiores e, eventualmente, nos topos de planaltos e chapadas ao longo dos vales (IBGE, 2009).

4.5.3 Modelados de dissolução

São modelados elaborados em rochas carbonáticas e podem ser classificados de acordo com sua evolução e seus aspectos de superfície ou de subsuperfície. São identificados de acordo com sua evolução quanto aos processos de intemperização das rochas: em geral, as carbonáticas são mais suscetíveis e em regiões com elevado grau de precipitações, podendo ser identificadas de acordo com as alterações de aspecto na superfície ou na subsuperfície.

Na Figura 4.5, temos dois exemplos desses modelados: o carste descoberto em Taguatinga (TO) e as rochas carbonáticas neoproterozoicas na Chapada Diamantina (BA).

Figura 4.5 – Modelados de dissolução

Os modelados de dissolução classificam-se como **carste coberto**, mascarado por solos, detritos e outros produtos de descalcificação, e **carste descoberto**, com a exposição da superfície ou descoberto por erosão de coberturas preexistentes (IBGE, 2009).

4.5.4 Modelados de dissecação

Esses modelados são estudados por meio da análise das formas dos topos, dos dados morfométricos, da densidade e do aprofundamento da drenagem e da declividade. São modelados que ocorrem de maneira mais generalizada na paisagem brasileira, sendo classificados em três espécies: dissecados homogêneos, dissecados estruturais e dissecados em ravinas (IBGE, 2009).

A Figura 4.6 apresenta dois exemplos desses modelados: relevo dissecado e morros e colinas nas encostas orientais da Serra da Borborema (PB); e relevo dissecado e topos convexos no Chapadão do Boqueirão, nos municípios de Tapira e Araxá (MG).

Figura 4.6 – Modelados de dissecação

No **modelado de dissecação homogênea**, observamos diversos tipos de padrões de drenagem, mas são frequentes os padrões dendrítico, subparalelo, retangular, sub-retangular e outros compostos cujos canais não obedecem a uma direção preferencial.

No **modelado estrutural**, a dissecação fluvial é marcada pelo controle estrutural, formando inúmeras cristas, vales e sulcos estruturais, comumente encontrados em rochas metamórficas. Em geral, os padrões de drenagem ocorrem na forma de treliça, paralelo e retangular.

As **ravinas**[iv] aparecem em forma de sulcos no solo, produzidos pelo escoamento livre da água da chuva. Iniciam como sulcos rasos, que se juntam ou anastomosam[v] à medida que a água escorre sobre a superfície. As ravinas profundas são visíveis em formas de topos aguçados, estreitos e alongados; nelas, as vertentes apresentam a declividade acentuada, sendo entalhadas por sulcos.

---

iv. **Ravina**: Sulco produzido na superfície da terra, em que o agente responsável pela erosão é a água de escoamento (Mineropar, 2016).

v. **Anastomosado**: Padrão linear segundo o qual numerosos traços (inclusive de superfícies de falhamentos) se bifurcam e se fundem de forma aleatória (Mineropar, 2016).

Síntese

Neste capítulo, estudamos a compartimentação do relevo, que é um dos níveis fundamentais da abordagem geomorfológica contemporânea, além de permitir aos pesquisadores classificar as formas do relevo de acordo com suas diferentes escalas de ocorrência. Por uma questão de ordem técnica, nosso estudo teve como base a classificação proposta pelo IBGE (2009), que define unidades considerando a ordem decrescente de grandeza, identificando-as em táxons ou sistemas de classificação científica.

Assim, apresentamos os domínios morfoestruturais, as regiões geomorfológicas, as unidades geomorfológicas, os modelados e as formas de relevo simbolizadas. Essas unidades geomorfológicas que formam o território nacional mostram as diferentes potencialidades do relevo na manutenção das condições ambientais e das espécies vivas nos diferentes domínios da natureza, principalmente as condições de sustentação das atividades produtivas e do desenvolvimento humano.

Indicação cultural

BRASIL. Ministério da Cultura. Secretaria de Audiovisual. **Intérpretes do Brasil 08**: os vários Brasis, por Aziz Ab'Saber. 2001. Disponível em: <https://youtu.be/SQwJb2qNflw>. Acesso em: 26 jan. 2016.

Intérpretes do Brasil é uma série de 15 entrevistas com intelectuais brasileiros sobre a cultura, a religião e os diferentes grupos sociais de nosso país. Foi uma realização da Secretaria de Audiovisual do Ministério da Cultura no ano de 2001. No vídeo que indicamos, o geógrafo Aziz Ab'Saber apresenta uma visão geral sobre os principais domínios de paisagem do Brasil, destacando a indiscutível importância da presença humana na transformação desses domínios, além de demarcar os principais elementos do relevo e as condições ambientais atuais e passadas. O professor mostra a importância das unidades de conservação para a proteção dos ecossistemas e a continuidade da história natural, combinando desenvolvimento e sustentabilidade ambiental.

Atividades de autoavaliação

1. Assinale a alternativa que identifica os compartimentos formados por grandes áreas, as quais atingem escalas regionais, derivadas do arcabouço geológico, da natureza das rochas e da tectônica de placas. Esses grandes conjuntos sofreram interferência dos fatores climáticos variáveis ao longo do tempo geológico:
   a) Domínios morfoestruturais.
   b) Região geomórfica.
   c) Modelados.
   d) Formação superficial.
   e) Domínio morfoclimático.

2. Assinale a alternativa que identifica os compartimentos inseridos nos conjuntos litomorfoestruturais que sofreram ações dos fatores climáticos pretéritos e atuais, com situações genéticas semelhantes, agrupando feições comuns, associadas às formações superficiais e às fitofisionomias:
   a) Domínio fitogeográfico.
   b) Domínio morfoestrutural.
   c) Modelados.
   d) Região geomorfológica.
   e) Formação superficial.

3. Assinale a alternativa que identifica a unidade geomorfológica que se apresenta como um conjunto de formas de relevo de topo plano, formadas por rochas sedimentares, em geral limitadas por escarpas:

a) Planícies e encostas.

b) Depressões e vales.

c) Planaltos sedimentares.

d) Tabuleiros e chapadas.

e) Serras e colinas.

4. Assinale a alternativa que indica um tipo de modelado caracterizado por seu atual estado de conservação ou degradação e que ocorre na forma de pediplanos degradados, inumados e desnudados:

a) Modelados de acumulação.

b) Modelados de aplanamento.

c) Modelados de dissolução.

d) Modelados de dissecação.

e) Modelados de dispersão.

5. Assinale a alternativa que indica um tipo de modelado de acumulação que apresenta forma plana, levemente inclinada, com ruptura de declive em relação ao leito do rio e às várzeas recentes, o qual ocorre nos vales, na forma de aluviões de variações granulométricas, pleistocênicas e holocênicas:

a) Cristas.

b) Terraços.

c) Planícies.

d) Vales.

e) Encostas.

Atividades de aprendizagem

Questões para reflexão

1. De acordo com a classificação temporal e espacial do relevo brasileiro, são identificados seis táxons organizados e hierarquizados de acordo com suas ordens de grandeza. Com base nessa afirmativa, identifique esses táxons, levando em conta essa classificação científica.

2. De acordo com nosso estudo, os modelados do relevo representam o quarto nível de classificação científica e são definidos por certas formas e processo comuns. Apresente os tipos de modelados com os respectivos exemplos.

Atividade aplicada: prática

Observe o mapa dos compartimentos do relevo brasileiro (Mapa D) que consta no Anexo 2 desta obra e identifique em qual dos compartimentos está localizado o município onde você mora. Tomando isso como base, aprofunde seus conhecimentos a respeito.

5
O clima e sua influência no relevo

Neste capítulo, vamos compreender a importância dos fatores climáticos, biológicos e antropogênicos para a esculturação do relevo terrestre. Podemos aplicar essa integração pela análise da **estrutura superficial**, que nos permite conhecer os processos morfodinâmicos das oscilações climáticas pleistocênicas[i] que agiram sobre o relevo, formando depósitos correlativos e definindo domínios morfoclimáticos. Possibilita-nos também conhecer como se formaram as coberturas vegetais e os demais componentes naturais da paisagem, bem como as transformações promovidas pelo ser humano desde a Revolução Neolítica até os dias atuais.

Vamos analisar como a umidade, a temperatura e a pressão do ar exercem forças sobre a estrutura superficial, interagindo com as formações litológicas e biológicas e gerando processos físicos, químicos e orgânicos fundamentais para o desenvolvimento das formas do relevo e para a constituição da paisagem. O estudo aprofundado sobre os climas mundiais e sua relação com a formação superficial dos continentes torna possível explicar a produção dos depósitos correlativos e a transformação do relevo.

Vamos também perceber como a presença humana nos domínios morfoclimáticos ocasionou a aceleração dos processos morfogenéticos, interferindo nos modelados e incorporando novas variáveis analíticas resultantes dos processos antropogênicos. A ocupação humana atua na formação de depósitos tectogênicos, modificando as paisagens e produzindo alterações nos domínios morfoclimáticos nas escalas local e global.

---

i. **Pleistoceno:** Época do Período Quaternário da Era Cenozoica do Éon Fanerozoico que está compreendida entre 2,588 milhões e 11,5 mil anos atrás, abrangendo o período recente de glaciações repetidas no mundo (Mineropar, 2016).

5.1 Atmosfera e relevo terrestre

Desde a formação da atmosfera primitiva da Terra, essa camada gasosa exerceu determinados controles sobre a litologia e produziu processos de intemperização, de acordo com as variações aleatórias dos elementos meteorológicos, ou seja, a temperatura, a precipitação, o vento, a umidade e a pressão do ar. Esses elementos, combinados, definiram regiões climáticas e contribuíram para as alterações no relevo dos continentes.

A atual compartimentação topográfica nas várias regiões climáticas da Terra evoluiu a partir da Era Cenozoica, que se iniciou há 65 milhões de anos e se estende até os dias atuais, passando por dois períodos distintos – o Terciário e o Quaternário –, o que resultou em alterações climáticas e transformações superficiais da crosta terrestre (Mineropar, 2016).

Podemos comprovar as mudanças climáticas por meio do estudo dos depósitos correlativos, pelos registros de fósseis nas formações geológicas. As técnicas de medição e observação são usadas para calcular a proximidade temporal de dada estrutura ou depósito correlativo em escala de tempo geológico ou em depósitos correlativos, o que é mais comum. A escala de tempo geológico nos permite definir processos de formação e compreender as oscilações climáticas e sua relação com as rochas.

Para efeito de medições temporais e espaciais dos climas terrestres, aplicamos cálculos das variações médias dos elementos meteorológicos sobre zonas climáticas, continentes e oceanos, ao longo do ano. A definição dos climas necessita de um período de medição ou observação que não pode ser menor do que 30 anos.

Podemos compreender a evolução geológica e atmosférica terrestre em duas fases, que decorreram de grandes transformações nos processos climáticos sobre a estrutura superficial.

Na **primeira fase**, tivemos uma atmosfera primitiva e, posteriormente, a formação da atmosfera que existe atualmente. Nessa fase inicial, o "recém-nascido" planeta Terra passou por uma grande transformação: as rochas que haviam se concentrado passaram por um processo de derretimento e formaram um núcleo com os materiais mais pesados (ferro e níquel), enquanto as rochas que flutuavam ao redor acabaram por formar uma grande massa líquida e incandescente.

O calor do Sol, refletido e absorvido pela superfície da crosta terrestre, acabou por eliminar os gases hélio e hidrogênio, que formaram uma pequena camada gasosa ao redor do globo. Essa camada de ar primitiva não exercia grandes funções climáticas, pois a crosta terrestre ainda não havia se consolidado e resfriado o suficiente para produzir a expulsão de novos gases. Assim, nessa primeira fase, os gases da Terra ainda não formavam uma estrutura com dinâmica própria e estavam limitados pela ação radioativa do interior e do exterior do planeta.

A **fase atual** se iniciou há aproximadamente 3 bilhões anos, quando a superfície do planeta já havia esfriado o suficiente para formar uma crosta endurecida, com vulcões que liberaram vapor-d'água, gás carbônico e os gases amônia e nitrogênio. Nessa fase evolutiva da atmosfera, quase não havia oxigênio livre. Os gases acumulados ao longo de milhões de anos produziram camadas com diferentes estruturas e composições, que ofereceram proteção à Terra contra os raios solares e mantiveram a temperatura na superfície em condições para o surgimento das primeiras formas de vida. O vapor d'água que circulava nessa atmosfera formava chuvas constantes, que originaram oceanos, mares e pântanos.

Nesse ambiente aquático, surgiram os primeiros seres vivos, que estavam protegidos da radiação ultravioleta pelas águas em que se encontravam; com isso, eles desenvolveram a respiração celular adaptada a esse ambiente. As primeiras plantas desenvolveram uma forma de produzir sua energia, a **fotossíntese**[ii], convertendo o gás carbônico (CO_2) em **oxigênio** livre (O_2). Esse último gás possibilitou o desenvolvimento dos animais e de seus sistemas respiratórios. A energia luminosa do Sol passou então a ser capturada pelas plantas verdes e a ser convertida em outro tipo de energia durante a fotossíntese. Essa energia é liberada durante a respiração dessas plantas e é usada por plantas e animais para sobreviver. As grandes quantidades de oxigênio livre eliminado pela fotossíntese das plantas permitiram o surgimento de uma camada composta da combinação de três moléculas do oxigênio, gás denominado *ozônio* (O_3). Essas principais estruturas naturais possibilitaram o surgimento dos primeiros seres vivos terrestres; daí em diante, as modificações passaram ser motivadas pela interação de todos os elementos vivos e não vivos, chegando até os dias atuais como a superfície da Terra que conhecemos.

Com a expansão do oxigênio na atmosfera, bem como dos gases estufa (gás carbônico e metano) e de filtro solar (ozônio), as formas de vida animal ficaram protegidas dos raios ultravioletas provenientes do espaço. A combinação oxigênio-nitrogênio também resultou em uma estrutura de camadas gasosas que protege os seres vivos e fornece ar para o funcionamento de sua respiração. Esses gases também absorvem radiação solar ultravioleta e

---

ii.   **Fotossíntese:** Processo bioquímico realizado pelos seres clorofilados – entre eles, a quase totalidade dos vegetais –, no qual a energia luminosa é convertida em energia química e armazenada em carboidratos. Os carboidratos são sintetizados de substâncias simples: gás carbônico (CO_2) e água (H_2O). Como subproduto da fotossíntese, ocorre a liberação de oxigênio (O_2) para a atmosfera. Os seres que realizam a fotossíntese são denominados *autótrofos*, e a energia fixada nesse processo é que mantém a imensa maioria dos seres vivos da Terra (Mineropar, 2016).

equilibram as variações extremas de temperatura entre o dia e a noite. Os chamados *gases do "efeito estufa"*, por sua vez, permitiram a expansão e a manutenção dos sistemas vivos naturais até a atualidade.

Ao longo do tempo, a atmosfera sofreu muitas transformações até ser capaz de atingir condições ambientais que permitiram a expansão da vida na Terra. Conforme podemos observar, a expansão dos seres vivos desencadeou novos processos físicos e químicos, alterando a composição gasosa do planeta até atingir os níveis atuais, quando é distribuída nas proporções apresentadas na Tabela 5.1 a seguir.

Tabela 5.1 – Composição de gases na atmosfera terrestre

Gás	Planeta			
	Vênus	Terra sem vida	Marte	Terra atualmente
Dióxido de carbono	98%	98%	95%	0,03%
Nitrogênio	1,9%	1,9%	2,7%	78%
Oxigênio	Vestígios	Vestígios	0,13%	21%
Argônio	0,1%	0,1%	2%	1%
Temperatura da superfície (°C)	447	290 ± 50	−53	13
Bares de pressão total	90	60	0,0064	1,0

Fonte: Lovelock, 1995, p. 57.

Nossa atmosfera atual é formada por várias camadas, que apresentam diferentes características e funções, como as de regulação dos climas da Terra e manutenção da vida na superfície. As camadas superiores podem ser utilizadas para o transporte aéreo e aeroespacial e para a transmissão de ondas eletromagnéticas e sensoriais, horizontais e verticais, que permitem monitoramento da superfície terrestre. Veja a ilustração a seguir (Figura 5.1), que mostra as camadas e suas principais características.

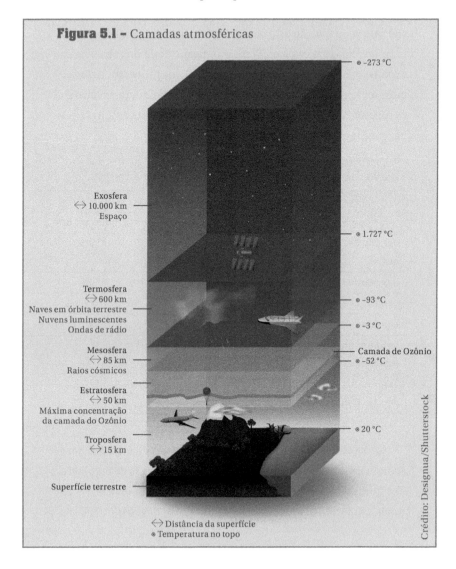

Figura 5.1 – Camadas atmosféricas

- » **Troposfera**: Estende-se da superfície da Terra até a estratosfera (entre 12 e 17 km de altitude nos trópicos e 7 km nos polos) e representa aproximadamente 80% da massa total da atmosfera terrestre. É nela que ocorrem os processos vitais da biosfera e os fenômenos meteorológicos mais conhecidos, como a formação das nuvens e das chuvas, os deslocamentos de ar que provocam os ventos e que produzem diferentes temperaturas ao redor do globo.

- » **Estratosfera**: Localiza-se acima da troposfera, até aproximadamente 50 km de altitude. É formada por uma pequena concentração de vapor d'água e, nela, encontramos a camada de ozônio. É também responsável pela dispersão da luz solar, o que provoca o efeito que origina o tom azul do céu que observamos da Terra. O gás ozônio tem a função de absorver a radiação ultravioleta do Sol, protegendo os seres vivos que ocupam a superfície da Terra. Muitos jatos e aviões trafegam nessa camada, por ser estável e permitir maiores velocidades das aeronaves.

- » **Mesosfera**: Camada localizada entre 50 e 80 km de altitude. Nela, ocorre o fenômeno denominado *aeroluminescência*, resultante das emissões da hidroxila; também é nela onde ocorre a combustão dos meteoros que entram em nossa atmosfera. Sua temperatura diminui com a altitude, chegando até a –90 °C em seu topo. Nessa camada, entramos na chamada *alta atmosfera*, caracterizada pela pouca influência nos climas da Terra.

- » **Termosfera**: Localiza-se entre 80 km e 650 km de altitude e apresenta temperaturas médias de 500 °C e densidade baixa. Nessa camada, ocorrem as auroras boreais e é onde orbitam os ônibus espaciais; nela também há combustões de meteoritos que entram na atmosfera terrestre.

> » **Exosfera**: A camada mais externa da atmosfera, encontra-se acima de 650 km de altitude e se estende desde a termosfera até o espaço exterior. Nela, a pressão atmosférica torna-se nula, e as temperaturas, indefinidas. As partículas de ar se encontram distantes umas das outras, sendo a camada composta principalmente de hidrogênio e hélio. Nesta camada também estão posicionados os satélites espaciais e é onde se encontram diversas naves espaciais. (Isto É, 2009).

As camadas de ar realizam deslocamentos em torno da crosta terrestre, a qual está em constante movimento de rotação, e sua forma esférica produz zonas climáticas ou áreas de radiação de aquecimento ou resfriamento. Dessas infinitas relações, decorrem as diferenças térmicas e de pressão nas camadas gasosas, provocando deslocamentos circulares de massas de ar, que são transportadas por todo o planeta.

Além disso, a inclinação do eixo da Terra em relação ao eixo do Sol produz uma diferença na distribuição da radiação solar sobre a superfície terrestre, o que ocasiona as estações climáticas e delimita as faixas de temperatura que recebem o nome de **zonas térmicas** ou **zonas climáticas** da Terra (Governo do Estado do Paraná, 2016).

Observe a Figura 5.2, a seguir, que mostra essa divisão.

Figura 5.2 – Zonas climáticas ou térmicas da Terra

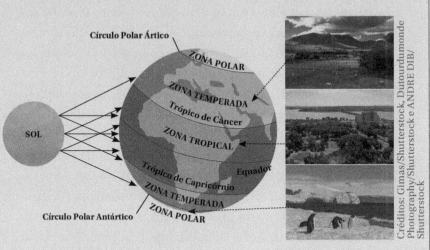

- » **Zona polar:** localiza-se entre os polos e os círculos polares e apresenta temperaturas baixas (geralmente, inferiores a 10 °C). Também é chamada de *zona fria*.
- » **Zona temperada:** localiza-se entre os círculos polares e os trópicos (de Câncer e de Capricórnio). Apresenta temperaturas médias moderadas.
- » **Zona tropical:** localiza-se entre os trópicos e apresenta temperaturas elevadas (geralmente superiores a 18 °C). É também chamada de *zona quente*, *tórrida* ou *intertropical*.
- » Observe que, além da inclinação, o formato geoide da Terra também interfere na distribuição de energia solar nas diferentes áreas do globo. Assim, as regiões próximas à Linha do Equador são atingidas pelos raios solares de forma perpendicular e, na direção dos polos norte ou sul, os raios solares atingem a Terra de forma inclinada.

A fonte primordial da energia que ativa a circulação do ar nas camadas atmosféricas é o Sol, que aquece o planeta Terra. No entanto, há diferenças de temperatura e pressão de acordo com as latitudes e a distribuição das massas continentais e oceânicas, que formam as zonas térmicas.

Nessa distribuição desigual de energia, as regiões equatoriais e tropicais recebem mais energia solar do que as latitudes médias e baixas das regiões polares. A energia recebida por radiação nos trópicos é superior à que essa região é capaz de emitir, enquanto as regiões polares emitem mais do que recebem. O ozônio absorve a radiação ultravioleta e o vapor d'água reflete a radiação da faixa do visível. O vapor d'água presente na atmosfera também absorve a radiação infravermelha termal emitida pela Terra. Essa camada é encontrada na estratosfera e tem a propriedade de absorver a radiação ultravioleta do Sol; sem ela, as radiações causariam graves danos aos organismos vivos que habitam a superfície do planeta Terra (Unesp, 2016).

Todas essas variações impulsionam grandes massas de ar, que realizam movimentos em torno da crosta terrestre. Durante esses movimentos de massas gasosas, ocorre o transporte de energia dos trópicos para as regiões polares, e vice-versa. A Figura 5.3 mostra como ocorre essa transferência da energia do Equador para os polos, por meio de **células de circulação**, com movimento ascendente nos trópicos se deslocando na direção dos polos norte e sul, e movimento descendente sobre os polos que se movimentam em direção ao Equador. O movimento de rotação da Terra e seu eixo inclinado estabelecem um padrão de circulação global que consiste em três células em ambos os hemisférios.

Figura 5.3 - Células de circulação atmosférica

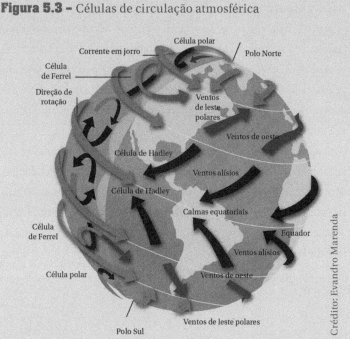

Fonte: Adaptado de PUCRS, 2016.

» **Célula tropical**: Também chamada de *célula de Hadley*, em homenagem ao estudioso que primeiro formulou a teoria das células atmosféricas no século XVII. Próximo ao Equador, o ar aquecido ascende verticalmente e se desloca no sentido dos polos pelas camadas superiores da atmosfera. Essa massa de ar fornece uma célula convectiva que domina os climas tropical e subtropical.

» **Célula das latitudes médias**: Também chamada de *célula de Ferrel*, identificada por esse estudioso no século XIX. Nas latitudes médias, o ar se move para os polos e para o leste junto à superfície; e se move no sentido do Equador e para oeste nos níveis mais altos.

» **Célula polar**: Forma-se nas altas latitudes do globo, onde o ar sobe, diverge e se desloca para os polos. Uma vez sobre eles, o ar desce, formando as altas pressões polares. Na superfície, o ar diverge para o exterior da região de alta pressão. Os ventos de superfície na célula polar se movimentam para Leste (ventos polares de oeste). (Varejão-Silva, 2006).

O **sistema de circulação global da atmosfera** tem padrões de circulação que mantêm essas células em permanente atividade, sofrendo oscilações do efeito da força de Coriolis[iv], que distribui energia para os hemisférios norte e sul, simultaneamente, durante a rotação da Terra, produzindo os ventos característicos na superfície (Figura 5.4).

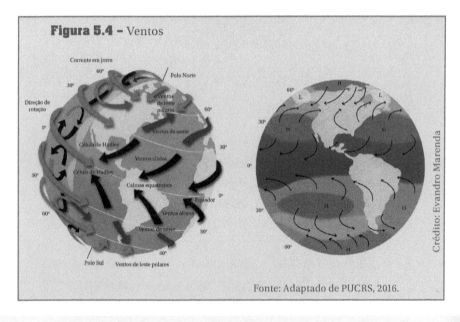

Figura 5.4 – Ventos

Fonte: Adaptado de PUCRS, 2016.

iv. **Força de Coriolis**: Caracteriza-se por ser uma força de inércia que atua, juntamente com a força de arrastamento e a força centrífuga, sobre um corpo cujo sistema de referência se encontre em rotação. É perpendicular ao plano definido pelo eixo de rotação e pelo vetor velocidade (Infopédia, 2016).

> Assim:
>
> » Nos trópicos, temos os ventos alísios.
> » Os ventos de oeste são predominantes nas latitudes médias.
> » Os ventos polares ocorrem nas altas latitudes.

Na faixa equatorial, ocorre a **zona de convergência intertropical** (ZCIT). Nessa região, ocorrem as **calmarias**, regiões onde os ventos alísios de ambos os hemisférios se encontram e anulam parcialmente suas forças, com temperatura e umidade elevadas. A ascensão de massas de ar que convergem de zonas de alta pressão (anticiclônicas), nos trópicos, para zonas de baixa pressão (ciclônicas), no Equador, formam um ciclo.

Podemos, então, definir o **clima** de uma região planetária como o resultado do conjunto de condições meteorológicas (temperatura, umidade, chuvas, pressão e ventos) que mantém as características dessa área da superfície ao longo de, no mínimo, 30 anos. Com base nessas variadas características, foi possível determinar os domínios morfoclimáticos de dada região do planeta.

5.2 Formas associadas aos domínios morfoclimáticos

O clima e os biomas terrestres interagem, modificando as formas dos conjuntos ou compartimentos do relevo terrestre, definindo, assim, **domínios morfoclimáticos**. Essas regiões associam os elementos comuns: **fitogeográficos** (referentes à vegetação), **hidrográficos** (referentes à precipitação) e **pedológicos** (referentes ao solo).

O clima terrestre está dividido segundo suas principais dinâmicas atmosféricas, sendo a classificação mais aplicada nos estudos dos climas globais a de Wladimir Peter Köppen (1900), que se fundamentou na dimensão geográfica, considerando a vegetação predominante como uma manifestação das características do solo e do clima de uma região. Sua divisão agrupou várias regiões do mundo com semelhanças de vegetação e ficou conhecida como *classificação climática de Köppen-Geiger*.

Observe que os Mapas E e F, contidos no Anexo 2 desta obra, utilizam a combinação de letras do alfabeto: a primeira e a segunda letras estão associadas às características descritas no boxe subsequente.

Classificação climática de Köppen-Geiger

A – clima tropical (climas megatérmicos das regiões tropicais e subtropicais):

» **Af** – clima tropical úmido ou clima equatorial;

» **Am** – clima de monção.

» **Aw** – clima tropical com estação seca de inverno;

» **As** – clima tropical com estação seca de verão.

B – clima árido (climas das regiões áridas e dos desertos das regiões subtropicais e de média latitude):

» **BS** – clima das estepes;

» **BSh** – clima das estepes quentes de baixas latitude e altitude;

» **BSk** – clima das estepes frias de média latitude e grande altitude;

» **BW** – clima desértico;

» **BWh** – clima das regiões desérticas quentes de baixas latitude e altitude;

» **BWk** – clima das regiões desérticas frias das latitudes médias ou de grande altitude.

C – clima oceânico (climas das regiões oceânicas e marítimas e das regiões costeiras ocidentais dos continentes):

» **Cf** – clima temperado úmido sem estação seca;

» **Cfa** – clima temperado úmido com verão quente;

» **Cfb** – clima temperado úmido com verão temperado;

» **Cfc** – clima temperado úmido com verão curto e fresco;

» **Cw** – clima temperado úmido com inverno seco;

» **Cwa** – clima temperado úmido com inverno seco e verão quente;

» **Cwb** – clima temperado úmido com inverno seco e verão temperado;

» **Cwc** – clima temperado úmido com inverno seco e verão curto e fresco;

» **Cs** – clima temperado úmido com verão seco (clima mediterrânico);

» **Csa** – clima temperado úmido com verão seco e quente;

» **Csb** – clima temperado úmido com verão seco e temperado;

» **Csc** – clima temperado úmido com verão seco, curto e fresco.

D – clima continental ou climas temperados frios (clima das grandes regiões continentais de média e alta latitude):

» **Df** – clima temperado frio sem estação seca;

» **Dfa** – clima temperado frio sem estação seca e com verão quente;

» **Dfb** – clima temperado frio sem estação seca e com verão temperado;

» **Dfc** – clima temperado frio sem estação seca e com verão curto e fresco;

» **Dfd** – clima temperado frio sem estação seca e com inverno muito frio;

» **Dw** – clima temperado frio com inverno seco;

» **Dwa** – clima temperado frio com inverno seco e verão quente;

> » **Dwb** – clima temperado frio com inverno seco e verão temperado;
> » **Dwc** – clima temperado frio com inverno seco e verão curto e fresco;
> » **Dwd** – clima temperado frio com inverno seco e muito frio.

> **E** – clima glacial (clima das regiões circumpolares e das altas montanhas):
> » **ET** – clima de tundra;
> » **EF** – clima das calotas polares;
> » **EM** – clima das altas montanhas.

De acordo com Vianello e Alves (1991), a classificação climática proposta por Köppen-Geiger dividiu os climas em cinco grandes grupos e em diversos tipos e subtipos. Os autores atribuíram, assim, a identificação dos tipos climáticos pela combinação de letras maiúsculas (tipo) e minúsculas (subtipos), conforme as características específicas de cada um.

Segundo Vianello e Alves (1991), cada clima é representado por um conjunto variável de letras com dois ou três caracteres.

A primeira letra maiúscula (A, B, C, D, E) denota a característica geral do clima de uma região, constituindo o indicador do grupo climático.

A segunda letra minúscula estabelece o tipo de clima dentro do grupo e denota as particularidades do regime pluviométrico, ou seja, a quantidade e a distribuição da precipitação. Nos grupos cuja primeira letra é B ou E, a segunda letra é também uma maiúscula, denotando a quantidade da precipitação total anual (no caso B) ou a temperatura média anual do ar (no caso E).

A terceira letra, também minúscula, indica a temperatura média mensal do ar dos meses mais quentes (nos casos em que a primeira letra seja C ou D) ou a temperatura média anual do ar (no caso da primeira letra ser B) (Vianello; Alves, 1991).

A classificação de Köppen-Geiger foi importante em muitos estudos da Ecologia, que associaram o clima à vegetação. As comunidades de plantas e animais que vivem em condições ambientais semelhantes formam os **biomas**, sendo a vegetação o elemento mais frágil do conjunto diante das mudanças climáticas e da intervenção humana; é por isso que as unidades de vegetação são consideradas definidoras dos limites entre domínios morfoclimáticos, fornecendo nome à maioria deles.

A distribuição da vegetação na superfície, segundo critérios climáticos e topográficos, pode ser classificada nos seguintes biomas, conforme mostra o Mapa 5.1, a seguir.

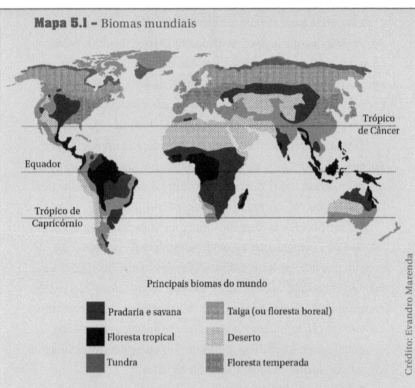

Mapa 5.1 – Biomas mundiais

Principais biomas do mundo
- Pradaria e savana
- Floresta tropical
- Tundra
- Taiga (ou floresta boreal)
- Deserto
- Floresta temperada

Crédito: Evandro Marenda

Fonte: Adaptado de Encyclopedia Britannica, 2013.

» **Pradaria e savanas** – Os campos são biomas de formação aberta com praticamente um único estrato de vegetação. Estão distribuídos pela América do Norte, pela América do Sul, pela África, pela Ásia e pela Oceania. Os campos aparecem em duas formas básicas: a) **estepes** – formadas por vegetação rasteira (gramíneas), representadas pelas pradarias norte-americanas e pelos pampas argentino-brasileiros; e b) **savanas** – formadas por vegetação rasteira, alguns arbustos e árvores de pequeno porte, encontradas na África, na América do Sul, na Índia e na Oceania.

» **Desertos** – Estão localizados em regiões bem variadas do globo e são formados por uma vegetação extremamente pobre e esparsa, representada principalmente por gramíneas, cactáceas e arbustos. Os solos desérticos são pobres, devido à falta de permanente reciclagem de matéria orgânica que encontramos na maioria dos outros biomas. A pluviosidade é baixa e muito irregular, não atingindo 250 milímetros por ano. Durante o dia, as temperaturas são elevadas, diminuindo bastante durante a noite. Apresentam climas quentes e secos, com chuvas extremamente raras e grandes variações diárias de temperatura.

» **Taiga ou floresta boreal** – Também chamadas de *florestas de coníferas*, estão localizadas exclusivamente no Hemisfério Norte, em regiões de clima frio e com pouca umidade. Apresentam inverno muito frio, verão curto, mas mais longo do que na tundra. Situam-se no norte do Alasca, no Canadá, no sul da Groenlândia, em parte da Noruega, da Suécia, da Finlândia e da Sibéria, portanto, ao sul da tundra. As árvores, principalmente pinheiros, têm folhas aciculares e cutícula bem espessa, que as protege da perda de água, e um formato que impede o acúmulo de neve. A vegetação rasteira está pouco presente.

» **Floresta temperada** – Também chamada de *floresta decídua temperada* ou, ainda, *floresta caducifólia*, em razão da queda de suas folhas no período do inverno. É um bioma encontrado na região leste dos Estados Unidos, oeste da Europa e leste da Ásia (Coreia, Japão e partes da China). A energia solar que incide nessas regiões é maior do que a da tundra e da taiga. Nelas, os índices pluviométricos são maiores, atingindo médias de 750 a 1.000 mm por ano. As estações do ano são bem nítidas, com suas características peculiares. São zonas temperadas com invernos frios e verões mais longos. Seu solo é rico em matéria orgânica, e a cobertura vegetal pode apresentar até quatro estratos, desde grandes árvores até plantas rasteiras. A flora é representada por faias, carvalhos e nogueiras, enquanto na fauna encontramos esquilos, veados, ursos, lobos, muitos insetos e aves diversas. A maioria das árvores é composta de caducifólias (com tons vermelhos e amarelos no outono).

» **Floresta tropical** – Também chamada de *floresta pluvial* ou *floresta latifoliada*, situa-se entre os trópicos de Câncer e Capricórnio, mas sua maior área de abrangência é a região equatorial. A maior de todas as florestas desse tipo encontra-se na América do Sul e recebe o nome de *Floresta Amazônica*. Existem outras formações semelhantes à Amazônica na Ásia, na África e na Oceania, bem como em muitas ilhas espalhadas pelos oceanos. A floresta está situada em zonas de temperaturas médias elevadas, atingindo média entre 21 °C e 32 °C. Seu índice pluviométrico é elevado, devido à grande umidade armazenada na superfície. Apresenta climas úmidos e quentes, com longas estações chuvosas.

» **Tundra** – A tundra recebe pouca energia luminosa e poucas chuvas, permanecendo em um inverno que dura cerca de dez meses. Localizada acima do Círculo Polar, apresenta temperaturas muito baixas durante quase todo o ano (máximas de 10 °C) e um verão curto. Esse fato se deve à alta latitude em relação aos raios solares. Nos meses frios, a tundra permanece coberta por gelo, não havendo nenhum vegetal exposto e nenhum animal que se arrisque a se deslocar sobre ela. Nos meses quentes, quando o solo se degela, formam-se grandes poças e brejos, onde proliferam liquens, musgos, gramíneas e alguns poucos arbustos, plantas cujos ciclos de vida são bastante curtos.

As regiões ou zonas morfoclimáticas globais foram submetidas aos **processos intempéricos**, associados aos tipos climáticos, e aos **processos biológicos**, associados aos biomas globais. Na realidade, eles são os dois fundamentos mais importantes pelos quais a superfície da Terra é moldada.

De acordo com Büdel (1982, citado por Porto, 1996), na faixa intertropical ocorrem áreas de aplainamento, influenciadas pela mudança global na posição dos continentes ao longo do tempo. Nessas zonas, os processos fluviais são muito eficazes para a formação de relevo superficial. Essas zonas são definidas por processos morfogenéticos ativos sobre os regolitos preexistentes e apresentam quatro divisões principais (Mapa 5.2).

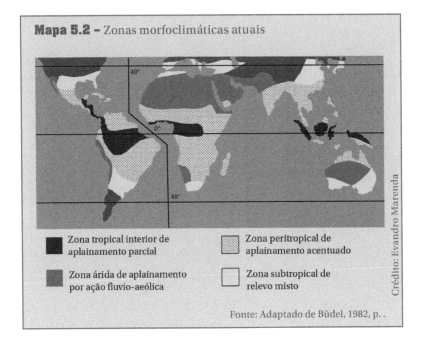

Mapa 5.2 - Zonas morfoclimáticas atuais

Zona tropical interior de aplainamento parcial

Zona árida de aplainamento por ação fluvio-aeólica

Zona peritropical de aplainamento acentuado

Zona subtropical de relevo misto

Fonte: Adaptado de Büdel, 1982, p. .

Crédito: Evandro Marenda

- » **Zona tropical interior de aplainamento parcial** – Abrange as faixas continentais ocupadas por florestas equatoriais que, no passado geológico, apresentaram regime climático sazonal com precipitação média, sazonalmente concentrada, em torno de 500 mm a 2.000 mm/ano, o que favoreceu a formação de crosta ferruginosa.

- » **Zona peritropical de aplainamento acentuado** – Nessa área, os processos intempéricos e os seres vivos estão associados às paisagens das savanas presentes na África, na América do Sul, na Índia e na Oceania. Os vales são predominantemente estreitos, em forma de "V". Seus perfis longitudinais são interrompidos por numerosas quedas-d'água e corredeiras, que dissecam fortemente as bordas de suas montanhas, embora não penetrem profundamente nelas.

- » **Zona subtropical de relevo misto** – Essa área está posicionada nas latitudes extremas dos trópicos, nas faixas de contato com as zonas peritropicais e áridas, compartilhando suas formas distintas de aplainamento.

- » **Zona árida de aplainamento por ação fluvio-eólica** – Na zona árida, os processos eólicos são predominantes em relação à ação fluvial, ainda que esporádica. Subdivide-se em três macrozonas: a) zona glacial; b) zona periglacial com formação pronunciada de vales; e c) zona das latitudes médias – essa última é caracterizada por processos holocênicos fracos; importância maior das gerações de relevo antigas, incluindo a geração periglacial (Abreu, 2006.).

De acordo com Casseti (2005), os domínios morfoclimáticos se caracterizam pela existência de "famílias de formas", que resultam da interação do clima com a cobertura vegetal nas diversas zonas climáticas. Em relação à faixa intertropical, o autor explica as formas de relevo associadas ao clima e à vegetação:

» Nas zonas tropicais úmidas, há o domínio das florestas, com predominância da convexidade geral do perfil, com declives médios elevados; o modelado é comandado pela alteração química com processos mecânicos subordinados (reptação, escorregamento).

» Nas zonas tropicais secas, como no domínio dos cerrados, as formas são menos convexas e tendem a um perfil geral retilíneo, registrando-se topos interfluviais pediplanados ainda preservados; a desagregação mecânica é fraca e a alteração química é atenuada pela estação seca prolongada. (Casseti, 2005)

As características comuns das gerações de formas de relevo das latitudes médias e altas nos permitem compreender todas as fases do desenvolvimento do relevo visíveis atualmente, interpretar a dinâmica tempo-espacial dos processos geomorfológicos e estabelecer relações entre as oscilações climáticas e os quadros geomorfológicos e ambientais do presente.

Conforme considera Abreu (2006), dois grupos de forças regulam as formas de relevo dos continentes: as **endogenéticas** e as **exogenéticas**. As primeiras explicam a distribuição espacial de soerguimentos e abatimentos, bem como o comportamento morfológico dos afloramentos rochosos. O segundo grupo de forças remodelou o relevo qualitativamente durante o soerguimento e, em resposta à gravidade, produziu as formas intricadas que percebemos na atualidade.

As formas e os mecanismos de formação das paisagens se diferenciam **quantitativa** e **qualitativamente** na superfície da

Terra. No entanto, não estão distribuídos ao acaso, pois são originários dos vários processos morfoclimáticos em operação no tempo e no espaço.

5.3 Intemperismo e formação da estrutura superficial

Vimos que as condições climáticas do nosso planeta são definidas pelos estados de temperatura, umidade e pressão sobre a estrutura superficial da crosta, que produzem a intemperização das rochas, o deslocamento e o transporte de sedimentos pela água, pelos ventos e pela gravidade, com a deposição e a formação de depósitos correlativos. Penck (1953) definiu como *depósitos* ou *formações correlativas* os depósitos e entulhamentos de superfície originados pela erosão do relevo.

Nesse processo de formação superficial, ganha destaque o estudo do **grau de intemperização** das rochas, também denominado ***meteorização***. Com isso, a natureza e a efetividade dos processos de intemperismo dependem principalmente de três grupos de variáveis: condições climáticas, propriedades dos materiais e forma das vertentes.

1. **Condições climáticas** – Determinam a distribuição sazonal das chuvas e permitem compreender a circulação da água nos sistemas de vertentes (a água é o principal agente transportador dos materiais intemperizados). As variações de temperatura incidem diretamente na fragmentação das rochas, por meio da dilatação e/ou da contração física dos materiais. Quanto mais água e calor, mais se aceleram as reações químicas.

2. **Propriedade dos materiais** – O grau de resistência à decomposição depende da composição mineralógica, da textura e da estrutura das rochas. Os primeiros minerais a se cristalizar no resfriamento do magma são os mais instáveis nas condições normais de temperatura e pressão e, assim, são os primeiros a se alterar.

3. **Forma das vertentes** – As formas locais e a inclinação das vertentes determinam a maior ou menor velocidade do fluxo da água das chuvas, com consequente menor ou maior infiltração no solo. Nas encostas suaves, o intemperismo é mais intenso, pois a água permanece maior tempo no sistema, enquanto nas encostas mais declivadas esse período é menor.

Além dessas variáveis, a **fauna** e **flora** atuam como fornecedoras de matéria orgânica para as reações químicas e a remobilização de materiais. A concentração de gás carbônico no solo produz a acidificação da água, favorecendo os processos de dissolução. As raízes das árvores produzem aberturas e fendas nas rochas, provocando sua dilatação. Animais que vivem no solo também atuam como aeradores, contribuindo para a dilatação e a porosidade do solo.

Podemos, então, considerar o **intemperismo** como o conjunto de fenômenos físicos, químicos e biológicos que levam à degradação e ao enfraquecimento das rochas, ou seja, à desagregação e alteração de sua composição química e mineralógica. Esse processo causa a transformação das rochas em materiais mais estáveis, em condições físico-químicas diferentes daquelas em que elas se originaram.

5.3.1 Intemperismo físico ou mecânico

O intemperismo físico ou mecânico é a **desagregação** da rocha propriamente dita, ocorrendo pela **fragmentação** ou **quebra** da massa rochosa original. As variações de temperatura dilatam e contraem o maciço rochoso, gerando fissuras. Os minerais têm diferentes coeficientes de dilatação e respondem de maneira diferente a essas variações térmicas. Quanto maior for a variação térmica de uma dada região, maior será o grau de dilatação/contração dos minerais.

A **umidade** também causa separação física dos agregados e, em situações de congelamento da água no solo, ocorre expansão de volume e fissuramento das rochas. O mesmo ocorre quando sais são dissolvidos na água e precipitam, aumentando o volume e facilitando o fissuramento e a penetração cada vez maior de água nas rochas.

A seguir, apresentamos alguns processos mecânicos comuns nessa forma de intemperismo.

a. **Abrasão** – Significa a **pulverização** ou a **redução** do tamanho de rochas e minerais resultantes do atrito entre os materiais em movimento. Os **ventos** conseguem movimentar partículas sobre a superfície, gerando atrito e desagregação das rochas. Em casos de zonas glacias, ocorre com o movimento dos matacões[v] envolvidos em gelo glacial.

b. **Congelamento-degelo** – As alterações no estado físico de água para gelo fazem seu volume aumentar em até 9,05%, o que produz esforço nas fendas e fissuras das rochas, causando

---

v. **Matacão:** Fragmento de rocha destacado, transportado ou não, de diâmetro superior a 25 cm, comumente arredondado. Suas origens são variadas: por intemperismo, formando-se *in situ* – matacões de exfoliação; por atividade glacial – matacões glaciais ou erráticos; por trabalho e transporte fluvial; e por ação das ondas no litoral (Mineropar, 2016).

lascamento e fragmentação. Esse processo é também chamado de *gelivação*.

c. **Cristalização de sais** – Ocorre quando a desintegração das rochas é forçada por um processo de cristalização de sais. O sulfato de cálcio hidratado (gipsita) produz força suficiente para desencadear um processo mecânico, que também atuará na rocha, facilitando o intemperismo químico.

A **ausência de água** não interfere nessa forma de intemperismo, pois as forças da pressão e da temperatura continuam agindo sobre os materiais.

5.3.2 Intemperismo químico

Como vimos anteriormente, a decomposição de uma rocha ocorre conforme sua composição mineralógica e química, a forma e a estrutura das camadas e as variações climáticas regionais. Entre os vários fatores que atuam nessa forma de intemperismo, destacam-se o tamanho das partículas minerais da rocha, a permeabilidade do manto rochoso, a posição do nível hidrostático, o relevo, a temperatura, a composição e a quantidade de água subterrânea, o oxigênio e outros gases no sistema, a macroflora, a microflora e a fauna presentes, a superfície exposta da rocha e sua modificação pelo intemperismo mecânico e a solubilidade relativa das rochas originais e dos materiais intemperizados.

Entre as várias reações químicas produzidas, temos as seguintes: hidratação, dissolução, hidrólise, carbonatação, oxidação e redução.

a. **Hidrólise** – É a reação química que ocorre entre um mineral e a água, quando os íons H^+ (hidrogênio ou íon hidrônico H_3O^+) e OH^- (íons hidroxilas) reagem. Podemos perceber essa reação na decomposição dos silicatos (feldspatos, micas, hornblendas, augitas, entre outros) pela água dissolvida. Entre os principais fatores que influenciam na hidrólise, estão a natureza da água, a acidez medida pelo pH[vi] da água e alterações na acidez pelas raízes das plantas.

b. **Hidratação** – Consiste na adição de água em um mineral e sua adsorção dentro do retículo cristalino, capaz de receber moléculas de água em sua estrutura, transformando-se física e quimicamente. Os minerais originais em decomposição, após a hidratação, são chamados de *hidratos*.

c. **Dissolução** – Ocorre quando a água sofre alteração química, em função da concentração do íon H^+, expressa como pH. Temos como exemplo as rochas carbonatadas: ao entrar em contato com o CO_2 da água, ocorrem a reação e a transformação no $CaCO_3$, que é um bicarbonato solúvel. Com a dissolução, as partículas são **lixiviadas**.

d. **Cabonatação** – Ocorre quando o gás carbônico dissolvido na água dá origem a uma solução ácida ou ácido carbônico (H_2CO_3). O exemplo mais conhecido é a formação do bicarbonato de cálcio, que é bastante solúvel em água.

e. **Oxidação e redução** – A **oxidação** ocorre quando o oxigênio dissolvido na água se combina com algum outro elemento. O exemplo mais conhecido é o ferro metálico, que, quando exposto ao ar úmido, "enferruja", devido à formação de um mineral mole, de coloração amarela ou castanha, denominado *limonita* ($Fe_2O_3.nH_2O$). A **redução** é a reação contrária,

---

vi. Em 1909, Sören P. T. Sörensen (1868-1939), bioquímico dinamarquês, estabeleceu uma maneira conveniente de expressar a acidez de uma substância, utilizando o logaritmo negativo da concentração do íon hidrogênio: pH = – log [H^+]. Ele chamou de expoente do íon hidrogênio, representado pelo símbolo pH, que significa *pondus hidrogenni*, ou seja, potencial de hidrogênio (Gama; Afonso, 2007).

que ocorre quando o oxigênio é liberado de seus compostos, a exemplo da **fotossíntese**, pela qual as plantas subdividem o CO_2 atmosférico e utilizam o carbono, liberando o oxigênio.

O maior agente controlador do intemperismo químico é a água e, quanto mais ácida ela se torna no ambiente, maior será seu poder de dissolução. O gás carbônico (CO_2) absorvido da atmosfera aumenta a acidez; ao entrar em contato com a matéria orgânica do solo, essa água se torna ainda mais ácida.

5.3.3 Intemperismo biológico

Esse tipo de intemperismo é definido pela **ação dos organismos vivos** presentes no solo. A ação de bactérias na decomposição dos materiais orgânicos produz os solos férteis (pedogênese), caracterizado por rochas que perdem alguns de seus nutrientes essenciais para os organismos vivos e as plantas que crescem em sua superfície.

Os seres vivos produzem ainda vários efeitos físicos e químicos, como o atrito produzido cumulativamente no solo pela penetração de organismos. Alguns vermes se alimentam de partículas do solo e descartam seus dejetos, produzindo o **húmus**. Na superfície, ocorrem a compactação e a abrasão das rochas por grandes animais. Por outro lado, as plantas forçam o solo pelo acunhamento de suas raízes.

5.4 Depósitos correlativos e paleopavimentos

Segundo Bigarella (1994), as mudanças paleoclimáticas aconteceram em momentos de perturbações gravitacionais inerentes ao próprio sistema planetário, como a excentricidade da órbita, a longitude do periélio e a obliquidade da eclíptica. Segundo o autor, as mudanças periódicas e drásticas das condições climáticas ocorridas durante o Período Quaternário influenciaram na distribuição das massas de ar e no sistema dos ventos. Assim, o regime da temperatura global foi afetado pela transferência de calor pelas correntes marinhas e atmosféricas.

Na glaciação, prevaleceu a **morfogênese mecânica** nas latitudes intertropicais, relacionadas ao clima semiárido. Nessa fase, a quantidade de água evaporada não retornava aos mares, principalmente nas latitudes altas e médias, onde as precipitações ocorriam na forma de neve, que se acumulou na calota polar dos hemisférios (*inlands*) e em banquisas (gelos flutuantes em altas latitudes). Isso provocou a diminuição das águas oceânicas, ou *regressão marinha*.

Bigarella, Mousinho e Silva (1965) definiram os depósitos correlativos como sequências sedimentares que resultam dos processos de agradação e degradação, os quais ocorrem simultaneamente nas áreas fornecedoras e receptoras. Esses depósitos resultaram dos mecanismos morfogenéticos ao longo do tempo, influenciados por alterações climáticas, tectônicas ou implicações de natureza antrópica, como os depósitos tecnogênicos produzidos pela ação humana.

Na fase interglacial, predominou a **morfogênese química**, associada ao clima úmido. Devido à elevação da temperatura, os *inlands* passaram por derretimento e evaporação e as águas congeladas retornaram aos oceanos, elevando o nível marinho – ou *transgressão marinha* – e produzindo novos processos intempéricos nas bordas continentais e nas áreas inundadas.

De acordo com Casseti (2005), as diferentes condições climáticas promoveram sucessões de intemperismos químicos, físicos e biológicos e, ao longo do tempo, resultaram nos **depósitos correlativos diferenciados**. A morfogênese mecânica nas latitudes intertropicais produziu uma discreta pedimentação, enquanto a morfogênse interglacial gerou o entalhamento das drenagens e o processo denominado *coluvionamento*.

O **colúvio**[vii] se refere aos materiais detríticos provenientes de locais topograficamente mais elevados, que são transportados e depositados nas vertentes e nas porções baixas do relevo por meio de rastejamento. Os materiais que são alterados pela intemperização química e permanecem no local, ou *in situ*, em contato gradacional com a rocha subjacente formam o **elúvio**[viii]. Em geral, o elúvio se constitui em um manto espesso e bem decomposto quimicamente, em alguns casos podendo-se encontrar preservada a estrutura original da rocha.

O coluvionamento está relacionado aos materiais que descem das encostas ou vertentes. É o processo de transporte e deposição dos materiais pelo escoamento superficial ou pela ação da gravidade, ao longo das vertentes, até o sopé, onde normalmente assume maiores proporções, quando não são trabalhados ou retirados por outros processos, como o fluvial. Os depósitos correlativos são observáveis nos cortes de talude ou encostas "desbarrancadas" por atividades erosivas.

Segundo Ab'Saber (1968), os **paleopavimentos**, ou *stone lines*, são depósitos de vertentes associados à morfogênese mecânica, formados de material detrítico grosso e pesado que se deslocava para a parte inferior da vertente, mas que foi interrompido pela

---

vii. **Colúvio**: É o solo ou os fragmentos rochosos transportados ao longo das encostas de morros devido à ação combinada da gravidade e da água, apresentando características diferentes das rochas subjacentes. Grandes massas de materiais formados por coluviação diferencial recebem o nome de *coluviões* (Mineropar, 2016).

viii. Ocorre o **elúvio** do material dissolvido ou em suspensão através do solo pelo movimento da água quando a precipitação pluvial excede a evaporação (Mineropar, 2016).

morfogênese química e biogênica. Observe a imagem a seguir (Figura 5.5), que mostra um perfil com linhas de seixos definidas na paisagem.

Figura 5.5 – Linha de pedra (paleopavimento) no solo de Morro das Balas (Formiga, MG)

Crédito: Rueangrit Srisuk/Shutterstock

Os fragmentos e os seixos são retrabalhados, depositados sob a forma de chão pedregoso em períodos secos e esporádicos, e geralmente são encontrados na faixa intertropical ou subtropical.

De acordo com Hiruma (2007), os paleopavimentos são vestígios de depósitos de pedimentos que perderam os grãos mais finos por ação eólica. Segundo esse autor, a linhas de seixos ou *stone lines* podem ser assim definidas:

> Refere-se a um horizonte de fragmentos angulosos a subangulosos, às vezes arredondados, de quartzo de veio, quartzitos, couraças lateríticas, minerais

> pesados, ou de outros materiais resistentes à alteração química, presente no interior da cobertura pedológica em vastas áreas das zonas intertropicais. Em geral, as linhas de seixos dispõem-se mais ou menos paralelamente à superfície topográfica, sendo limitada acima por um horizonte relativamente homogêneo de textura areno-síltico-argilosa, e, abaixo, pela rocha alterada. (Hiruma, 2007, p. 53)

Conforme o autor, os estudos sobre a origem das linhas de seixos envolvem diferentes níveis de abordagem, desde observações geomorfológicas regionais e locais, experimentos *in situ*, até análises micromorfológicas e químicas.

As linhas de seixos evoluem em vários estágios. De acordo com Thomas (1994), o primeiro estágio ocorre pela acumulação residual resultante da dissolução e da remoção de materiais finos e intemperizáveis, sob condições úmidas. Em seguida, elas sofrem redistribuição e concentração de cascalhos por escoamento superficial e coluvionamento associado e, por fim, há modificação e recobrimento por bioturbação, rastejo, cavidades produzidas por árvores (*tree throw*) e, possivelmente, atividade antrópica.

Na prática, o estudo dos depósitos correlativos e dos paleopavimentos se aplica às diversas áreas da gestão ambiental, como levantamento geológico e/ou geomorfológico, prospecção mineral, engenharia civil, agricultura, arqueologia, entre outras que se destinam ao estudo do relevo. No presente, várias hipóteses e interpretações sobre a origem das linhas de seixos e dos depósitos estão em desenvolvimento, buscando compreender o papel das mudanças climáticas, da ação biológica e dos processos geoquímicos na formação dessas unidades durante o Período Quaternário.

Essa complexidade do tema, segundo Hiruma (2007), é evidenciada pelo caráter poligenético de muitas linhas de seixos. O autor sugere que, para entendermos melhor a questão, é essencial que haja o **caráter multidisciplinar das pesquisas**, com o envolvimento de profissionais de diversas áreas, como pedólogos, geólogos, geomorfólogos e biólogos. Ele também sugere a integração de métodos e técnicas, tais como: observações geomorfológicas regionais e locais, experimentos *in situ* e análises micromorfológicas e químicas.

5.5 Depósitos tecnogênicos e paisagem

O surgimento do gênero *homo* é um fato muito recente (ocorrido de 3 milhões a 100 mil anos atrás), se comparado ao tempo geológico de formação da crosta terrestre (de 3 bilhões a 100 milhões de anos atrás). Porém, nesse curto período geológico, ocorreu a produção de depósitos correlativos aos processos antropogênicos atuais ou subatuais. Em outros termos, a ação dos seres humanos sobre as paisagens produziu interferências nos modelados e encostas.

Entre 150 mil e 30 mil anos atrás, os grupos humanos existentes ocupavam algumas áreas férteis da África, da Europa e da Ásia, produzindo algumas intervenções com as primeiras práticas agrícolas, responsáveis pela alimentação das civilizações surgidas nesses continentes. Entre 50 ma[ix] e 10 ma atrás, as correntes migratórias de humanos atingiram a América e se distribuíram por

---

ix. **ma** (*mega annum*): Representa "milhão de anos", uma unidade de tempo ecológico.

todo o continente, formando novas civilizações, com suas práticas agrícolas e seus modos de ocupação espacial.

A revolução agrícola e o crescimento demográfico exigiram cada vez mais áreas de cultivo, com a expansão das fronteiras territoriais. Com a Revolução Industrial, no século XIX de nossa era, produziu-se uma nova forma de ocupação espacial, agregando ao modelo produtivo novas tecnologias de produção, que impulsionaram uma mudança total na forma de utilização dos recursos minerais, vegetais e animais.

Segundo Suertegaray e Rossato (2010), os primeiros estudos sobre a intensidade e a magnitude da influência dos seres vivos sobre as estruturas geológicas e geomorfológicas foram produzidos por Charles Lyell (1797-1875), geólogo escocês considerado o precursor da estratigrafia e da teoria uniformitarista, o qual afirmou que a superfície da Terra é gradualmente alterada por chuvas, neve, deposição, erosão, sedimentação, vento e demais fatores naturais. Sua teoria fundamentou os estudos do biólogo inglês Charles Darwin (1809-1882), que destacou o papel das espécies vivas na transformação da superfície terrestre.

De acordo com Oliveira et al. (2005), nas primeiras décadas do século XX, Pavlov propôs a substituição do termo *Quaternário* pelo termo *Antropógeno*, ao considerar o ser humano o principal agente dos eventos ocorridos a partir desse período, o que passou a suscitar novas abordagens sobre o papel humano na esculturação do relevo.

A partir da década de 1980, emergiu o conceito de *Tecnógeno* nos trabalhos de Chemekov (1983) e Ter-Stepanian (1988), demostrando que a sedentarização das sociedades humanas e a transformação do ambiente visando suprir suas necessidades aumentaram de forma significativa após a intensa urbanização provocada pela

Revolução Industrial, que promoveu a retirada, a movimentação e o transporte de grandes quantidades de materiais da superfície.

De acordo com Ter-Stepanian (1988), os depósitos tecnogênicos são caracterizados por apresentarem diversidade de feições, composições e espessuras; essa variedade permite caracterizar uma classe independente, que pode ser comparada com os depósitos naturais. Para ele, alguns depósitos apresentam matérias orgânica e inorgânica resultantes de resíduos rurais ou urbanos, como os restos de construção civil, mineração e aterramentos. Ainda para o autor, os depósitos tecnogênicos são classificados por sua composição orgânica, inorgânica, terrígena ou heterogênea. Segundo Peloggia (1998), podem ser encontrados 11 tipos principais de depósitos tecnogênicos, a saber:

1. pilhas aterradas;
2. aterramento de depressões;
3. mistos ou agrotécnicos;
4. aluviação artificial;
5. dragagem;
6. sobras de obras;
7. camadas cultivadas;
8. deposição em reservatórios;
9. assoreamento de canais;
10. depósitos naturais com componentes tecnogênicos;
11. sedimentação natural em reservatórios.

Em geral, podemos classificar esses conjuntos de depósitos em *conduzidos* e *induzidos*. Os **depósitos tecnogênicos conduzidos ou diretos** resultam da remoção e deposição direta na forma de "bota-foras" de entulhos urbanos e de mineração, escavações e aterros, aterros sanitários e depósitos de resíduos sólidos. Os **depósitos induzidos, indiretos ou mediatos** resultam do uso do solo nas atividades agrícolas e agroindustriais, causando impactos em relação à remoção da cobertura vegetal, à exposição do solo aos processos erosivos, ao assoreamento de cursos de água, ao transporte de materiais nutrientes do solo, entre outros.

Em 2014, a União Internacional de Ciências do Solo (*International Union of Soil Science* – IUSS[x]) referendou uma divisão dos solos alterados pelo ser humano, elaborada pela Organização das Nações Unidas para a Alimentação e a Agricultura (FAO, 2014), denominando **antropossolos** (áreas agrícolas) aqueles solos que sofreram modificação das características e propriedades pelo revolvimento e pela adição de substâncias químicas, e **tecnossolos** (áreas urbanas) os que foram formados por alguns tipos de fragmentos e materiais alóctones[xi] existentes na camada artificial.

Síntese

Neste capítulo, conhecemos os climas e os biomas terrestres, assim como suas principais influências na estrutura superficial e na definição dos domínios morfoclimáticos mundiais. Os principais fatores do clima, seus processos físicos, químicos e biológicos promovem a intemperização das camadas rochosas e a formação dos depósitos de sedimentos.

A associação das condições climáticas à morfogênese do relevo nos permite identificar as formas típicas de áreas secas e úmidas,

---

x. **IUSS**: Organização global de cientistas do solo que tem como objetivo promover todos os ramos da ciência do solo e apoiar os cientistas do solo, em todo o mundo, na execução de suas atividades (IUSS, 2016).

xi. **Alóctone**: Material, de natureza orgânica ou não, transportado para ambientes deposicionais ou tectônicos não coincidentes com seu local de origem. O inverso denomina-se *autóctone*, ou seja, quando o material não é transportado. Também são rochas que foram transportadas a grandes distâncias de seu local de formação ou deposição por algum processo tectônico (falhas, dobramentos) (Mineropar, 2016).

como os depósitos e solos que ocorrem em diferentes condições climáticas. Por outro lado, as condições morfogenéticas das zonas glaciais, temperadas e tropicais definem as formas e os processos de aplainamento dos relevos e das paisagens.

Conhecemos ainda os fatores tectônicos, climáticos e biológicos, bem como sua ação na gênese e na evolução da estrutura superficial do relevo, considerando todos os processos geológicos ocorridos no passado, detalhando os procedimentos desses estudos por meio de métodos e técnicas de laboratório.

Vimos que a presença humana, ao longo do tempo histórico, produziu e continua a produzir os depósitos tecnogênicos, que são caracterizados por feições diferenciadas, com diversidade de composição e grande variação de espessura.

A presença humana nos diferentes domínios morfoclimáticos causou ainda a aceleração dos processos morfogenéticos, interferindo nos modelados e incorporando novas variáveis analíticas às paisagens. Essa abordagem integradora do relevo caracteriza a fisiologia da paisagem como uma dimensão fundamental do estudo geomorfológico.

Indicação cultural

EARTH Revealed: intemperismo e solos (Pedologia). Disponível em: <https://www.youtube.com/watch?v=nyl0z_1Xbo4&feature=youtu.be>. Acesso em: 2 fev. 2016.

O documentário mostra a histórica relação da humanidade com os solos e como eles são formados pela ação dos agentes climáticos sobre as superfícies rochosas da crosta terrestre. Demonstra como o intemperismo ocorre em diferentes situações e condições do relevo, produzindo a decomposição das rochas e a formação de sedimentos que são transportados e depositados nas porções baixas do relevo. Apresenta os principais tipos de solos e os graves problemas relacionados à erosão natural e à erosão provocada pelo ser humano. Também indica algumas práticas conservacionistas dos solos degradados e as ações que visam amenizar o problema da erosão e da proteção dos solos. É um material excelente para ampliar o debate sobre os processos naturais e humanos que se relacionam na formação das paisagens terrestres.

Atividades de autoavaliação

1. Leia as sentenças a seguir e assinale a alternativa que indica as características da primeira fase da evolução da atmosfera terrestre:

   a) O oxigênio estava presente nessa composição gasosa e exercia função reguladora da temperatura.

   b) Os gases da Terra ainda não formavam uma estrutura com dinâmica própria, estando limitados pela ação radioativa do interior e do exterior do planeta.

   c) A composição atmosférica exercia uma grande influência sobre a temperatura e a proteção contra os raios ultravioleta.

   d) A grande quantidade de água na atmosfera permitiu a formação de um ciclo hidrológico estável.

   e) Nesse ambiente equilibrado, as plantas tiveram condições de realizar a fotossíntese, liberando grandes quantidades de oxigênio.

2. Assinale a alternativa que indica a camada atmosférica que tem uma relação direta com o relevo da superfície terrestre:

   a) Estratosfera.

   b) Mesosfera.

   c) Troposfera.

d) Termosfera.

e) Exosfera.

3. Conforme explica Ab'Saber (1969), a estrutura superficial da Terra é formada por detritos da superfície agrupados por determinadas formas de transportes comuns e por condições morfogenéticas específicas. Com base nessa afirmativa, assinale a alternativa que identifica esses detritos:

a) Dejetos de superfície.

b) Depósitos de cobertura.

c) Bacias aluvionares.

d) Resíduos subsuperficiais.

e) Compartimentos sedimentares.

4. Assinale a alternativa que mostra o tipo de intemperismo no qual a rocha sofre desagregação, com a separação dos grãos minerais por dilatação e contração da massa rochosa original:

a) Mineralógico.

b) Mecânico.

c) Químico.

d) Biológico.

e) Fisiológico.

5. Assinale a alternativa que identifica os materiais detríticos provenientes de locais topograficamente mais elevados, que são transportados e depositados nas vertentes e nas porções baixas do relevo:

a) Interflúvio.

b) Elúvio.

c) Colúvio.

d) Cascalheira.

e) Arenitos.

Atividades de aprendizagem

Questões para reflexão

1. O clima exerce certas influências sobre a estrutura geológica terrestre, produzindo alterações e processos físicos, químicos e biológicos que formam a estrutura superficial. Quais são essas influências e os resultados desses processos?

2. Observe o mapa a seguir e identifique as regiões morfoclimáticas encontradas no Brasil. Com base em seus estudos sobre os climas e os biomas mundiais, descreva as principais características que predominam nas faixas identificadas.

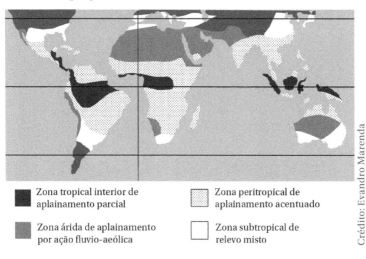

Fonte: Büdel, 1982.

Atividade aplicada: prática

Com base no estudo sobre os depósitos tecnogênicos e na observação direta da paisagem de seu município, elabore uma reflexão que apresente as interferências humanas na esculturação ou na modelagem do relevo.

6

Fisiologia da paisagem: vertentes e sistemas hidrográficos

Neste último capítulo, vamos estudar a fisiologia da paisagem, considerando os processos morfodinâmicos, as transformações produzidas pelo homem e as derivações resultantes dos processos de esculturação do relevo. O sistema de vertentes ou encostas e os sistemas hidrográficos fluviais e costeiros estão diretamente relacionados aos processos que envolvem a circulação da água na atmosfera, bem como seu armazenamento e escoamento na superfície terrestre. O estudo desses sistemas permite ao pesquisador a explicação aprofundada dos processos morfodinâmicos e evolutivos da paisagem nas escalas local e regional.

A dinâmica hidrográfica exerce forte influência na esculturação dos relevos continentais e costeiros. A água representa um dos agentes fundamentais dos processos geodinâmicos que ocorrem nos diferentes domínios morfoclimáticos, nas zonas úmidas e nas faixas litorâneas. A ação dos vários processos endogenéticos e exogenéticos interfere na formação e na remoção dos materiais detríticos ao longo das paisagens. Os diversos movimentos de massa que podem ocorrer em uma vertente decorrem das condições geológicas, geomorfológicas e climáticas, podendo atingir grandes proporções e causar até mesmo perdas humanas em algumas áreas.

Assim como nas vertentes, em que as formas e os processos físicos, químicos e biológicos definem os padrões de drenagem, na geomorfologia fluvial e costeira, a dinâmica dos rios e das águas marinhas também define processos e padrões de formas do relevo.

6.1 **Vertentes: formas e processos**

Conforme estudamos em capítulos anteriores, a **fisiologia da paisagem** corresponde ao terceiro nível de abordagem do relevo na sistematização da pesquisa geomorfológica. Para este nosso estudo, é importante o conhecimento prévio dos dois primeiros níveis, quais sejam: a **compartimentação topográfica** e a **estrutura superficial**. Além dessas componentes, é fundamental conhecermos o clima, a cobertura vegetal e as formas de uso do solo.

De acordo com Ab'Saber (1969), o estudo da fisiologia da paisagem visa à explicação dos processos morfoclimáticos e pedogênicos do relevo atual. Este é resultante das relações morfodinâmicas internas e externas e das forças que se estabelecem entre essas relações para a esculturação do relevo e a definição da paisagem.

O processo morfodinâmico explica as transformações evidentes no relevo, considerando a intensidade e a frequência dos mecanismos morfogenéticos no momento atual, associadas ou não às derivações antropogênicas. Os **mecanismos morfoclimáticos** explicam as alterações do relevo nos últimos 10 milhões de anos, enquanto a **morfodinâmica** esclarece as relações processuais no relevo desde o aparecimento do ser humano na Terra, ressaltando que, desse momento em diante, as alterações nas paisagens se aceleraram à medida que os espaços naturais foram ocupados por nossa espécie.

6.1.1 **Vertentes**

Quando observamos a paisagem de determinada porção espacial, identificamos formas de relevo que nos permitem compará-las aos padrões de formas geométricas universais. Em geral, notamos que essas formas apresentam certo grau de inclinação que define sua extensão, do topo ou divisor de águas ao fundo do vale ou calha de rios. Essa extensão é definida como ***encosta*** ou ***vertente***[i].

O estudo detalhado das encostas permite ao pesquisador compreender a maioria dos processos naturais e/ou antrópicos que criam essas formas, como os processos que originam os solos (intemperismo, pedogênese, erosão, transporte e deposição).

Clark e Small (1982) denominaram esses processos de ***sistema de vertentes***, no qual são considerados os fatores exógenos e endógenos, cada qual influenciado por subsistemas típicos, conforme mostra o esquema a seguir (Figura 6.1).

---

i. **Vertente:** Forma tridimensional que foi modelada pelos processos de denudação, atuantes no presente e no passado, e que representa a conexão dinâmica entre o interflúvio e o fundo do vale. Em sentido amplo, a vertente corresponde a uma superfície inclinada ou declive de montanha por onde escorrem as águas pluviais, sem apresentar qualquer conotação genética ou locacional. Podem ser subaéreas ou submarinas e são os componentes básicos de qualquer paisagem. São classificadas, segundo sua geometria, em: *retilíneas, côncavas* e *convexas* (Mineropar, 2016).

Figura 6.1 - Modelo de um sistema de vertentes convexo-côncavo

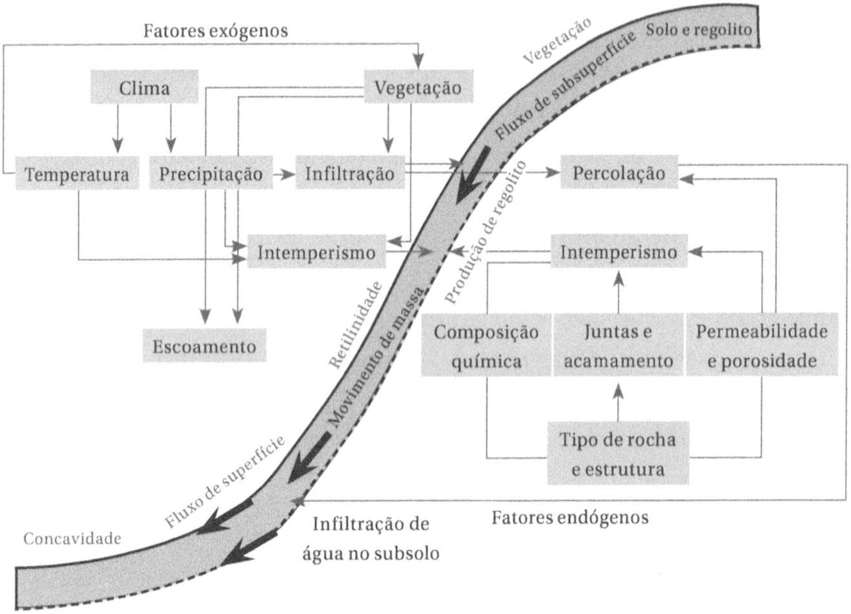

Fonte: Clark; Small, 1982, citados por Casseti, 2005.

Observe que os processos exógenos são controlados pelo clima, enquanto os processos endógenos são controlados pelo tipo das rochas e por sua estrutura. Os agentes de intemperização são a temperatura e a precipitação, que, de acordo com a cobertura vegetal, proporcionam maior ou menor escoamento e/ou infiltração, modificando o comportamento da vertente. Os fatores endógenos são controlados pela composição química e pela permeabilidade das rochas, que definem o grau de intemperismo, de percolação e infiltração da água, com produção do regolito.

A relação entre ambos os fatores resulta no que Tricart (1957) definiu como **balanço morfogenético das vertentes**, que basicamente é comandado por três fatores principais: valor do declive, natureza da rocha e clima. Assim, quanto maior for a inclinação da vertente, maior será a velocidade de escoamento superficial e, quanto maior for o escoamento, maiores serão a erosão e o transporte de detritos, do solo ou do material intemperizado. Além do fator **declive** como elemento de indução morfogenética, são incluídos ainda o **comprimento** e a **forma geométrica** da vertente.

6.1.2 Processos morfogenéticos das vertentes

Segundo Christofoletti (1974, p. 22), os "processos morfogenéticos são responsáveis pela esculturação das formas do relevo, representando a ação da dinâmica externa sobre as vertentes". De acordo com o autor citado, esses processos são diversificados e podem ser compreendidos por apresentarem algumas categorias fundamentais:

a. **Meteorização ou intemperismo** – É responsável pela produção dos detritos que serão erodidos para a formação do regolito. Ocorre por ações químicas e bioquímicas, responsáveis pela decomposição das rochas, e por ações físicas que fragmentam as rochas.

b. **Movimentos do regolito** – Estão relacionados a todos os movimentos gravitacionais de partículas ou partes do regolito pela encosta. Os processos associados são: rastejamento, solifluxão[ii], gelifluxão, fluxos de lama, avalanchas, deslizamentos, desmoronamentos e outros deslocamentos.

---

ii. **Solifluxão:** Movimentação lenta do solo ou de outros materiais soltos, saturados de água, encosta abaixo. Pode ser estimulada pela devastação da cobertura vegetal, pela abertura de estradas, entre outros fatores (Mineropar, 2016). Em regiões geladas, esse movimento do gelo é denominado *gelifluxão*.

c. **Processos fluviais** – São processos nos quais ocorre a esculturação das vertentes, por ação mecânica das gotas de chuva e pelo escoamento superficial de água.
d. **Ação biológica** – É a ação morfogenética dos seres vivos (plantas e animais) nas vertentes.

Esse conjunto de processos define o sistema morfogenético das vertentes nos diferentes meios ou zonas morfoclimáticas. Em cada uma delas, os processos podem se integrar em função das condições gerais, formando conjuntos hierarquizados e ordenados e originando os modelados regionais.

Ao longo da extensão das vertentes, podemos distinguir três seções ou segmentos de área, conforme nos mostra a Figura 6.2.

Figura 6.2 – Segmentos das vertentes em perfil

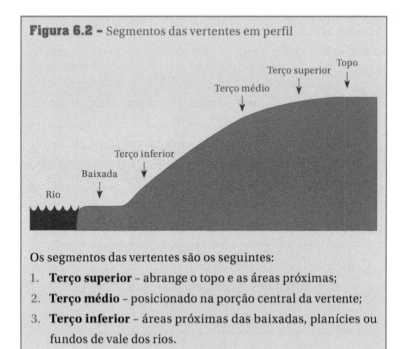

Os segmentos das vertentes são os seguintes:
1. **Terço superior** – abrange o topo e as áreas próximas;
2. **Terço médio** – posicionado na porção central da vertente;
3. **Terço inferior** – áreas próximas das baixadas, planícies ou fundos de vale dos rios.

Todos os processos erosivos e movimentos de massa estão associados ao grau de inclinação, concavidade, convexidade e aplainamento das vertentes: quanto maior for o grau de inclinação da forma, maiores serão a velocidade e a aceleração dos processos.

6.1.3 Formas das vertentes

Conforme nos explica Bloom (1970), além da **declividade**, incluem-se ainda o **comprimento** e a **forma geométrica** da vertente. Esta, segundo o autor, pode ser dividida em dois principais grupos: as "coletoras de água", com contornos côncavos, e as "distribuidoras de água", com contornos convexos, que facilitam o rastejamento e a lavagem pela água da chuva (Figura 6.3).

Figura 6.3 - Tipos de vertentes em relação ao perfil

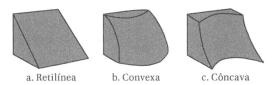

a. Retilínea   b. Convexa   c. Côncava

Fonte: Adaptado de Schimidt; Hewitt, 2011.

A classificação das vertentes considera o valor da curvatura em relação ao plano ou à taxa de variação da declividade na direção ortogonal à da orientação da vertente, que se refere ao caráter **divergente** ou **convergente** do terreno, sendo este decisivo na aceleração ou desaceleração do fluxo da água sobre ele.

Segundo Ruhe (1975), as três possíveis formas de perfis, ou seja, as formas ao longo do comprimento (retilínea, convexa ou côncava), combinadas com as três formas ao longo da largura da vertente (retilínea, convexa ou côncava), podem produzir nove geometrias básicas, com três grupos de complexidade. Com base nesses três grupos, o pesquisador definiu as formas apresentadas na Figura 6.4 a seguir.

Figura 6.4 – Formas das vertentes

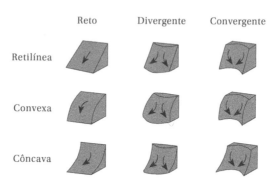

Fonte: Adaptado de Medeiros, 2009, p. 44.

Detalhando essas categorias para a produção de modelagem e mapeamento das curvaturas de vertentes, podemos afirmar:

a. **Vertentes retilíneas** – Podem se apresentar como convergentes, planares ou divergentes. Nas vertentes planares, a água escorre por igual ao longo da vertente.
b. **Vertentes convexas** – Podem se apresentar como convergentes, planares ou divergentes; essas últimas são dispersoras de águas.
c. **Vertentes côncavas** – Podem ser convergentes, planares ou divergentes. Nas vertentes convergentes, há uma grande concentração de fluxo, que pode contribuir para a ocorrência de processos erosivos; portanto, essas vertentes têm uma fragilidade ambiental maior.

Conforme afirmamos anteriormente, as vertentes são consideradas pela geomorfologia como unidades básicas de relevo e são fundamentais no desenvolvimento das paisagens. Como escreve Veloso (2002), o conhecimento das dinâmicas das vertentes contribui para várias áreas do conhecimento humano, como a engenharia, a defesa civil, a construção civil e a agricultura. Além de auxiliar no manejo adequado dos solos, permite a resolução e a prevenção de problemas ocasionados pelos diferentes tipos de feições, de modo a obter melhores resultados no uso do solo e reduzir os impactos a ele vinculados.

O conhecimento das dinâmicas das vertentes e de suas características topográficas – inclinação e formas – nos permite identificar as zonas de acúmulo de umidade e fluxo de água, assim como os processos de aceleração ou desaceleração do fluxo de água sobre a encosta. De acordo com Valeriano (2008), nas encostas mais íngremes, a água da chuva flui com muita rapidez e inicia o processo de transporte que retira sedimentos de um lugar e os leva para outro – processo de erosão –, o que molda uma nova paisagem e, dependendo da localização, pode causar danos.

6.2 Balanço denudacional e morfogenético das vertentes

O estudo da evolução das vertentes, que vimos anteriormente, leva em consideração as forças morfogenéticas exercidas sobre a encosta. De acordo com Jahn (1968), essas forças consideram duas componentes principais:

1. **Perpendicular** – Caracterizada pela infiltração, responsável pela intemperização, que permite o desenvolvimento da pedogenização e a formação de material para eventual transporte.
2. **Paralela** – Refere-se ao processo denudacional responsável pelo transporte do material pré-elaborado, definido por Jahn (1968) como *balanço de denudação*.

Ainda de acordo com esse autor, quando o componente perpendicular é superior ao paralelo, ou seja, quando a pedogênese é superior à denudação, predomina um **balanço morfogenético negativo**; ao contrário, quando o componente paralelo é superior ao perpendicular, predomina um **balanço morfogenético positivo**, ou seja, a denudação predomina sobre a pedogênese (Jahn, 1968). Para Tricart (1957), o balanço denudacional é mais bem definido como *balanço morfogenético*, pois essa expressão apresenta maior abrangência terminológica, envolvendo a abrasão e a acumulação dos materiais, formados pela relação entre os componentes perpendicular e paralelo de uma vertente.

6.2.1 Teoria biorresistásica das vertentes

Entre os modelos de estudo morfodinâmico das vertentes, Erhart (1956) nos apresentou a teoria biorresistásica, que ocorre em condições de **biostasia**, ou seja, quando a vertente se encontra revestida de cobertura vegetal com função geoecológica. Nessa situação, a atividade geomorfogenética é fraca ou mesmo nula e existe um equilíbrio entre o potencial ecológico e a exploração biológica.

No estado de **resistasia**, a morfogênese domina a dinâmica da paisagem, com repercussão no potencial geoecológico, resultando em um balanço morfogenético positivo. O material intemperizado sofre deslocamento pelo escoamento superficial e subsuperficial, o que acelera a desagregação e o transporte da camada pedogenizada e causa o assoreamento de vales (Erhart, 1956).

Assim, o método biorresistásico consiste em identificar os **estágios morfopedogênicos** diferenciados, associados a condições climáticas distintas. Por outro lado, utiliza-se do **conceito biorresistásico**, que se fundamenta na relação morfogênese-pedogênese e no balanço denudacional.

Em geral, o domínio da pedogênese sobre a morfogênese produz um balanço morfogenético negativo em meio ácido. São exemplos disso as regiões intertropicais, nas quais a infiltração promove a alteração dos silicatos de alumina ou feldspatos. O hidróxido de ferro e a alumina ficam retidos, enquanto os elementos alcalinos ou alcalinoterrosos, como cálcio e silício, são transportados pela água.

Figura 6.5 – Vertente na fase resistásica e vertente na fase biostásica

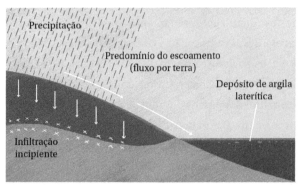

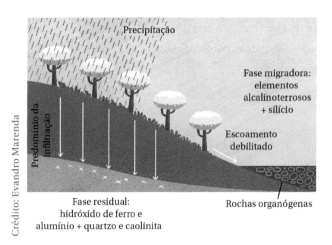

Fonte: Adaptado de Casseti, 2005.

Conforme vimos no sistema de vertentes, o processo de denudação promove diversos movimentos de massa. Esses movimentos decorrem de processos associados a problemas de instabilidade das encostas, considerando as condições geológicas, geomorfológicas e climáticas locais.

6.2.2 Movimentos de massa nas vertentes

Segundo Sharpe (1938), esses movimentos podem ser classificados de acordo com sua natureza, seu volume, sua densidade e sua velocidade no espaço e no tempo. Esse autor apresenta algumas classes de movimentos de massa, que são apresentadas na figura a seguir.

Figura 6.6 – Principais tipos de movimentos de massa

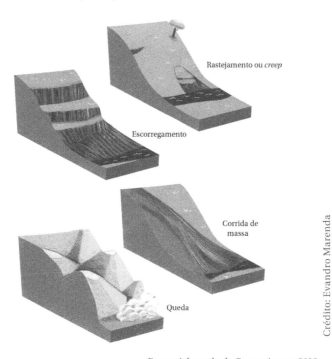

Fonte: Adaptado de Comunitexto, 2013.

De acordo com Cunha (1991), Oliveira (2010) e Guerra (1994), os principais movimentos de massa são:

a. **Rastejamento ou *creep*** – É o deslocamento lento das partículas nos vários horizontes do solo. Na superfície, ele é maior e diminui gradualmente com a profundidade, chegando a ser nulo no limite do regolito. Sua velocidade aumenta de acordo com o grau de declividade e de plasticidade do material. Como a velocidade é lenta, torna-se quase imperceptível, pois se trata de deslocamentos de poucos centímetros por ano. Ocorre de forma visível nas inclinações de postes e de cercas. Em alguns casos, pode até mesmo comprometer obras como casas, sistemas de drenagens, pontes, viadutos e outras.

b. **Solifluxão** – É um processo de movimento do regolito e do solo associado à saturação de água, ampliada pela presença de argila no solo, que produz movimentos coletivos do regolito, o qual pode se deslocar alguns centímetros por dia. Em geral, ocorre após o rompimento do limite de fluidez e muitas vezes é favorecido pela presença de argila no contato com a camada rochosa do embasamento.

c. **Fluxos de massa** (lama e areia) – Esse processo também ocorre pela saturação do regolito, mas em maior grau de velocidade e volume. Nas regiões periglaciais, ocorre pelo degelo; em regiões intertropicais e em relevos inclinados, como a Serra do Mar, no Brasil, ocorre em períodos chuvosos. A água em excesso se mistura aos materiais superficiais, produzindo um fluxo de densidade suficiente para se mover e erodir canais à medida que flui.

d. **Avalancha** – Esse processo ocorre em regiões com gelo e neve, que se deslocam juntamente com fragmentos rochosos quase em queda livre. Representa também um fluxo coletivo do regolito, mas com velocidade extrema e com quantidades enormes de materiais.

e. **Deslizamentos e desmoronamentos** – Ocorrem quando o embasamento do regolito está altamente saturado, o que produz o deslizamento entre a rocha sã e o horizonte do regolito, quando excede o limite de plasticidade e de fluidez. Em situações de áreas ocupadas por moradias, produzem catástrofes, como os episódios registrados na Serra do Mar, nos estados de Rio de Janeiro, São Paulo, Paraná e Santa Catarina. Em geral, são causados pelas correntezas nas bordas e margens dos rios ou por ondas do mar quando se chocam com a base de uma encosta litorânea. Em alguns casos, ocorrem em obras de engenharia, como estradas e túneis.

Em todos esses movimentos, a água é o agente controlador do grau de intemperismo do regolito e a declividade define as condições específicas para o escoamento, que, em situações de saturação de curto ou longo tempo, são ativadas, produzindo o deslocamento dos materiais.

6.3 Escoamento, formas erosivas e impactos ambientais

A rede hidrográfica e os sistemas subterrâneos têm o papel fundamental de proporcionar o escoamento das águas precipitadas nas encostas até os vales dos rios. Nesse caminho, ela produz processos de drenagem e, de acordo com o tipo de fluxo, pode causar a aceleração de processos erosivos em uma bacia hidrográfica. Além dos elementos naturais, a ação humana também produz alterações nos fluxos de materiais e energia, em alguns casos resultando em tragédias.

6.3.1 Escoamento superficial e subterrâneo

O escoamento que ocorre pela superfície das vertentes está condicionado a fatores externos, associados aos volumes das precipitações ou entradas de água no sistema vertente, bom como à rugosidade e à permeabilidade do regolito. Em termos gerais, a precipitação, ao atingir a vertente, interage com esta por diferentes fenômenos.

Quando em intensidade e duração suficientes, a chuva alimenta alguns tipos de escoamentos, que são definidos em função da posição de suas ocorrências em relação ao solo (Santos, 2001):

a. nas camadas saturadas do solo – **escoamento subterrâneo**;
b. nas camadas não saturadas do solo – **escoamento subsuperficial ou hipodérmico**;
c. sobre o solo – **escoamento superficial**, que pode ser distribuído (sobre superfícies) ou em canais.

Assim, podemos definir o escoamento superficial e subsuperficial como os destinos da água precipitada, que estão sujeitos aos componentes litológicos e biológicos da vertente. Podemos compreender o escoamento superficial aplicando o modelo sistêmico e a água da chuva como a entrada de matéria e energia no sistema vertente.

Observe os diferentes processos que ocorrem na Figura 6.7, a seguir.

Figura 6.7 - Componentes do ciclo hidrológico

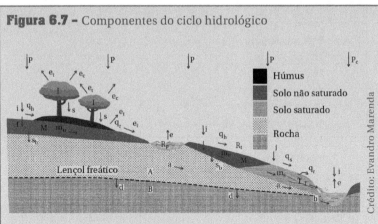

Fonte: Adaptado de Santos, 2001.

Legenda:

P	Precipitação total
P_c	Precipitação no curso de água
i	Intensidade da chuva
e_t	Evapotranspiração
e_c	Evaporação da água interceptada nas copas
I	Armazenamento de água nas copas
s	Escoamento pelo tronco e gotejamento
l	Escoamento pela serapilheira
e_l	Evaporação d'água interceptada pela serapilheira
L	Armazenamento d'água na serapilheira
e	Evaporação
R_p	Armazenamento nas depressões
R_t	Armazenamento temporário
f	Infiltração
q_h	Escoamento superficial
q_s	Escoamento superficial por saturação
q_r	Escoamento de retorno
t	*Pipe flow*
T	*Pipe storage*
m_u	Escoamento subsuperficial não saturado
m_s	Escoamento subsuperficial saturado

M	Armazenamento de água no solo
s_b	Percolação para camada rochosa
a	Fluxo na camada rochosa
A	Zona de aeração
d	Percolação profunda
b	Escoamento de base
B	Armazenamento subterrâneo

A **precipitação efetiva** sobre a vertente alimenta o escoamento superficial e corresponde à precipitação total, descontadas as parcelas destinadas à interceptação, à detenção em depressões, à infiltração e à evaporação da água superficial. Podemos definir o ciclo da chuva sobre a vertente como o ciclo do deflúvio que tem início com a chuva; além disso, a água precipitada pode percorrer vários caminhos de acordo com os elementos da vertente, até atingir o nível de base.

Parte da água é **evapotranspirada** durante o processo de precipitação e outra é **armazenada** ou ainda **interceptada** no momento que forma o fluxo no tronco da vertente. Depois de a superfície estar saturada, decorrem os processos de **infiltração** definidos pela permeabilidade do horizonte superior, podendo chegar a maiores profundidades, com armazenamento da umidade no solo e fluxo de subsuperfície. Obtida a saturação superficial, os excedentes de água não infiltrada ficam armazenados em depressões da vertente ou escoam por **fluxo laminar ou concentrado**, até atingir o fluxo fluvial e o nível de base.

O **escoamento por fluxo difuso** ocorre pela rugosidade do terreno, que produz resistência de atrito ao escoamento superficial disperso, geralmente determinado pela presença da cobertura vegetal. Em condições de alta rugosidade, a erosão sofre limitações. Ocorre quando as partículas de um fluido não se movem ao longo de trajetórias bem definidas, ou seja, as partículas descrevem trajetórias irregulares, com movimento aleatório, produzindo uma transferência de quantidade de movimento entre regiões de massa líquida.

No **fluxo laminar ou turbulento**, a erosão se dá de modo mais lento e pouco perceptível no curto e médio prazo, chegando a ocorrer em centímetros por ano em terrenos agrícolas, mas que podem carregar toneladas de materiais ao longo do tempo. Ocorre quando as partículas de um fluido se movem ao longo de trajetórias bem definidas, apresentando lâminas ou camadas, cada uma delas preservando sua característica no meio. No escoamento laminar, a viscosidade age no fluido, no sentido de reduzir a tendência de surgimento da turbulência. Esse escoamento ocorre geralmente com baixas velocidades e em fluidos que apresentem grande viscosidade.

O **balanço do escoamento superficial** depende da cobertura vegetal, da declividade da vertente e dos materiais litológicos. Disso resulta o **fluxo ou escoamento de água**, que pode ser definido como **tranquilo** ou **torrencial**. O ponto de mudança de tais características depende da intensidade e do tempo de entrada da chuva no sistema.

6.3.2 Escoamento e processos erosivos

Durante a queda e o escoamento da água da chuva sobre a superfície, ocorrem diferentes combinações de força e resistência, que desagregam materiais e liberam partículas que se deslocam durante o escoamento lento ou rápido. Em situações de extrema força e quebra de resistência do solo, ocorrerão os processos erosivos, que alteram as dinâmicas do solo.

Segundo Guerra e Guerra (1997), o impacto das gotas de chuva sobre o solo provoca um efeito denominado **erosão por salpicamento**, que desagrega as partículas transportadas pelo escoamento superficial, conforme mostra a Figura 6.8 a seguir.

Figura 6.8 – Erosão por salpicamento (*splash erosion*)

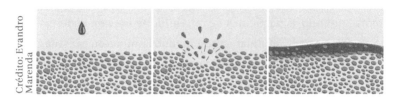

Fonte: Adaptado de Plant & Soil Sciences e-Library, 2015.

Esse deslocamento pode atingir de alguns milímetros a 10 centímetros de distância em relação ao ponto de queda da gota. Em algumas situações de baixa intensidade do escoamento, esse efeito também provoca a formação de uma camada de proteção do solo, pela reagregação dos materiais ou pela compactação, formando uma fina crosta superficial, que pode até limitar a infiltração, de acordo com a plasticidade dessa camada.

Podemos analisar a **erosão** com base no estudo de alguns indicadores, como a velocidade de infiltração da água, a permeabilidade e a capacidade de absorção, e aquelas ligadas à coesão, que resistem à dispersão, ao salpicamento, à abrasão e às forças de transporte de chuva e enxurrada. A topografia e o uso e manejo do solo são fatores controladores do processo erosivo (Guerra; Guerra, 1997).

A **erosão por fluxo concentrado** resulta da convergência da água em função da geometria da vertente definidora dos canais principais; conforme a intensidade do escoamento, produz também a corrosão ou o alargamento do canal. Nessa forma de escoamento, as propriedades como velocidade, massa específica e pressão são orientadas para os vales e rios principais.

Observe essa dinâmica no diagrama a seguir (Figura 6.9).

Figura 6.9 – Processos erosivos das vertentes

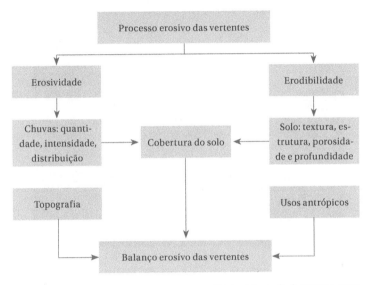

Fonte: Adaptado de Casseti, 2005.

Em situações extremas de balanço erosivo negativo, surgem processos de formação de **ravinas**[iii], que geralmente atingem o lençol freático, ocasionando uma nova dinâmica no processo erosivo; a esse fenômeno de erosão regressiva ou remontante deu-se

---

iii. "A convergência de várias ravinas rasas aumenta o volume da água, que passa a ter grande energia erosiva, levando ao aprofundamento dos sulcos, podendo chegar a vários metros de profundidade. Dependendo das condições hidrogeológicas da área, esta ravina pode desencadear o surgimento de boçorocas. O ravinamento dos solos é uma das principais causas da perda de solo e do empobrecimento das propriedades agrícolas" (Ravina, 2016).

o nome de **voçoroca** ou **boçoroca**[iv] (Figura 6.10). Geralmente, sua origem está associada à erosão concentrada e acontece quando o solo está exposto pelo desmatamento indevido e sujeito ao ciclo do deflúvio, principalmente nas estações chuvosas.

Figura 6.10 – Voçoroca em Cacequi, Rio Grande no Sul

Crédito: Gerson Gerloff/Pulsar Imagens

Os modelos evolutivos da erosão e da formação de boçorocas são aplicados como forma de verificar o comportamento desses processos. O modelo proposto por Oliveira (1999) apresenta três momentos, conforme é mostrado no bloco-diagrama a seguir (Figura 6.11).

iv. **Boçoroca**, também conhecida como **voçoroca**. Palavra derivada do tupi, *iby-soroc* (*iby* = terra e *soroc* = fenda), significando "fenda", "ravina", "ruptura na terra". A origem indígena da palavra vem ao encontro do fato de que essas feições são reconhecidas de longa data, sendo descritas pela primeira vez em 1868 por Burton (Prandini, 1974, 1985; Ponçano; Prandini, 1987).

Figura 6.11 – Modelo de evolução de boçorocas

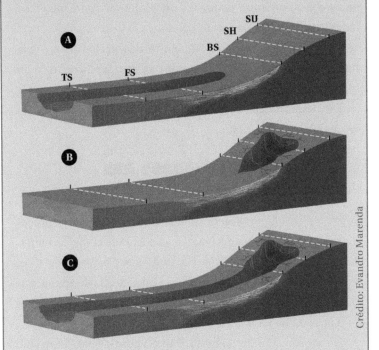

Fonte: Adaptado de Rodrigues, 2010, p. 4.

Na figura, aparecem as subdivisões da encosta. Os modelos de evolução das voçorocas apresentados são os seguintes:

- voçoroca conectada à rede hidrográfica;
- voçoroca desconectada da rede hidrográfica;
- integração entre os dois tipos.

Ainda, na figura, temos:

- TS – *toeslope* (encosta inferior).
- FS – *footslope* (meia encosta).
- BS – *backslope* (escarpa).
- SH – *shoulder* (ombro).
- SU – *summit* (topo) (Rodrigues, 2010).

A saturação do solo é o acúmulo de água das chuvas na forma de sistemas de filetes e pequenos sulcos, que evoluem nas enxurradas e iniciam o escavamento do solo.

Quando o ravinamento atinge o nível do lençol freático, a água subterrânea passa a aflorar no fundo da cabeceira da ravina e, em seguida, começa a solapar sua base, formando um túnel, o que leva ao desmoronamento de seu teto, progredindo a ravina cada vez mais para a montante.

6.3.3 Impactos humanos nas vertentes

Conforme estudamos anteriormente, a erosão decorre de processos superficiais e subsuperficiais associados ao clima e a fatores da composição do regolito. Porém, no estudo das vertentes, é fundamental compreendermos o **grau de intervenção humana**, que decorre dos modos de ocupação, de intervenção e de alterações que são produzidas nas encostas.

De acordo com Bragagnolo, Pan e Thomas (1997), um solo degradado apresenta certas características principais, como o desequilíbrio nutricional, a compactação e a pulverização, bem como a queda da atividade biológica e dos níveis de matéria orgânica. Além desses, um solo degradado apresenta acidificação, salinização, perda de estrutura e diminuição da permeabilidade, entre outros.

De acordo com Guerra e Cunha (2000), as próprias condições naturais, somadas ao manejo inadequado, podem acelerar a degradação ambiental, como as chuvas concentradas sobre encostas desprotegidas. Conforme esses autores: "apesar das causas naturais, por si só [sic], detonarem processos de degradação ambiental, a ocupação humana desordenada, aliadas às condições naturais de risco, podem provocar desastres, que envolvem, muitas vezes prejuízos materiais e perdas humanas" (Guerra; Cunha, 2000, p. 347).

Podemos classificar esses impactos conforme o **nível de degradação** ou **erosão** produzida e sua **intensidade** sobre o sistema vertente. Esses impactos podem ser de nível baixo – como a poluição nos cursos de água, que interfere na decomposição e promove alterações químicas – até grandes impactos, como as boçorocas e o arrasamento dos solos descobertos por desmatamentos. Segundo Guerra e Cunha (2000), existe uma variedade de causas da degradação das encostas, que podem ser divididas em duas grandes áreas:

1. **Causas rurais** – Resultam do mau uso da terra, aliado à mecanização intensa e à monocultura, que provocam erosão laminar, ravinas e voçorocas. Nas estradas das regiões agrícolas, uma das medidas mais utilizadas é a suavização dos taludes, a construção de meio-fio ou de guias e sarjetas, que têm como objetivo captar a água de escoamento superficial. Em declives abruptos, utiliza-se a construção de escadas de água como dissipadores da energia da velocidade da água. A erosão do solo leva à perda das capacidades nutrimentais da vegetação, bem como produz um ciclo erosivo que pode se tornar irreversível, com solo pobre, ácido e seco, que em geral não absorve mais a água das chuvas e se torna compacto e impermeável. Em relação à agricultura, ocorre a diminuição da produtividade ao mesmo tempo que se alteram o escoamento e o fluxo de materiais.

2. **Causas urbanas** – Resultam do descalçamento ou da retirada da base de sustentação que ocorre com o corte das encostas para a construção de moradias, ruas e prédios. A desestabilização

das encostas por ocupação irregular é o principal motivo de desastres com movimentos de massa e, em alguns casos, com a perda de vidas. Entre os vários impactos humanos associados à erosão das vertentes no meio urbano, destacamos os seguintes (Guerra; Cunha, 2000):

a. lançamento e concentração de águas pluviais, alterando seu fluxo natural;
b. vazamentos na rede de abastecimento de água, provocando sulcos internos e externos;
c. fossas sanitárias que contaminam e alteram os fluxos de água;
d. declividade e altura de corte excessivas nas obras de engenharia rodoviária e mineração;
e. execução inadequada de aterros, produzindo aplainamentos e mudanças de fluxo nas vertentes;
f. deposição de lixo em aterros clandestinos ou em condições precárias e sem controle ambiental; instalação de "lixões" nas encostas e em fundos de vale;
g. remoção indiscriminada da cobertura vegetal das encostas e das matas ciliares;
h. construção de galerias pluviais e deslocamento de massas de água em cabeceira de drenagem ou no meio da encosta;
i. construção de ruas sem pavimentação ou sem coletores de água pluvial, que geralmente é despejada "morro abaixo", acompanhando a declividade da vertente;
j. descarte, nas encostas, de grande quantidade de entulho produzido pela construção civil, juntamente com lixo doméstico e restos de podas de árvores.

Entre as medidas de contenção dos impactos nas vertentes, destacamos o reflorestamento das nascentes e da mata ciliar ao longo dos rios, tão importante quanto a vegetação ao longo da vertente, pois é o maior controlador da infiltração e do escoamento das águas da chuva, além de proteger a camada superficial do solo da erosão associada ao escoamento concentrado.

6.4 Sistemas geomorfológicos fluviais

Conforme tratamos ao longo de nosso estudo sobre a geomorfologia, a água é considerada o agente fundamental das modificações do relevo ao longo do tempo. Esse processo geodinâmico é produzido pelo **ciclo hidrológico**, que define o volume do escoamento e o comportamento do sistema fluvial. Na sua forma líquida, a água está presente nos processos de dissolução das rochas e atua em vários níveis do regolito, com ênfase na decomposição e na formação dos solos.

6.4.1 Dinâmica das águas continentais

Sabemos que o planeta Terra é o único do nosso sistema solar que apresenta água depositada em mares e oceanos, que ocupam 70% da superfície terrestre, além de rios e lagos no interior dos continentes. O volume total de água no planeta é de, aproximadamente, 1.385.984.610 km^3; desse total, 97,5% (1,351 bilhão de km^3) são compostos de água salgada e 2,5% (34,6 milhões de km^3) de água doce. Do total da água doce do planeta, cerca de 30,2% (10,5 milhões de km^3) abastecem plantas e animais nos continentes e os 69,8% restantes se encontram nas calotas polares, nas geleiras e nos solos gelados (Andreoli; Lara, 2003).

Segundo os autores citados, a quantidade de água na Terra tem se mantido praticamente inalterada há milhões de anos, em um sistema físico complexo, dinâmico e autorregulável: o **ciclo hidrológico**. Por meio desse sistema, a água flui entre os diversos compartimentos ambientais do planeta, em um processo de transferência entre a atmosfera, a superfície, a subsuperfície, os rios, os mares, os oceanos, as geleiras e novamente a atmosfera, tendo como forças físicas o clima e a gravidade (Figura 6.12).

Figura 6.12 – Ciclo hidrológico

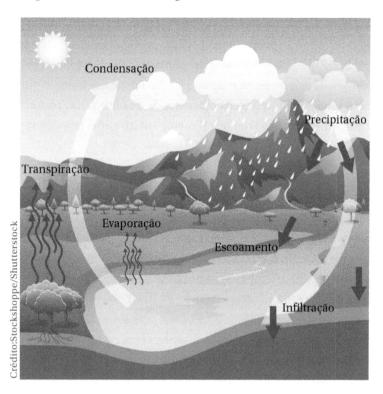

Nesse ciclo interminável, a água sofre os processos de purificação e renovação. Esse sistema, no entanto, apenas purifica, **não produz água** e, por isso, podemos determinar o potencial hídrico de nosso planeta nas seguintes proporções: 97,24% de água salgada e 2,76% de água doce. Observemos a Tabela 6.2, que identifica a disponibilidade de água na Terra.

Tabela 6.1 – Principais reservatórios, disponibilidade e suprimento de água no mundo

Compartimento	Volume (km³)	Área superficial (km²)	Total de água (%)	Tempo de ciclagem estimado (sem a interferência humana)
Oceanos	1.230.000.000	361.000.000	97,24	Milhares de anos
Geleiras e calotas polares	27.070.000	28.200.000	2,14	10.000 anos ou mais
Águas subterrâneas	7.720.000	130.000.000	0,61	De séculos a milhares de anos
Lagos	116.000	855.000	0,009	Décadas
Mares interiores e pântanos	97.000	820.000	0,008	Anos
Água no solo	63.000	16.000	0,005	280 dias
Atmosfera	12.100	510.000.000	0,001	9 a 10 dias
Rios e córregos	1.200	–	0,0001	12 a 20 dias

Fonte: Adaptado de Andreolli, 2003, p. 39.

O potencial hídrico total de nosso planeta é estimado em 1,4 bilhão de metros cúbicos, ocupando aproximadamente dois terços da superfície terrestre. Mais de 99% desse volume encontram-se em condições de indisponibilidade ao ser humano, o que coloca apenas uma pequena parcela do montante à disposição para nosso consumo. O fato de 0,001% do volume total de água estar na atmosfera não diminui sua importância, pois é essa pequena fração que movimenta todo o ciclo e, por meio dos processos de evaporação e precipitação, torna a água um recurso renovável em um período médio de nove dias e promove um escoamento de cerca de 47.000 km^3/ano para os oceanos por meio dos rios e dos lençóis freáticos (Medeiros, 2005).

Nesse processo de mudanças de estado físico (líquido, sólido e gasoso), a água passa por estágios cíclicos que, ao longo dos milhões de anos da Terra, mantiveram seu volume e sua distribuição sobre a superfície. O ciclo da água se inicia com o calor do sol, que aquece a água dos oceanos e da superfície terrestre durante o dia. Desse aquecimento resulta a **evaporação** e a **transpiração** e, nessas condições, a água, já em estado gasoso, passa a formar parte da atmosfera. Na atmosfera, a umidade circula e atinge camadas mais elevadas, entre 1.000 e 3.000 m, onde se **condensa** na forma de nuvens.

Em situações de alta umidade, forma-se o "ponto de gota", que é o momento da **formação da chuva** nas nuvens e, em seguida, a água se **precipita** sobre os oceanos e continentes. Em situações de baixíssimas temperaturas, a precipitação pode ocorrer na forma de cristais de gelo ou de neve.

Com as chuvas, ocorre o reabastecimento de rios, lagos e aquíferos. Esse movimento cíclico envolve, anualmente, um volume total de água de aproximadamente 577.000 km^3 (Shiklomanov, 1998). Esse volume é equivalente tanto para a evaporação como para a precipitação. Por isso, dizemos que o sistema hidrológico da Terra é um *sistema fechado*, pois não ocorrem perdas significativas para o espaço sideral. Assim, mantém-se constante o volume de água nesses mais de 4,5 bilhões de anos de nosso planeta.

Em relação aos movimentos da água em determinada vertente, como mencionamos antes, surgem os **fluxos laminares**, que carregam partículas menores e leves e, de acordo com a intensidade, podem mover partículas que variam de argila até seixos e calhaus.

Os **rios** de uma bacia hidrográfica podem ser definidos como correntes contínuas de água, mais ou menos caudalosas, que percorrem determinada distância ao longo da bacia e deságuam no mar ou em um lago. Conforme o *Novo dicionário geológico-geomorfológico* (Guerra; Guerra, 1997), *rio* é qualquer fluxo de água canalizado, mas o termo também é empregado para se referir a canais destituídos de água. É comum o emprego da expressão *bacias fluviais* como sinônimo de *bacias hidrográficas*, assim como o termo *transporte fluvial* para as ações de transportes realizados em rios, desde micropartículas até grandes embarcações.

6.4.2 Sistemas fluviais

Os sistemas fluviais consistem em unidades complexas que regulam o fluxo das águas superficiais e subsuperficiais, interagindo com as formas do relevo das bacias de drenagem. Conforme vimos no capítulo anterior, as vertentes fazem parte da bacia de drenagem e, de acordo com suas formas e seus processos, determinam as dinâmicas dos materiais de superfície e de subsuperfície.

Podemos considerar que um sistema fluvial se caracteriza pela entrada de água decorrente das precipitações, o que se processa por meio da **infiltração**, do **escoamento superficial e subsuperficial** e da **saída** para outros sistemas hidrográficos do ciclo hidrológico. As águas precipitadas fornecem matéria e energia para os sistemas superficiais definidos por bacias hidrográficas e sistemas lagunares, bem como para os sistemas de águas subterrâneas, como aquíferos e sistemas cársticos[v].

Em relação ao **relevo**, as águas são responsáveis em grande parte pela formação e pela remoção do material detrítico transportado pelos rios ao longo das bacias de drenagem, conforme explica Christofoletti (1981, p. 19):

> Há muito tempo reconhece-se que o transporte dos sedimentos é governado pelos fatores hidrológicos, que o transporte dos sedimentos é responsável por fatores hidrológicos que controlam as características e o regime dos cursos de água. Os fatores hidrológicos, cujos mais importantes são a quantidade e a distribuição da precipitação, a estrutura geológica, as condições topográficas e a cobertura vegetal influenciam a formação do material intemperizado na bacia hidrográfica e o carregamento desses materiais até o rio.

De acordo com Schumm (1977), Mattos e Perez Filho (2004), um sistema fluvial é definido com base em quatro conceitos básicos:

1. **Uniformidade dos processos** – Equivale à permanência das leis físicas no espaço e no tempo.
2. **Limiares de mudança** – Indica o nível de energia necessário para ocasionar uma alteração no estado do sistema.

---

v.   **Sistemas cársticos**: Expressão originalmente utilizada para regiões de rochas carbonáticas, ou seja, que têm o radical carbonato, como calcários e dolomitos. Atualmente, no entanto, é adotada para outras rochas que, por meio de processos químicos de dissolução, produzem formas semelhantes às do **carste carbonático**, como sal, gesso, arenitos e quartzito (Carste, 2015).

3. **Evolução da paisagem** – Estado atual da paisagem e sua alteração no tempo, geológico ou humano.

4. **Respostas complexas** – Relacionadas às respostas e aos ajustes do sistema quanto às mudanças, às retroalimentações e às inúmeras variáveis envolvidas.

Conforme Schumm (1977), devemos entender o conceito de sistema fluvial como a zona fonte de sedimentos, a rede de transporte e os sítios de deposição. Esses elementos não são espacialmente excludentes, mas interagem entre si, além de apresentar escalas diferenciadas. Segundo esse autor, para compreendermos essas inter-relações, ou algum dos elementos em separado, é necessário entendermos o comportamento dos rios, o aporte de água na zona fonte de sedimento, a quantidade e o tipo de sedimentos disponíveis, como são os controles climáticos e geológicos e o que eles afetam, qual é o uso do solo e da cobertura vegetal e sua relação com as zonas do sistema fluvial.

O estudo dos sistemas fluviais, segundo Bigarella, Suguio e Becker (1979), necessita do conhecimento amplo sobre as características fluviais, tanto do ponto de vista da hidráulica e do controle de erosão como do ponto de vista sedimentológico, geomorfológico e do planejamento regional.

6.4.3 Bacias hidrográficas

Os estudos contemporâneos têm apontado para a necessidade de uma abordagem sistêmica e complexa das bacias hidrográficas, buscando sua compreensão com base em estudos integrados dos vários elementos, conforme a afirmação de Mattos e Perez Filho (2004, p. 17):

A bacia hidrográfica não pode ser entendida pelo estudo isolado de cada um dos seus componentes: sua estrutura, funcionamento e organização são decorrentes das inter-relações desses elementos, de modo que o todo resultante não é resultado da soma da estrutura, funcionamento e organização de suas partes. Analisar separadamente os processos que ocorrem nas vertentes e aqueles que acontecem nos canais fluviais não permite compreender como o sistema bacia hidrográfica funciona enquanto unidade organizada complexa.

Nessa perspectiva, as bacias hidrográficas podem ser consideradas sistemas abertos, que, de acordo com Guerra e Mendonça (2007, p. 231), "recebem *inputs* de matéria e energia", originárias das precipitações e demais fatores atmosféricos, e *outputs*, relativos à descarga de sedimentos da erosão fluvial e demais elementos químicos que são transportados pelas águas para outras bacias que formam as redes hidrográficas.

6.4.3.1 Componentes das bacias hidrográficas

As bacias hidrográficas se caracterizam por diferentes elementos físicos, que estão distribuídos em sua área total e recebem denominações específicas. Observe a Figura 6.13, que identifica as principais porções de uma bacia hidrográfica.

Figura 6.13 – Componentes de uma bacia hidrográfica

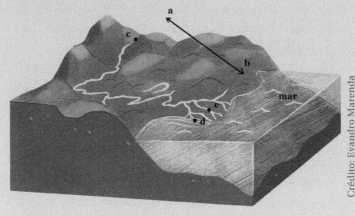

a - montante
b - jusante
c - nascente
d - talvegue
e - foz

Fonte: Adaptado de Mattar, 2012.

Esses componentes são os seguintes:

a. **Montante** – Porção superior da bacia hidrográfica, onde ocorrem os primeiros cursos de água ou nascentes do rio principal. Ponto ou uma área que, ao longo de um curso de água, fica altimetricamente acima de outro. Em direção curso acima.
b. **Jusante** – Porção mais rebaixada do terreno da bacia, onde ocorre a deposição final de suas águas antes de se depositar em outro rio, mar ou oceano. Atributo altimétrico de um ponto em comparação a outro que está acima (montante), em relação ao mesmo trecho de drenagem.
c. **Nascente** – Local de início de um curso de água, caracterizado pelo lugar de maior altitude desse curso onde seu trecho de drenagem mais a montante (primeiro trecho) surge no terreno com ou sem escoamento superficial de água.

> d. **Talvegue** – Conhecido também como *fundo de vale*, o talvegue é uma linha sinuosa, resultante da interseção dos planos de duas vertentes e na qual se concentram as águas que delas escoam
>
> e. **Foz** – Lugar de menor altitude desse curso de água onde seu trecho de drenagem mais a jusante (último trecho) desemboca em outro curso de água ou em qualquer outro corpo de água – rio, lago, mar ou oceano – na forma de delta ou estuário. (Adaptado de ANA, 2016).

A análise de bacias hidrográficas tem como objetivo estudar suas **partes** (estruturas) e seu **funcionamento**, tendo em vista a gestão ambiental ou o planejamento da exploração da água (abastecimento, irrigação, hidroeletricidade, psicultura etc.). Em geral, as análises se iniciam pela caracterização morfométrica de uma bacia hidrográfica.

Na perspectiva geomorfológica sistêmica, as bacias hidrográficas são sistemas abertos, que recebem energia por meio de **agentes climáticos** e perdem energia por meio do **deflúvio**[vi], podendo ser descritas em termos de variáveis interdependentes, que oscilam em torno de um padrão.

As bacias apresentam seções que delimitam seus processos e suas dinâmicas, conforme mostra a Figura 6.14.

---

vi. **Deflúvio**: Volume total de água que passa, em um período de tempo, em uma seção transversal de um curso de água (Mineropar, 2016).

Figura 6.14 - Seções geomorfológicas das bacias

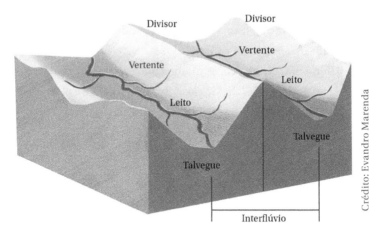

Fonte: Adaptado de Webnode, 2016.

De acordo com Tricart (citado por Infanti Jr.; Fornasari Filho, 1998), as principais seções de uma bacia são as seguintes:

a. **Interflúvio** – É uma linha divisória de fluxo, coincidente com as áreas de maior altitude. Quando chove, a água tende a escoar para os lugares mais baixos. O interflúvio separa a direção para onde a água escorre.
b. **Talvegue** – Linha de maior profundidade ao longo do leito do rio (fundo do rio).
c. **Leito** – Espaço ocupado pelas águas de um rio.
   » **Leito maior** – Maior altura em que a água pode chegar em um período de cheia.
   » **Leito menor** – Área ocupada pela água em um período de vazante (seca).
   » **Leito ordinário** – Situa-se entre o leito maior e o leito menor, quando não se está em período de cheia ou de seca.
d. **Vertente** – Planos de declives variados dos cursos dos rios.

e. **Planície de inundação** – Superfície pouco elevada acima do nível médio das águas, sendo frequentemente inundada por ocasião das cheias. A planície de inundação é também chamada de *terraço* ou *várzea*.

f. **Dique marginal** – Faixa plana, contínua ou não, que acompanha trechos do leito do rio, entre as margens e a planície de inundação, situando-se alguns metros acima desta.

De acordo com Schumm (1977), todas as áreas de uma bacia hidrográfica podem ser entendidas como "zona fonte" de sedimentos, que mostram a evolução erosiva e o modo como essa zona responde a mudanças no sistema fluvial. Para o autor, ao analisar a rede de transporte, deve-se conferir destaque ao estudo das características dos rios, de seu comportamento e da relação de estabilidade/instabilidade e as respostas relacionadas. Ele alerta ainda que é necessário ter clareza de que o transporte de sedimentos é realizado em todo o sistema fluvial, com ênfase na rede de drenagem, por ser esta concentradora do maior volume de materiais transportados (Schumm, 1977).

6.4.3.2 Dinâmicas e formas da rede hidrográfica

Uma bacia hidrográfica é um sistema bastante complexo e nela ocorrem processos hidrodinâmicos observáveis na morfologia de seus canais, como a subdivisão em canais cada vez menores, de jusante para montante. Outra observação direta mostra que, à medida que aumenta a quantidade de água de um rio, o declive diminui na direção jusante; logo, **o declive é função inversa da vazão** (Horton, 1945).

Ao entrar no mar, a **energia potencial** da queda é igual a zero, e não é possível nenhuma transformação de energia potencial em trabalho; então, o nível do mar é o nível de base final da erosão por determinado rio, sendo também sua vazão máxima.

Em relação à **quantidade de água**, os rios apresentam a **vazão**, que é o volume de água que passa em determinada seção do rio em uma unidade de tempo expressa em volume/tempo. À medida que a vazão de um rio aumenta em uma seção fluvial, a profundidade do canal, a largura e a velocidade da corrente aumentam na referida seção.

De acordo com Christofoletti (1974), em relação ao **padrão de escoamento** de uma bacia de drenagem, ela pode ser classificada em:

a. **Exorreica** – Quando a drenagem se dirige para o mar.

b. **Endorreica** – Na qual a drenagem se dirige para depressão, areias do deserto, lagos ou para o interior do continente.

c. **Arreica** – Apresenta drenagem sem estruturação em bacia hidrográfica.

d. **Criptorreica** – Define as bacias subterrâneas: as áreas cársticas.

No processo de **drenagem**, os rios configuram padrões de uma rede de drenagem fluvial, o que resulta nas diversas formas geométricas de seus canais. Como afirma Christofoletti (1974), é possível realizar a identificação de alguns padrões de canais observando-se suas disposições no terreno:

a. **Dendríticos** – Semelhantes à ramificação dos galhos de uma árvore, nos quais a corrente principal corresponde ao tronco, os tributários a seus ramos, e as correntes menores, a seus terminais (Figura 6.15).

Figura 6.15 – Padrão dendrítico

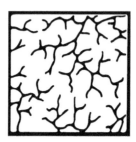

Fonte: Christofoletti, 1974, p. 83.

b. **Retangulares** – Formam ângulos quase retos e, em geral, aparecem em algumas condições estruturais e tectônicas. Caracterizam-se pelo aspecto ortogonal devido às bruscas alterações retangulares no curso (Figura 6.16).

Figura 6.16 – Padrão retangular

Fonte: Christofoletti, 1974, p. 83.

c. **Paralelos** – Apresentam pouca ramificação e espaçamento retangular; os taludes ocorrem de forma paralela e com declividade acentuada. São localizados em áreas de vertentes com declividades acentuadas (Figura 6.17).

Figura 6.17 - Padrão paralelo

Fonte: Christofoletti, 1974, p. 83.

d. **Radiais** – Sistemas de rios que nascem próximos de um ponto e se irradiam para todas as direções pela força centrífuga e pela declividade da topografia. Podem apresentar duas configurações de acordo com seu embasamento: centrífuga e centrípeta (Figura 6.18).

Figura 6.18 - Padrão radial

Fonte: Christofoletti, 1974, p. 83.

e. **Anelares** – Caracterizados pela geometria circular de suas drenagens, assemelham-se aos anéis ou dendros de uma árvore e são típicos de áreas dômicas profundamente entalhadas, em estruturas com camadas. Associam-se a rochas ígneas, félsicas[vii] a ultramáficas[viii], estando normalmente relacionados com o padrão de drenagem radial (Figura 6.19).

Figura 6.19 – Padrão anelar

Fonte: Christofoletti, 1974, p. 83.

f. **Treliças** – Compostas de rios principais consequentes, que correm paralelamente e recebem afluentes subsequentes, os quais têm direção transversal, formando ângulos próximos de 90° (Figura 6.20).

---

vii. **Félsico**: Denominação aplicada a minerais, magmas e rochas que contêm porcentagens relativamente baixas de elementos pesados e, consequentemente, são ricos em elementos leves, como silício, oxigênio, alumínio e potássio. Os minerais félsicos são comumente claros e têm peso específico inferior a 3, sendo os mais comuns o quartzo, a muscovita e o ortoclásio (Mineropar, 2016).

viii. **Ultramáfica** é uma rocha ígnea composta predominantemente de minerais máficos, com pouco ou nenhum feldspato (Mineropar, 2016).

Figura 6.20 - Padrão treliça

Fonte: Christofoletti, 1974, p. 83.

De acordo com Christofoletti (1974), o estudo dos padrões de drenagem nos permite conhecer o arranjo espacial dos cursos de água, que são fundamentais para a atividade morfogenética do relevo da bacia de drenagem. Além disso, estão diretamente associados à natureza e à disposição das camadas de rochas, suas resistências litológicas, diferentes declividades das vertentes e, principalmente, à evolução geomorfológica do sistema fluvial em estudo.

6.4.3.3 Fisionomia dos rios

Em relação à fisionomia dos rios em uma bacia de drenagem, encontramos diversos padrões de cursos de água: retilíneos, anastomosados ou meandrantes. Esses padrões podem variar ao longo do curso do rio e suas definições estão diretamente associadas aos compartimentos do relevo. Vejamos cada um deles:

a. **Canais retilíneos** – Percorrem seu leito quase em linha reta, apresentam sinuosidade desprezível e se caracterizam pelo baixo volume de carga de fundo e pelo alto volume de carga suspensa (Figura 6.21). A condição básica para a existência de um canal reto ou retilíneo é a **declividade**, pois eles apresentam baixíssima velocidade de fluxo. Em geral, ocorrem próximos à foz do rio, geralmente em delta.

Figura 6.21 – Canal retilíneo

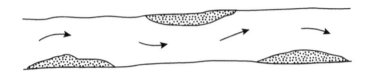

Fonte: Adaptado de Bigarella, 1979, citado por Lima, 2006, p. 28.

b. **Canais anastomosados** – São formados em condições especiais, associados com a carga sedimentar do leito. Caracterizam-se por sucessivas ramificações e posteriores reencontros de seus cursos. Neles, surgem as ilhas que separam os canais. As ilhas são argilosas, porque a velocidade de fluxo do rio é muito baixa. O padrão anastomosado se estabelece pela existência de um contraste topográfico acentuado (declividade) e grande carga de leito, que permite a formação de bancos de sedimentos (Figura 6.22).

Figura 6.22 – Canais anastomosados

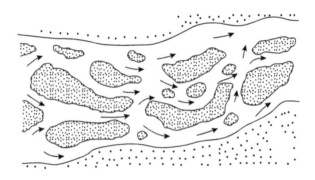

Fonte: Adaptado de Bigarella, 1979, citado por Lima, 2006, p. 28.

c. **Canais meandrantes** – São canais sinuosos, que constituem um padrão característico de rios cuja carga de suspensão e de fundo se encontram em quantidades mais ou menos equivalentes, de acordo com o rio; de fluxo contínuo e regular, geralmente apresentam um único canal que transborda suas águas no período das chuvas. Em geral, sua existência depende da declividade e, de forma característica, apresentam baixa estabilidade do canal. Os meandros abandonados surgem a partir da avulsão[ix] (Figura 6.23).

Figura 6.23 – Canais meandrantes

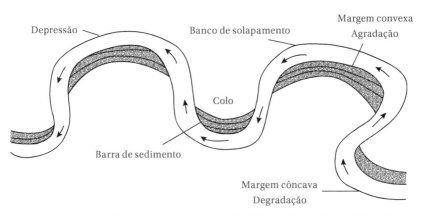

Fonte: Adaptado de Bigarella, 1979, citado por Lima, 2006, p. 28.

Assim, podemos afirmar que os tipos de canais correspondem à forma como se padronizam os arranjos espaciais do leito ao longo de um rio.

---

ix. **Avulsão**: Processo que consiste no abandono relativamente rápido de parte do conjunto de meandros, passando então o rio a se mover em um novo curso, situado em um nível mais baixo da planície de inundação (Mineropar, 2016).

6.4.3.4 Análise da rede de drenagem

O ordenamento ou a hierarquização dos canais fluviais é um procedimento técnico utilizado para definir os padrões de drenagem da bacia hidrográfica e de suas sub-bacias, definindo relações hierárquicas entre elas. Conforme os estudos e as conclusões de Christofoletti (1980a), essa hierarquização pode ser uma ferramenta para a gestão ambiental de bacias hidrográficas, uma vez que auxilia no entendimento sobre os elementos que contribuem para as condições físicas e bióticas da bacia.

Entre as propostas de classificação comumente aplicadas, temos a de Strahler (A) e a de Horton (B) (Christofoletti, 1974), conforme os modelos analíticos que seguem (Figura 6.24).

Figura 6.24 – Hierarquias fluviais de Strahler e de Horton

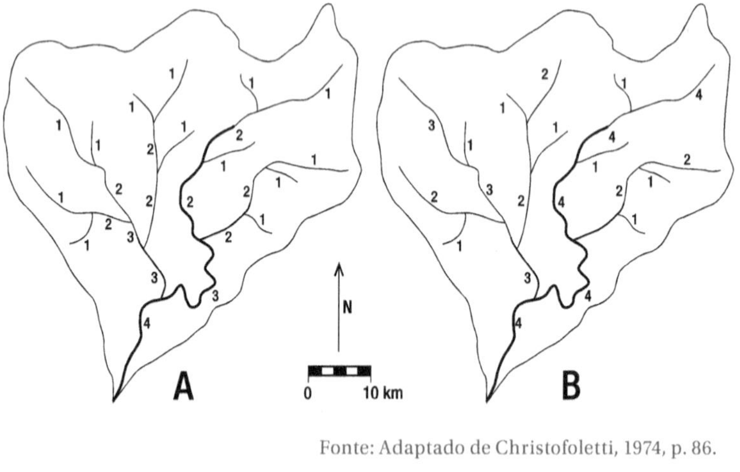

Fonte: Adaptado de Christofoletti, 1974, p. 86.

Observe na Figura 6.24 que, na classificação de Strahler (A), os canais que não têm afluentes são canais de **primeira ordem**. Quando dois canais da mesma ordem se encontram, o canal resultante aumenta uma ordem, e quando canais de ordens diferentes se encontram, o canal resultante mantém o valor de maior ordem. Para Strahler, o rio principal não mantém sempre a mesma ordem ao longo de toda sua extensão e a rede de canais pode ser decomposta em segmentos distintos, cujas áreas de contribuição formam a própria bacia de drenagem.

Por outro lado, para Horton (B), cada canal assume uma ordem, e essa ordem se mantém conforme o maior comprimento. Segundo esse autor, os canais de primeira ordem não têm tributários; os canais de segunda ordem têm afluentes de primeira ordem; os canais de terceira ordem recebem afluentes de canais de segunda ordem e podem receber diretamente canais de primeira ordem, e assim por diante. Desse modo, o rio principal assume a maior ordem dentro da bacia, em todo seu comprimento, desde a nascente até a desembocadura.

6.4.4 Sistemas lacustres

Sabemos que as depressões na superfície terrestre ocorreram pelos movimentos internos e pela ação dos fatores externos. Em alguns casos, dependendo da quantidade de água disponível nos sistemas, as depressões formadas no solo podem ser preenchidas por água, formando os **lagos**[x]. Segundo sua origem, os lagos podem ser classificados como: *tectônicos*, *vulcânicos*, *de erosão*, *residuais*, *de barragem* e *mistos*, entre outros (ANA, 2015).

De acordo com Junk, Bayley e Sparks (1989), a origem dos sistemas lacustres está associada à ocorrência de fenômenos naturais de natureza geológica ou antrópica, como represas e barragens. Para esse autor, os lagos originados de processos fluviais são

---

x.   **Lago:** Denominação genérica de qualquer porção de águas represadas, circundada por terras, de ocorrência natural ou resultante da execução de obras, como barragens em curso de água ou escavação do terreno (ANA, 2015).

os de maior representatividade no Brasil. Os lagos formados nas planícies de inundação alimentam e mantêm o funcionamento de diversos ecossistemas de planície.

Conforme declara Esteves (1988), os lagos são corpos de água interiores aos continentes e sem comunicação direta com o mar e, em geral, suas águas têm baixo teor de íons dissolvidos, quando comparadas às águas oceânicas. Para o autor, os lagos não são elementos permanentes nas paisagens, pois podem ser fenômenos de curta durabilidade na escala geológica, ou seja, podem surgir e desaparecer no decorrer do tempo.

Um lago pode apresentar diversas formas, profundidade e extensão. Eles são mantidos pelas águas subterrâneas ou por um ou mais rios afluentes. Em situações de grande oscilação climática, podem ter caráter temporário ou permanente.

Segundo Sperling (1999), quanto à gênese natural, os lagos podem ter várias origens, a saber:

a. **Movimentos tectônicos** – Associados a movimentos de elevação e de abaixamento da camada superficial, com a finalidade de manutenção do equilíbrio isostático e das falhas decorrentes de descontinuidades da crosta terrestre. Exemplo: lagos da fossa tectônica do Rio Paraíba, que está delimitada pela Serra da Mantiqueira e pela Serra do Mar, localizada entre Jacareí e Cachoeira Paulista (SP), onde se encontram sedimentos pleistocênicos ricos em fósseis de peixes, anfíbios e répteis.

b. **Origem vulcânica** – São cavidades vulcânicas que não apresentam nenhuma drenagem natural e acumulam água proveniente das precipitações atmosféricas, transformando-se em lagos.

c. **Ação glacial** – Resultam dos efeitos da erosão e da sedimentação provenientes da movimentação do gelo, que provoca a formação de depressões sobre a superfície, as quais, posteriormente, se enchem de água. No norte da Europa, destacam-se os lagos da Finlândia, que são de barragem glaciária de mais de 33 mil anos.

d. **Dissolução de rochas** – Ocorrem pela dissolução de rochas por meio da ação da água, que percola[xi] no terreno. A solubilização das rochas provoca a criação de depressões, com posterior enchimento de água. Exemplo: Bonito (MS), onde a decomposição química das rochas calcárias formou lagos naturais.

e. **Impacto de meteoritos** – Pouco frequentes, ocorrem após a queda de um meteorito na superfície da Terra, provocando uma grande explosão e o aprofundamento da crosta, com a formação de crateras.

f. **Atividade do vento** – Conhecidos como *lagos de barragem eólica* ou *lagos de duna*, normalmente são originários do barramento de rios, devido ao deslocamento de dunas de areia.

g. **Atividade dos rios** – São formados pela deposição de sedimentos, pela inundação de várzeas ou pelo fechamento de meandros, caracterizados pela existência de um denso sistema fluvial.

h. **Associados à linha costeira** – Formados por distintos processos geológicos que ocorrem na região próxima ao litoral. De forma genérica, tais ambientes recebem a denominação de *lagunas* ou *lagoas*, as quais, eventualmente, podem até apresentar uma ligação direta com o mar, o que descaracteriza sua condição própria de lago. No Brasil, temos alguns exemplos: Lagoa Mirim (RS), Lagoa dos Patos (RS) (Figura 6.25) e Lagoa Rodrigo de Freitas (RJ). Algumas lagoas apresentam a formação de cordões arenosos que as isolam e, por isso, são chamadas de *lagoas de barragem*.

---

xi. **Percolação:** Escoamento de um líquido em um meio poroso não saturado (ANA, 2015).

Figura 6.25 – Lagoa dos Patos (RS)

Crédito: NASA

Os corpos lacustres têm um papel fundamental no sistema fluvial, pois armazenam a água e os sedimentos transportados pelos rios durante as cheias, bem como acumulam os diversos sedimentos derivados dos demais processos associados a sua gênese. Funcionam, assim, como atenuadores dos eventos hidrológicos, pela capacidade de absorver impactos energéticos e possibilitar o equilíbrio do sistema como um todo. São também fundamentais para o desenvolvimento da biodiversidade aquática, contribuindo para sua manutenção e expansão.

6.4.5 Sistemas subterrâneos

Os sistemas subterrâneos são formados por toda a água que ocorre abaixo da superfície da Terra, ocupando os poros ou vazios intergranulares das rochas sedimentares ou as fraturas, falhas e fissuras das rochas. Conforme a Unesco (1992) e a ANA (2015), os sistemas são compostos de toda a água que ocupa a zona saturada do subsolo. As rochas cumprem uma fase importante do ciclo hidrológico, pois armazenam água após a infiltração e a dispersam no solo e nas nascentes que abastecerão rios e lagos.

Entre os reservatórios subterrâneos estão os **aquíferos**, que são formados por rochas com características porosas e permeáveis, capazes de armazenar as águas subterrâneas entre seus poros ou fraturas. Eles são classificados em função da pressão das águas em seu topo e base e de sua capacidade de transmissão de água para outras camadas rochosas.

O aquífero é uma formação subterrânea que funciona como reservatório de água, sendo alimentado pelas chuvas que se infiltram no subsolo. Fornece água para poços e nascentes em proporções suficientes, servindo de proveitosa fonte de abastecimento. Segundo Tucci (2009), essa formação geológica (ou um grupo de formações) contém água e permite que ela se movimente em condições naturais e em quantidades significativas.

De acordo com a ANA (2015) e a União Europeia (2000), os aquíferos são reconhecidos por terem uma ou mais camadas subterrâneas de rocha ou outros estratos geológicos suficientemente porosos e permeáveis para permitirem um fluxo significativo de águas subterrâneas ou a captação de quantidades significativas de águas subterrâneas. Para ser considerado um aquífero, uma formação geológica deve conter espaços abertos ou poros repletos de água e permitir que a água tenha mobilidade através deles.

Essas águas são filtradas e purificadas naturalmente, por meio de um processo físico denominado **percolação**, que é sua transferência pelas camadas porosas. Essa condição torna a água subterrânea uma preocupação mundial, pois seu uso é mais vantajoso se comparado às águas dos rios, uma vez que dispensa ou diminui custos e tratamentos prévios.

Observe a Figura 6.26, que mostra um aquífero de acordo com o armazenamento da água.

Figura 6.26 – Modelo de aquífero

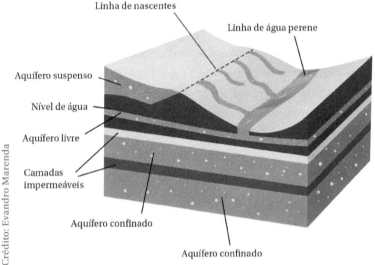

Fonte: Adaptado de Silva Júnior; Caetano, 2016.

Segundo Silva Júnior e Caetano (2016), os tipos de aquíferos são os seguintes:

a. **Aquíferos livres** – São aqueles em que a água sofre pressão atmosférica e cujo topo da zona saturada (superfície hidrostática) pode estar no solo, no regolito ou nas rochas do substrato.

b. **Aquíferos confinados** – São aquíferos nos quais a pressão da água em seu topo é maior do que a pressão atmosférica. Em função das camadas limítrofes, podem ser classificados em: *confinado não drenante* e *confinado drenante*.

c. **Aquíferos porosos** – Os poros são espaços vazios de pequenas dimensões que permitem a circulação de água; em geral, ocorrem em rochas sedimentares. São encontrados em qualquer solo que tenha alguma permeabilidade, como os latossolos argilosos, que são extremamente permeáveis, pois a argila está agrupada em aglomerados originários da ferruginização.

d. **Aquíferos fraturados ou fissurados** – As fraturas são resultado de alguma deformação sofrida por uma rocha, que abre espaço para os aquíferos; estão associados a rochas do tipo ígneas, metamórficas e sedimentares.

e. **Aquíferos cársticos** – São formados por rochas carbonáticas devido à dissolução permanente do carbono pela água.

O mapeamento da vulnerabilidade quanto à contaminação das águas subterrâneas é uma das principais ações para atender aos planos de gestão ambiental dessas áreas. No Brasil, o estudo ambiental dos aquíferos está normatizado pela Resolução n. 396, de 3 de abril de 2008, do Conselho Nacional do Meio Ambiente (Conama), que dispõe sobre o enquadramento, a prevenção e o controle de poluição e a garantia de qualidade de suas águas (Brasil, 2008). As técnicas da geomorfologia nos permitem identificar as características intrínsecas do aquífero e suas relações com os processos hídricos, que resultam das condições ambientais e da estrutura superficial do relevo. Os planos de gestão ambiental dos municípios que estão sobre aquíferos devem levar em conta a necessidade de um monitoramento geomorfológico constante, pois deles derivam as condições para o controle ambiental nas áreas urbanas e rurais.

6.5 Sistemas geomorfológicos costeiros

A geomorfologia costeira se dedica ao estudo das formas do relevo litorâneo, seus processos e suas dinâmicas de transformação. Como as demais áreas da geomorfologia, esta se desenvolveu historicamente e emergiu no contexto das tecnologias de meados do século XX. Tal conhecimento específico teve origem nos estudos da topografia e da geologia do assoalho oceânico e alcançou avanços significativos a partir da Segunda Guerra Mundial, em razão do estudo dos oceanos na busca de submarinos por parte das potências que se envolveram nesse conflito.

6.5.1 Geomorfologia costeira

A geomorfologia costeira define *litoral* ou a *faixa costeira* como seu objeto de estudo, sendo essa seção do relevo a faixa de contato entre o mar e os continentes. Essas áreas se diferenciam por apresentarem uma complexidade de formas e processos que determinam as combinações morfológicas, tectônicas, eustáticas[xii], abrasivas e deposicionais que ocorrem ao longo dessa seção de contato. Ab'Saber (2000), ao descrever sua percepção do relevo costeiro do Brasil, mostra-nos a diversidade desse relevo e estimula o estudo geormorfológico do litoral.

---

xii. **Eustasia**: Variação do nível do mar motivada por causas diversas, independentes de movimentos tectônicos. O movimento eustático **positivo** é a ascensão do nível do mar motivado, por exemplo, pelo aumento do volume total dos mares devido ao degelo em grande escala ou ao acúmulo de sedimentos marinhos. Movimento eustático **negativo** é o abaixamento do nível do mar provocado, por exemplo, pela retenção da água sob forma de gelo continental, originando regressões (Mineropar, 2016).

> Neste contexto de método e visualização pode-se afiançar que os litorais constituem-se em zonas de contatos tríplices: terra, mar e dinâmica climática. Sem falar dos notáveis mostruários de ecossistemas que se assentam e diferenciam no mosaico terra/água existente no espaço total da costa. Incluindo estirânicos de praias arenosas, detritos calcários ou manguezais frontais. Costões e costeiras; grutas de abrasão e ranhuras basais de diferentes aspectos. Restingas isoladas ou múltiplas, lagunas e lagos fragmentados por deltas intralagunares. Deltas e barras de rios, de diferentes potenciais de transporte e descarga sedimentárias. Campos de Dunas de pelo menos três épocas de formação do quaternário superior. [...] Enfim, uma parafernália de acidentes, diferentemente agrupados setor por setor, de significância fisiográfica e ecológica. (Ab'Saber, 2000, p. 28)

Tendo como base a noção de diversidade das formas e dos processos do relevo na faixa litorânea proposta por Ab'Saber, vamos analisar os processos geomorfológicos costeiros que ocorrem de três formas:

1. **Físicos** – Ondas, marés, ventos etc.
2. **Biológicos** – Formação de mangues, recifes de corais etc.
3. **Químicos** – Precipitação de sais etc.

Em relação às feições topográficas do relevo, podemos distinguir três seções longitudinais a serem consideradas no nosso estudo (Grotzinger; Jordan, 2013):

1. **Margens continentais** – Formadas pela plataforma continental e pelo talude continental.
2. **Elevações continentais** – Apresentam rochas de constituição ainda granítica e estão situadas a aproximadamente 700 km do continente.
3. **Assoalho oceânico** – Rochas de constituição basáltica.

De acordo com os autores, em referência à profundidade, ao declive e à distância em relação aos continentes, podemos identificar regiões geomorfológicas (Grotzinger; Jordan, 2013):

a. **Região litorânea** – É aquela região próxima do continente, que permanece constantemente coberta e descoberta pelas marés (a faixa de trabalho das ondas é a chamada *face praial*).
b. **Região nerítica** – Estende-se da zona litorânea até a profundidade de aproximadamente 200 m, onde termina a plataforma continental e começa o talude. Compreende, na verdade, a plataforma continental. Nessa região, a vida é intensa; nela, ocorrem grandes depósitos sedimentares e o petróleo é abundante.
c. **Região batial** – Vai de 200 m a 1.000 m de profundidade. A quantidade de vida é reduzida. Corresponde ao **talude continental**.
d. **Região abissal** – Com mais de 1.000 m de profundidade. A vida é rara e apresenta falta de luz e oxigênio. Os sedimentos são muito finos.
e. **Região costeira** – Está situada na fronteira dos dois maiores ambientes do planeta: **continente** e **oceano**. É uma região onde ocorrem numerosas interações biológicas, químicas, físicas, geológicas e meteorológicas, ou seja, é uma zona de "interface". O principal agente envolvido na caracterização e na modelagem da zona costeira são as **ondas**.

Sabemos que os oceanos ocupam 70% da superfície terrestre. Essas grandes massas de água salgada ocupam as regiões mais profundas da crosta terrestre e são responsáveis pela manutenção de uma enorme quantidade de seres vivos. Estima-se que a superfície total da Terra é de, aproximadamente, 510 milhões de km^2 e, destes, cerca de 361 milhões de km^2 são ocupados pelas águas oceânicas. Essa imensa massa líquida exerce grande influência no clima e na biodiversidade da Terra, bem como na renovação do oxigênio atmosférico. Sua importância para a humanidade reside fundamentalmente nos transportes intercontinentais e no fornecimento de alimento. A maior massa de águas encontra-se no Hemisfério Sul e cobre cerca de 81% da superfície – os 19% restantes são ocupados pelas terras emersas. No Hemisfério Norte, o percentual oceânico equivale a 61%.

De acordo com Gomes e Clavico (2005), as águas oceânicas apresentam diversas propriedades que interagem com as formações geológicas e geomorfológicas costeiras; entre elas, destacamos as seguintes:

a. **Salinidade** – De todos os minerais que se encontram dissolvidos nos oceanos, o cloreto de sódio (NaCl) é o mais abundante, sendo o responsável pelo sabor salgado das águas do mar. Os demais sais minerais que estão depositados e foram transportados pelos rios até os oceanos, de forma a modificar a composição química das águas. Nas regiões climáticas nas quais a temperatura é alta, há poucos rios e baixo índice de chuvas, a salinidade é maior, como no Mar Morto (entre Israel e Jordânia), onde é de 25%.

b. **Densidade** – Os sais minerais dissolvidos nos oceanos, e principalmente sua salinidade, aumentam a densidade da água; portanto, quanto mais salgado, mais denso é o oceano.

c. **Temperatura** – As diferenças termais respondem pelas correntes marítimas. A profundidade e a latitude fazem variar a temperatura das águas e, por conseguinte, o deslocamento das massas líquidas por todo o planeta, influenciando os climas globais.

d. **Cor** – Varia de acordo com a quantidade e a origem dos sedimentos nas águas oceânicas: quando próxima da costa, a água apresenta cores esverdeadas, devido à presença de vegetais; quando apresenta poucos sedimentos, é azul-escura; próxima da foz de grandes rios, é avermelhada ou amarelada.

As águas oceânicas apresentam três grandes movimentos de massas líquidas: as ondas, as marés e as correntes marítimas, como veremos nos próximos tópicos.

6.5.2 Dinâmicas das águas oceânicas

Os oceanos são fonte de vida e garantem a sobrevivência de grande parte da população mundial. As águas que formam cada um dos grandes oceanos apresentam características próprias, como temperatura, insolação, salinidade e movimentos.

Dessa forma, podemos dividir os oceanos, ou seja, a imensa massa de água salgada que cobre a Terra, em cinco porções: Oceano Ártico, Oceano Antártico, Oceano Atlântico, Oceano Pacífico e Oceano Índico.

6.5.2.1 Mares

Os mares ocupam 41 milhões de km^2 da superfície terrestre e são reservatórios de água salgada. Em geral, constituem extensões naturais dos oceanos, os quais abastecem os mares no interior dos continentes.

Eles podem ser classificados em três tipos:

1. **Mares abertos ou costeiros** – Têm comunicação direta com os oceanos. Ex.: mares das Antilhas (América Central), do Norte (Europa) e da China (Ásia).
2. **Mares continentais** – Estão localizados no interior dos continentes e se comunicam com os oceanos por meio de canais e estreitos. Ex.: o Mar Vermelho, entre a África e a Ásia, comunica-se com o Oceano Índico pelo estreito de Bab-El-Mandeb.
3. **Mares isolados** – Não têm ligação com outros mares ou oceanos. Ex.: mares de Aral, Cáspio e Morto (todos na Ásia).

A diferença básica entre mar e oceano está na extensão territorial. Os oceanos ocupam grandes extensões, são delimitados por porções de terras emersas continentais e apresentam grandes profundidades, com milhares de metros. Os mares são porções menores, delimitadas pelas condições do relevo dos continentes em boa parte de suas entradas e apresentam profundidades menores, com algumas centenas de metros.

6.5.2.2 Praias

As praias são formadas por sedimentos inconsolidados e são delimitadas, de um lado, pela região em que a passagem das ondas não mais movimenta os sedimentos do assoalho marinho – profundidade denominada *base da onda* – e, do outro, pela região denominada *berma* – onde, também de modo geral, não ocorre movimentação de areia pela água marinha – ou ainda por alguma feição do relevo, uma falésia, por exemplo.

Uma praia pode ainda ser subdividida em três regiões, de acordo com sua localização em relação às alturas das marés:

1. **Face praial** – Compreende a região que vai do nível da maré baixa até além da zona de arrebentação, em geral, até a base da onda.

2. **Antepraia (estirâncio ou estirão)** – É a região localizada entre marés, ou seja, entre o nível da maré baixa e o nível da maré alta. É, portanto, a porção da praia que normalmente sofre a ação das marés e os efeitos do espraiamento e do refluxo da água.

3. **Pós-praia** – Localiza-se fora do alcance das ondas e somente é alcançada pela água quando há a ocorrência de marés muito altas ou de tempestades. Como mencionamos antes, nessa região, formam-se terraços denominados *bermas*, que apresentam uma seção transversal triangular, com a superfície do topo horizontal ou em suave declive em direção ao continente e a superfície frontal, com declive acentuado em direção ao mar.

As areias das praias geralmente são originárias dos rios, que erodem os continentes e transportam seus fragmentos até o litoral, onde o mar se encarrega de distribuí-los pela costa.

6.5.2.3 Falésias

As falésias são formas geográficas que ocorrem no litoral, caracterizadas por um abrupto encontro da terra com o mar. Formam-se **escarpas** na vertical, que terminam ao nível do mar e se encontram permanentemente sob a ação erosiva deste. Como as ondas desgastam constantemente a costa, por vezes, provocam desmoronamentos ou instabilidade da parede rochosa. Com as mudanças climáticas, o nível do mar pode descer, deixando entre a falésia e o mar um espaço plano.

Geralmente, as falésias são constituídas de camadas sedimentares ou vulcano-sedimentares, acompanhando a linha costeira. No Nordeste brasileiro, são conhecidas como *grupo barreiras*.

Aparecem no litoral meridional do Brasil: no Rio de Janeiro e no Rio Grande do Sul, por exemplo, na Praia de Torres; há também as famosas falésias do Rio Grande do Norte, localizadas na Praia de Catavento.

6.5.3 Processos de formação do relevo costeiro

O relevo das áreas costeiras é resultante da combinação de diversos fatores ambientais, em diferentes escalas de tempo. Esses fatores podem ser de natureza geológica, climática, biótica e oceanográfica. De acordo com Muehe (2001), os fatores geológicos aparecem na formação de encostas escarpadas e nos sedimentos produzidos; o clima se manifesta na morfologia costeira pelas taxas de intemperismo, erosão, transporte e deposição; e o fator oceanográfico se manifesta pelas condições químico-físicas das águas sobre os afloramentos e depósitos e organismos vivos. Além desses fatores, devemos acrescentar a ação humana, que produz modificações em todos os demais.

6.5.3.1 Ondas

Ocorrem na superfície das águas oceânicas e são causadas pela ação do vento em contato com a água; também ocorrem por abalos sísmicos na crosta. Uma onda apresenta algumas medidas básicas: **cavado**, a parte mais baixa; **crista**, a parte mais alta; **altura**; e **comprimento**, que é a distância entre duas cristas.

As ondas podem ter três origens distintas:

1. **Oscilatórias** – São encontradas em alto-mar.
2. **Transladativas** – Ocorrem quando o vento desloca a onda em direção ao litoral.
3. **Tsunamis** – São originados por maremotos e têm grande velocidade e violência.

As ondas apresentam **forma senoidal**, um perfil vertical de dois picos sucessivos. As ondas de superfície ocorrem nas interfaces de fluidos, devido ao movimento relativo entre eles ou a um distúrbio causado pela ação de uma força externa.

6.5.3.2 **Marés**

Esse fenômeno natural de nosso planeta está associado à atração gravitacional da Lua sobre a Terra. A Lua tem mais influência sobre o planeta, por sua proximidade 400 vezes menor que a do Sol. O tempo médio entre a maré baixa e a maré alta é de aproximadamente 6 horas (Inpe, 2003).

De acordo como o Instituto Nacional de Pesquisas Espaciais – Inpe (2003), nas fases nova e cheia da Lua, o efeito de maré da Lua é somado diretamente ao do Sol.

> Nessas ocasiões, as cheias e vazantes dos oceanos são as mais acentuadas de todo ciclo lunar. As cheias ocorrem ao meio-dia e à meia-noite aproximadamente. As vazantes acontecem nos instantes intermediários ($\approx$ 6 h e 18 h). Quando a Lua está em quarto crescente, as cheias são observadas por volta das 4 h (madrugada) e 16 h e as vazantes por volta das 10 h e 22 h. No quarto minguante, as marés altas ocorrem em torno das 8 h e 20 h e as baixas por volta das 2 h e 14 h. (Inpe, 2003, p. 53)

Assim, em um dia podemos ter duas marés altas e duas marés baixas. A medida da maré é sua **amplitude**, que é a diferença entre o nível da maré baixa e o nível da maré alta. As maiores amplitudes ocorrem nas fases de lua nova e cheia, e as menores, nas luas minguante e quarto crescente.

6.5.3.3 Correntes marítimas

As temperaturas dessas correntes podem ser quentes ou frias, conforme a origem das massas de água. As correntes frias têm origem nas regiões polares; já as correntes quentes, na zona tropical. De acordo com Tessler e Mahiques (2001), as correntes costeiras são os mais importantes agentes de remobilização de sedimentos ao longo da costa, a exemplo do transporte dos sedimentos que chegam pela foz dos rios brasileiros. Esse mecanismo de circulação é responsável pela manutenção da estabilidade e do equilíbrio dos ambientes ao longo das praias.

Síntese

Neste último capítulo, estudamos a fisiologia da paisagem com base nos sistemas de vertentes e sistemas hidrográficos continentais e litorâneos. Vimos a importância dos processos naturais e humanos na esculturação do relevo. Os processos associados à circulação da água nos compartimentos do relevo nos mostram sua capacidade de alteração, desde a infiltração e a intemperização das rochas, como no escoamento e no transporte dos materiais, até a produção de erosões e formas específicas do relevo.

Nas bacias hidrográficas, lagos, lagoas e aquíferos do interior dos continentes, as águas atuam de forma direta e indireta na dissolução, no transporte e na deposição de materiais particulados, bem como na definição dos cursos de água superiores, como os rios e os lençóis freáticos.

Nos sistemas costeiros, as águas doces atuam como fator de deslocamento de materiais para as encostas e planícies litorâneas, enquanto as águas salgadas dos mares e oceanos atuam como fator de esculturação dos sistemas de praias, manguezais e reservatórios de águas, criando contornos e formas exclusivas dos ambientes costeiros.

Indicação cultural

ENTRE rios: a urbanização de São Paulo. Direção: Caio Silva Ferraz, Luana de Abreu e Joana Scarpelini. São Paulo, 2009. 25 min. Disponível em: <https://vimeo.com/14770270>. Acesso em: 21 mar. 2016.

O documentário foi produzido pelo coletivo Santa Madeira, como conclusão de curso em Bacharelado Audiovisual, no Senac/SP, em 2009. O vídeo trata da urbanização de São Paulo com um enfoque geográfico-histórico, permeado também por questões sobre meio ambiente e política. A cidade de São Paulo teve seu relevo mutilado pelo aterramento das várzeas e pela alteração dos cursos de água para dar lugar aos pavimentos de rolamento de veículos e pedestres, bem como pelo uso das vertentes para expansão urbana. Duas propostas de ocupação urbana se defrontaram na antessala do planejamento urbano da capital paulistana; esse debate pode ser a chave dos novos processos pelos quais passa a ocupação dessa grande metrópole nacional.

Atividades de autoavaliação

1. Leia as proposições a seguir, que tratam do estudo das vertentes em geomorfologia, e, em seguida, assinale a alternativa correta:

    I. A fisiologia da paisagem se preocupa em conhecer os processos morfoclimáticos e pedogênicos do relevo que definem a paisagem atual.

II. O sistema vertente leva em consideração apenas os fatores externos que atuam na esculturação das encostas.

III. Em uma vertente, os processos exógenos são controlados pelo clima e os processos endógenos são controlados pela estrutura geológica e tectônica.

IV. Em uma vertente côncava, os materiais e a água são dispersados para fora, ocasionando acumulação no terço superior.

V. O balanço morfogenético de uma vertente é definido pelo valor do declive, pela natureza da rocha e pelo clima.

a) Estão corretos apenas os itens II e III.

b) Estão corretos apenas os itens I e V.

c) Está correto apenas o item IV.

d) Estão corretos os itens I, III e V.

e) Todos os itens estão corretos.

2. O modelo de análise morfodinâmica de uma vertente pode ser explicado pelo parâmetro biorresistásico proposto por Erhart (1956). Em relação a esse modelo, assinale a alternativa correta:

a) Durante a fase de resistasia, a vertente se encontra revestida de cobertura vegetal com função geoecológica.

b) Esse modelo se fundamenta na relação entre morfogênese e pedogênese e no balanço de denudação das vertentes.

c) Na fase de biostasia, a morfogênese domina a dinâmica da paisagem, com deslocamento pelo escoamento superficial e subsuperficial acelerado.

d) No modelo biorresistásico, o clima tem pouca influência, pois os fatores internos são mais considerados na intemperização do regolito.

3. O escoamento que ocorre na superfície das vertentes está condicionado aos fatores externos, associados aos volumes das precipitações ou às entradas de água no sistema vertente.

Com base nessa afirmativa, leia as sentenças a seguir e assinale a alternativa correta:

I. Esse processo está associado aos destinos da água precipitada e está sujeito aos componentes litológicos e biológicos da vertente.

II. Durante a chuva, as águas precipitadas percorrem a vertente pelo fluxo subterrâneo e somente depois se infiltram e saturam o solo.

III. A precipitação total é o resultado final do escoamento em determinada vertente, deduzidas a evapotranspiração e a infiltração.

IV. Após a saturação superficial, os excedentes de água escoam por fluxo difuso, laminar ou concentrado, até atingir o fluxo fluvial e o nível de base.

a) Todas as afirmativas estão corretas.

b) Apenas as afirmativas I e IV estão corretas.

c) Apenas as afirmativas I e II estão corretas.

d) Somente a afirmativa III está correta.

e) Somente a afirmativa II está correta.

4. Em relação aos processos erosivos de uma vertente, leia as afirmativas a seguir e assinale a alternativa correta:

I. Em uma vertente, a topografia exerce uma função secundária, pois a altitude e a inclinação pouco interferem no escoamento.

II. A erosividade de uma vertente está associada à quantidade, à intensidade e à distribuição das precipitações.

III. A estrutura, a porosidade e a profundidade dos solos permitem medir o grau de erodibilidade de uma vertente.

IV. A cobertura do solo é uma das variáveis que prejudica o armazenamento e a infiltração da água e, por isso, em

geral, solos descobertos são mais profundos e muito intemperizados.

a) Somente a afirmativa I está correta.
b) As afirmativas I e IV estão corretas.
c) As afirmativas II e III estão corretas.
d) Somente a afirmativa IV está correta.
e) Todas as afirmativas estão corretas.

5. Com base nos estudos sobre os impactos humanos causados
nas vertentes, leia as afirmativas a seguir e assinale a alternativa que indica a resposta correta quanto às alterações produzidas exclusivamente pela ocupação humana nas encostas:

I. Vazamentos na rede de abastecimento de água, provocando sulcos internos e externos.

II. Declividade e altura excessivas de cortes nas obras de engenharia rodoviária e mineração.

III. Deposição de lixo em aterros clandestinos ou em condições
precárias e sem controle ambiental; instalação de "lixões"
nas encostas e nos fundos de vale.

IV. Construção de ruas sem pavimentação ou sem coletores
de água pluvial, que geralmente é despejada "morro abaixo", acompanhando a declividade da vertente.

V. Alteração do grau de permeabilidade e de decomposição
química da rocha pela água precipitada na encosta.

a) Apenas a afirmativa V está correta.
b) As afirmativas I, II, V estão corretas.
c) Todas as afirmativas estão corretas.
d) Apenas a afirmativa III está correta.
e) As afirmativas I, II, III e IV estão corretas.

Atividades de aprendizagem

Questões para reflexão

1. O processo de denudação do sistema de vertente ocorre com os diversos movimentos de massa, definida pelos componentes do regolito. Esses movimentos podem ser classificados de acordo com sua natureza, seu volume, sua densidade e sua velocidade no espaço e no tempo. Identifique e caracterize as classes de movimentos de massa nas vertentes.

2. Com base no diagrama a seguir e em seus conhecimentos sobre os processos físicos, químicos e biológicos do relevo, explique o balanço erosivo das vertentes.

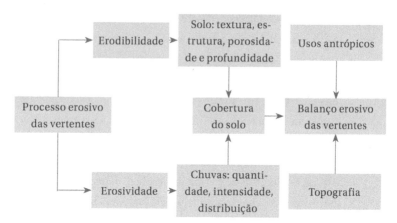

Atividade aplicada: prática

Observe a imagem a seguir. Ela retrata um processo erosivo em áreas de encostas, no Quênia. Os solos foram fortemente afetados pelas chuvas nessa porção do continente africano. Explique o tipo de formas erosivas que são visíveis nesta imagem.

Crédito: Byelikova Oksana/Shutterstock

Considerações finais

Ao longo de nosso estudo, vimos que a geomorfologia se consolidou como uma ciência que tem a finalidade de explicar e dar significado aos elementos e conjuntos de elementos das paisagens terrestres, a fim de aprimorar a relação entre sociedade e natureza. Podemos, então, considerar que, nesse percurso de construção epistemológica, essa ciência seguiu os passos de distintas comunidades científicas e seus paradigmas, que estabeleceram escolas, correntes de pensamento e tendências, cada qual em seu espaço e momento histórico, produzindo, assim, fundamentos teóricos e metodológicos para o estudo do relevo.

Em relação ao ensino dos diferentes modelos de análise do relevo, consideramos a necessidade de mostrar a você, estudante ou professor, as escolas de pensamento e os autores fundamentais da geomorfologia, com destaque aos modelos de Davis e de Penck, nos quais predominam os fatores tectônicos, bem como os modelos de King, Hack, Büdel e Millot, que privilegiam os fatores climáticos. A combinação dessas teorias nos oferece uma visão multidimensional das transformações das paisagens.

No Brasil, as várias abordagens da geomorfologia se estabeleceram nas academias, redes de ensino, instituições governamentais e empresariais, de modo a contribuir para a execução de levantamentos de campo e mapeamentos geomorfológicos, fornecendo ao ensino e à pesquisa nacionais as bases para a compreensão da compartimentação morfológica, da estrutura superficial e da fisiologia das paisagens. Vimos também que muitos pensadores brasileiros tiveram importância para a formulação de teorias e sistemas de referência para análise dos processos e das formas de compartimentos, unidades e modelados do relevo nacional.

Nesse contexto histórico da ciência geomorfológica, com a presente obra, buscamos realizar uma análise dos principais sistemas de interpretação dos processos e das formas do relevo com o objetivo de subsidiar a formação dos profissionais de geografia e aprimorar suas atividades técnicas e científicas na explicação do espaço geográfico contemporâneo, visando ampliar as reflexões da relação natureza-sociedade e contribuir para a superação dos desafios e das demandas ambientais atuais.

No estudo dos compartimentos do relevo, nossa análise teve como base a classificação proposta pelo Instituto Brasileiro de Geografia e Estatística (IBGE), que considera a ordem decrescente de grandeza, identificando-os em táxons ou sistemas de classificação científica. Também apresentamos os domínios morfoestruturais, as regiões geomorfológicas, as unidades geomorfológicas, os modelados e as formas de relevo simbolizadas. Consideramos fundamental que essa classificação seja amplamente conhecida e aplicada como base para os estudos de escalas local e regional, vinculados aos biomas, às bacias hidrográficas e aos domínios morfoclimáticos.

A ação humana sobre o relevo é uma parte importante da análise das dinâmicas atuais nos domínios de natureza, pois ela produziu a aceleração dos processos morfogenéticos, interferindo nos modelados e incorporando novas variáveis analíticas às paisagens. Por isso, consideramos a necessidade de uma abordagem integradora dos processos humanos no estudo do relevo e da fisiologia da paisagem.

O estudo dos sistemas de vertentes e dos sistemas hidrográficos, continentais e litorâneos, permitiu-nos compreender a dinâmica hidrológica e sua relação direta com a dissolução, o transporte e a deposição de materiais particulados, bem como a definição dos cursos de água superiores, como os rios e os lençóis freáticos.

Nos sistemas litorâneos, as águas doces se encontram com a água dos mares e dos oceanos, criando contornos e formas exclusivas dos ambientes costeiros. Consideramos fundamental aplicar as técnicas da geomorfologia no estudo desses sistemas para termos uma gestão ambiental sustentável das águas e dos ecossistemas.

As tecnologias de informação e comunicação ampliaram os horizontes dos estudiosos da geomorfologia, com a introdução do sistema de informação geográfica (SIG) para geração de mapas temáticos, usando imagens e produção gráfica tridimensional. Consideramos imprescindível a utilização dos recursos tecnológicos da cartografia geomorfológica, além das demais técnicas de levantamento e medição das unidades de paisagem, por meio de uma abordagem integradora do relevo, permeada por essas tecnologias.

O ensino da geomorfologia nas faculdades, nas universidades e nas escolas de educação básica ainda carece de aprimoramentos e ainda temos muito o que caminhar e produzir em termos de conhecimentos, fundamentos, recursos e práticas para aprimorar o ensino, a pesquisa e a extensão nessa área científica.

Por fim, consideramos a necessidade da aplicação dos métodos e das técnicas da geomorfologia nos estudos ambientais contemporâneos, seja para fins escolares e acadêmicos, seja para fins de planejamento e gestão territorial. Nos dois casos, devemos ter em vista que suas aplicabilidades podem produzir uma visão integradora dos processos e das formas naturais do relevo, identificando as intervenções humanas, assim como seus impactos nas paisagens, buscando soluções e inovações para a ocupação e a produção do espaço geográfico.

Referências

ABREU, A. A. de. **Análise geomorfológica**: reflexão e aplicação. Tese de livre docência. São Paulo: FFLCH-USP, 1982.

_____. A teoria geomorfológica e sua edificação: análise crítica. **Revista IG**, São Paulo, v. 4, n. 1-2, p. 5-23, jan./dez. 1983. Disponível em: <http://www.igeologico.sp.gov.br/downloads/revista_ig/v4n1-2a01.pdf>. Acesso em: 21 mar. 2016.

_____. O papel do clima na evolução do relevo: a contribuição de Julius Büdel. **Revista do Departamento de Geografia**, São Paulo, n. 19, p. 111-118, 2006. Disponível em <http://www.geografia.fflch.usp.br/publicacoes/RDG/RDG_19/11-O_papel.pdf>. Acesso em: 21 mar. 2016.

_____. Significado e propriedades do relevo na organização do espaço. In: SIMPÓSIO DE GEOGRAFIA FÍSICA APLICADA, 1., Rio Claro, 1985. **Anais**... Rio Claro: B. Geogr. Teorética, 1985, v. 15, n. 29-30, p. 154-162.

AB'SABER, A. N. As boçorocas de Franca. **Revista da Faculdade de Filosofia, Ciências e Letras de Franca**. Franca, SP, n. 2, ano 1, p. 4-27, dez. 1968.

_____. **Formas do relevo**: texto básico. São Paulo: Edart, 1975a.

_____. **Formas do relevo**: trabalhos práticos. São Paulo: Edart, 1975b.

_____. **Formas do relevo**: trabalhos práticos – guia do professor. São Paulo: Edart, 1975c.

_____. Fundamentos da geomorfologia costeira do Brasil atlântico inter e subtropical. **Revista Brasileira de Geomorfologia**, Uberlândia, v. 1, p. 27-43, 2000. Disponível em: <http://www.ugb.org.br/home/artigos/RBG_01/Artigo02_RBG_2000.pdf>. Acesso em: 21 mar. 2016.

_____. Meditações em torno da notícia e da crítica na geomorfologia brasileira. **Not. Geomorfológica**, Campinas, ano 1, p. 1-6, 1958.

AB'SABER, A. N. **O relevo brasileiro e seus problemas**: Brasil, a terra e o homem. São Paulo: Cia Editorial Nacional, 1964. v. 1.

_____. **Os domínios de natureza no Brasil**: potencialidades paisagísticas. São Paulo: Ateliê Editorial, 2003.

_____. Uma revisão do quaternário paulista: do presente para o passado. **Revista Brasil de Geografia**, Rio de Janeiro, v. 31, n. 4, p. 1-51, 1968.

_____. Um conceito de geomorfologia a serviço das pesquisas sobre o quaternário. **Geomorfologia**, São Paulo, n. 18, 1969.

ACHKAR, M.; DOMINGUEZ, A. **Problemas epistemológicos de la geomorfología**. Montevideo: Facultad de Ciências, 1994.

ADAMS, G. **Planation Surfaces**. Pennsylvania: Hutchinson & Ross, 1975.

ALHEIROS, M. M. **Riscos de escorregamentos na Região Metropolitana do Recife**. 130 f. Tese (Doutorado em

Geologia) – Universidade Federal da Bahia, Salvador, 1998.

ALMEIDA, F. G. de; GUERRA, A. J. T. Erosão dos solos e impactos ambientais na cidade de Sorriso (Mato Grosso). In: GUERRA, A. J. T.; CUNHA, S. B. (Org.). **Impactos ambientais urbanos no Brasil**. Rio de Janeiro: Bertrand Brasil, 2001. p. 253-274.

ALMEIDA, N. V. **Representação do relevo em carta topográfica**. UFPB, Departamento de Engenharia e Meio Ambiente. Disponível em: <http://www.ccae.ufpb.br/lcg/material/REPRESENTA%C3%87%C3%83O%20DO%20RELEVO.pdf>. Acesso em: 20 mar. 2016.

ALMEIDA, R. D. de. **Do desenho ao mapa**: iniciação cartográfica na escola. São Paulo: Contexto, 2001. (Caminhos da Geografia).

ALVES, A. K. **Análise de distribuição de tamanho de partícula por difração de laser**. Aula de Análise Instrumental. Porto Alegre: Lacer/PPGEM/UFRGS, 2011.

ANA – Agência Nacional de Águas. **Lista de termos para o thesaurus de recursos hídricos da ANA**. 2015. Disponível em: <http://arquivos.ana.gov.br/imprensa/noticias/20150406034300_Portaria_149-2015.pdf>. Acesso em: 14 jan. 2016.

ANDREOLI, C. V. (Org.). **Mananciais de abastecimento**: planejamento e gestão – estudo de caso do Altíssimo Iguaçu. Curitiba: Sanepar/Finep, 2003.

ANDREOLI, C. V.; LARA, A. I. Introdução. In: ANDREOLI, C. V. (Org.). **Mananciais de abastecimento**: planejamento e gestão – estudo de caso do Altíssimo Iguaçu. Curitiba: Sanepar/Finep, 2003. p. 21-31.

ANISIO, C. **Linha pedra**. 1 fot.: color. FMF – Foro de Minerales. Disponível em: <http://www.foro-minerales.com/forum/viewtopic.php?p=34742>. Acesso em: 20 mar. 2016.

ANTONELI, V.; THOMAZ, E. L. Caracterização do meio físico da bacia do Arroio Boa Vista, Guamiranga – PR. **Revista Caminhos da Geografia**, Uberlândia, v. 8, n. 21, p. 46-58, jun. 2007. Disponível em: <http://www.seer.ufu.br/index.php/caminhosdegeografia/article/view/15570>. Acesso em: 21 mar. 2016.

ANTUNES, A. F. B. **Fundamentos de sensoriamento remoto em ambiente de geoprocessamento**. 2010. Departamento de Geomática da UFPR: Apresentação em PDF. Disponível em: <http://people.ufpr.br/~felipe/SR01_08.pdf>. Acesso em: 21 mar. 2016.

ARCHELA, R. S.. Construindo representações de relevo: metodologia de ensino. In: CARVALHO, M. S. (Org.). **Para quem ensina Geografia**. Londrina: Ed. UEL, 1998.

____. Evolução histórica da cartografia no Brasil: instituições, formação profissional e técnicas cartográficas. **Revista Brasileira de Cartografia**, Rio de Janeiro, v. 3, n. 59, dez. 2007. Disponível em: <http://www.

rbc.lsie.unb.br/index.php/
rbc/article/viewFile/315/304>.
Acesso em: 21 mar. 2016.

ASARI, A. Y.; ANTONELLO, I. T.;
TSUKAMOTO, R. Y. (Org.).
Múltiplas geografias: ensino –
pesquisa – reflexão. Londrina:
Edições Humanidades, 2004.

AZEVEDO, A. de. **Geografia regional**: segunda série do curso colegial. São Paulo: Companhia
Editora Nacional, 1949.

AZIZ Ab'Saber: 08/06/1992.
Disponível em: <https://
www.youtube.com/
watch?v=QEYqoH4sZ5I>.
Acesso em: 12 jan. 2016.

AZIZ Ab'Saber foi referência
no estudo da geografia
do Brasil. 16 mar. 2012.
Disponível em: <http://
g1.globo.com/ciencia-e-saude/
noticia/2012/03/aziz-absaber-
foi-referencia-no-estudo-da-
geografia-do-brasil.html>.
Acesso em: 19 mar. 2016.

BABINSKI, M.; MARTINS, V. T.
Geocronologia: o tempo
registrado nas rochas. Instituto

de Geociência da USP.
Disponível em: <http://www.
igc.usp.br/index.php?id=304>.
Acesso em: 21 mar. 2016.

BARBOSA, G. V. et al. Evolução da
metodologia para mapeamento geomorfológico do Projeto
Radambrasil. **Boletim Técnico**,
Série Geomorfologia, Salvador,
n. 1, p. 187, out. 1984.

BARRELLA, W. et al. As relações entre as matas ciliares, os rios e
os peixes. In: RODRIGUES, R.
R.; LEITÃO FILHO, H. F. (Ed.).
Matas ciliares: conservação e
recuperação. 2. ed. São Paulo:
EdUSP, 2001.

BASENINA, N. V.; TRESCOV, A. A.
Geomorphologische Kartierung
des Gebirgsteliefs im Masstab
1:200.000 auf Grund einer
Morphosturanalyse. **Zeitschrift
für Geomorphologie**. N. F.
Berlin, v. 16, n. 2, p. 125-138, jun.
1972.

BECKER, B.; EGLER, C. A. G.
**Detalhamento da metodologia
para execução do zoneamento ecológico-econômico pelos**

estados da Amazônia Legal. Brasília: SAE/MMA, 1997.

BEMERGUY, R. L.; FURTADO, A. M. M. Pará. In: SOCIEDADE BRASILEIRA DE GEOLOGIA. Comissão Técnico-científica de Geomorfologia. **A geomorfologia**: um quadro atual do ensino e da pesquisa. Belém: SBG, 1988. p. 36-40.

BERTALANFFY, L. V. **Teoria geral dos sistemas**. Tradução de Francisco M. Guimarães. Petrópolis: Vozes, 1973.

BERTRAND, G. Paisagem e geografia física global: esboço metodológico. **Caderno de Ciências da Terra**, São Paulo, n. 13, p. 1-27, 1971.

_____. Paysage et géographie physique globale: esquisse méthodologique. **Révue Geographique des Pyrenées et du Sud-Ouest**, Toulouse: Université de Toulouse, v. 39, n. 3, p. 249-272, 1968.

BIGARELLA, J. J. **Estrutura e origem das paisagens tropicais**. Florianópolis: Ed. UFSC, 1994. v. 1.

BIGARELLA, J. J.; BECKER, R. D.; SANTOS, G. F. dos. **Estrutura e origem das paisagens tropicais e subtropicais**. Florianópolis: Ed. UFSC, 1994. v. 1 e 2.

BIGARELLA, J. J.; MOUSINHO, M. R.; SILVA, J. X. Pediplanos, pedimentos e seus depósitos correlativos no Brasil. **Boletim Paranaense de Geociências**, Curitiba, v. 16/17, p. 117-151, 1965.

BIGARELLA, J. J.; SUGUIO, K.; BECKER, R. D. **Ambiente fluvial**: ambientes de sedimentação, sua interpretação e importância. Curitiba: Ed. da UFPR/Associação de Defesa e Educação Ambiental, 1979.

BLOOM, A, L. **Superfície da Terra**. São Paulo: Edgard Blücher, 1970.

BOCHICCHIO, V. R. (Coord.). Manual de Cartografia. **Atlas mundo atual**: Geografia. São Paulo: Atual, 1993.

BRAGAGNOLO, N.; PAN, W.; THOMAS, J. C. **Solo**: uma experiência em manejo e conservação. Curitiba: Editora do Autor, 1997.

BRANCO, P. de M. **Breve história da Terra**. CPRM – Companhia de Pesquisa de Recursos Minerais. Disponível em: <http://www.cprm.gov.br/publique/cgi/cgilua.exe/sys/start.htm?infoid=1094&sid=129>. Acesso em: 21 mar. 2016.

_____. O geólogo e a geologia. 2009. **CPRM – Serviço Geológico do Brasil**. Disponível em: <http://www.cprm.gov.br/publique/Redes-Institucionais/Rede-de-Bibliotecas-Rede-Ametista/Canal-Escola/O-Geologo-e-a-Geologia-1116.html>. Acesso em: 27 jan. 2016.

BRANCO, S. M. **Ecossistêmica**: uma abordagem integrada dos problemas do meio ambiente. São Paulo: Edgard Blücher, 1989.

BRASIL. Lei n. 5.692, de 11 de agosto de 1971. **Diário Oficial da União**, Poder Legislativo, Brasília, DF, 11 ago. 1971. Disponível em: <http://www.planalto.gov.br/ccivil_03/leis/L5962.htm>. Acesso em: 20 mar. 2016.

BRASIL. Ministério do Meio Ambiente. Conselho Nacional do Meio Ambiente. Resolução n. 396, de 3 de abril de 2008. Dispõe sobre a classificação e diretrizes ambientais para o enquadramento das águas subterrâneas e dá outras providências. **Diário Oficial da União**, Poder Executivo, Brasília, DF, 7 abr. 2008.

BÜDEL, J. **Climatic Geomorphology**. Princeton, New Jersey: University Press, 1982.

_____. **Das natürliche System der Geomorphologie**. Wurzburg, 1 m Selbstverlag des Geographischen Instituts der Universitat Wurzburg in Verbindung mit der Geographischen Gesellschaft Wurzburg. 152 p. 1971. (Wurzburg geographische Arbeiten, 34).

_____. Das System der Klimageenetischen Geomorphologie. **Erdkunde**, Bonn, v. 23, n. 3, p. 165-183, 1969.

_____. Das System der Klimatischen Morphologie. **Deutscher**

Geographentag, München, v. 27, n. 4, p. 65-100, 1948.

BÜDEL, J. Die Doppelten Einebnungsflaechen in den feuchten Troppen. **Zeitschrift für Geomorphologie**, N. F., Berlin, v. 1, n. 2, p. 201-228, 1957.

____. Double Surfaces of Levelling in the Humid Tropics. [English Summary]. **Zeitschrift für Geomorphologie**, N. F. Berlin, v. 1, p. 223-225, and figs. 5-12 (Translated from: Die "Doppelten Einebnungsflächen" in der feuchten Tropen. 1957). In: ADAMS, G. F. (Ed.). **Planation Surfaces**: Peneplains, Pediplains, and Etchplains. Stroudsbourg: Dowden, Hutchinson & Ross, 1975. p. 361-366.

BÜDEL, J. Klima-genetische Geomollphologie. **Geographische Rundschau**, Braunschweig, v. 15, n. 7, p. 269-285, 1963.

BURROUGHS, W. et al. **Observar o tempo**. São Pedro do Estoril: Edições Atena, 1999.

CARNEIRO, C. D. R.; MIZUSAKI, A. M. P.; ALMEIDA, F. F. M. de. A determinação da idade das rochas. **Terrae Didatica [online]**, v. 1, n. 1, p. 6-35, 2005. Disponível em: <http://ppegeo. igc.usp.br/pdf/ted/v1n1/ v1n1a02.pdf>. Acesso em: 21 mar. 2016.

CARSON, M. A.; KIRKBY, M. J. **Hillslope Form and Process**. London: Cambridge University Press, 1972.

CARSTE – Ciência e Meio Ambiente. **O carste**. 2015. Disponível em: <http://www.carste.com.br/site/ index.php/o-carste>. Acesso em: 21 mar. 2016.

CARTOGRAFIA. **Blocos-diagramas** (Cartografia Temática). 1 ilustr.: p.b. 25 mar. 2014. Disponível em: <http://cartografia.eng. br/notas-de-aula-cartografia-tematica-blocos-diagramas/>. Acesso em: 22 ago. 2015.

CARTOGRAFIA. **Fotografias aéreas**: fot. aérea digital. Disponível em: <http://car-tografia.eng.br/wp-content/

uploads/2014/03/a_4fotos.gif>. Acesso em: 22 ago. 2015.

CARVALHO, A. L. P. **Geomorfologia e Geografia Escolar**: o ciclo geográfico davisiano nos manuais de metodologia do ensino (1925-1993). 214 f. Dissertação (Mestrado em Geografia) – Universidade Federal de Santa Catarina, Florianópolis, 1999. Disponível em: <http://dspace.universia. net/bitstream/2024/1080/1/ geomorfologia+e+geografia+ escolar.pdf >. Acesso em: 21 mar. 2016.

CARVALHO, L. de. Mãe Biela deixará de receber lixo. **Odiario. com**. 1 fot.: color. 24 jul. 2010. Disponível em: <http:// www.odiario.com/parana/ noticia/311687/mae-biela- deixara-de-receber-lixo/>. Acesso em: 21 mar. 2016.

CARVALHO, T. M.; BAYER, M. Utilização dos produtos da Shuttle Radar Topography Mission (SRTM) no mapeamen- to geomorfológico do Estado de Goiás. **Revista Brasileira de Geomorfologia**, Rio de Janeiro, v. 9, n. 1, p. 35-41, 2008. Disponível em: <http://ufrr.br/ mepa/phocadownload/srtm%20 goias.pdf>. Acesso em: 21 mar. 2016.

CASSETI, V. **Elementos de geomor- fologia**. Goiânia: Ed. da UFG, 1994.

____. **Geomorfologia**. 2005. Disponível em: <http://www. funape.org.br/geomorfologia/>. Acesso em: 19 mar. 2016.

CASSETI, V.; NASCIMENTO, M. A. L. S. A importância da geomor- fologia nos estudos de risco urbano: o caso de Goiânia. In: SIMPÓSIO DE GEOGRAFIA FÍSICA APLICADA, 4., Porto Alegre, 1991. **Anais**... Porto Alegre: [s.n.], 1991. p. 374-381.

CASTRO, S. S. de; XAVIER, L. de S. (Org.). **Plano de controle da erosão linear da área de abran- gência das nascentes dos rios Araguaia e Araguainha**: GO e MT. Goiânia, 2004. Disponível em: <http://www. labogef.iesa.ufg.br/labogef/ arquivos/downloads/planode

controledeerosao_00339.pdf>. Acesso em: 25 abr. 2016.

CCM.NET. Enciclopédia. **Imagens bitmap e imagens vectoriais**. Disponível em: <http://br.ccm.net/contents/737-imagens-bitmap-e-vectoriais>. Acesso em: 13 jan. 2016.

CECÍLIO, R. A.; REIS, E. F. **Apostila didática**: manejo de bacias hidrográficas. Espírito Santo: Ufes, Centro de Ciências Agrárias, Departamento de Engenharia Rural, 2006.

CESAR, A. L. **Estudo de bacias hidrográficas através de parâmetros morfométricos de análise areal**. Dissertação (Mestrado em Geografia) – Universidade de São Paulo, São Paulo, 1977.

CHALOUB, R. M. Fotossíntese. **Ciência Hoje**, 13 nov. 2015. Disponível em: <http://ciencia-hoje.uol.com.br/revista-ch/2015/331/fotossintese>. Acesso em: 25 abr. 2016.

CHEMEKOV, Y. F. Technogenic Deposits. In: INQUA CONGRESS, 11., Moscow, **Abstracts**, v. 3, p. 62, 1983.

CHORLEY, R. J. A geomorfologia e a teoria dos sistemas gerais. **Notícia Geomorfológica**, Campinas, v. 11, n. 21, p. 3-22, jun. 1971.

_____. **Geomorphology and General Systems Theory**. Theoretical Papers in the Hydrologic and Geomorphic Sciences. Washington: United States Government Printing Office, 1962. Disponível em: <http://pubs.usgs.gov/pp/0500b/report.pdf>. Acesso em: 21 mar. 2016.

CHRISTOFOLETTI, A. A geomorfologia no Brasil. In: FERRI, M. G.; MOTOYAMA, S. (Coord.). **História das ciências no Brasil**. São Paulo: EdUSP, 1980b.

CHRISTOFOLETTI, A. **Análise de sistemas em Geografia**. São Paulo: Hucitec; EdUSP, 1979.

_____. Aplicabilidade do conhecimento geomorfológico nos projetos de planejamento. In: GUERRA, A. J. T.; CUNHA, S. B. (Org.). **Geomorfologia**: uma atualização de bases e conceitos. Rio de Janeiro: Bertrand Brasil, 1994. p. 415-440.

CHRISTOFOLETTI, A. As tendências atuais da geomorfologia no Brasil. **Notícia Geomorfológica**, Campinas, v. 17, n. 33, p. 35-91, 1977.

_____. As teorias geomorfológicas. **Notícia Geomorfológica**, Campinas, v. 13, n. 25, p. 3-42, 1973b.

_____. A teoria dos sistemas. **Boletim de Geografia Teorética**, Rio Claro, v. 1, n. 2, p. 43-60, 1971.

_____. Biografia de William Morris Davis. **Notícia Geomorfológica**, Campinas, v. 13, n. 26, p. 85-88, 1973a.

_____. **Geomorfologia fluvial**. São Paulo: Edgard Blücher; EdUSP, 1981.

_____. **Geomorfologia**. São Paulo: E. Blücher; EdUSP, 1974.

_____. _____. 2. ed. São Paulo: Edgard Blücher, 1980a.

_____. **Modelagem de sistemas ambientais**. São Paulo: Edgard Blücher, 1999.

CHRISTOFOLETTI, A. (Org.). **Perspectivas da Geografia**. São Paulo: Difel, 1982.

_____. O desenvolvimento da geomorfologia. **Notícia Geomorfológica**, Campinas, v. 12, n. 13, p. 13-30, 1972.

_____. O desenvolvimento teórico analítico em geomorfologia: do ciclo da erosão aos sistemas dissipativos. **Geografia**, Rio Claro, v. 14, n. 18, 1989.

_____. O fenômeno morfogenético no município de Campinas. **Notícias Geomorfológicas**, Campinas, v. 8, n. 16, p. 3-97, 1968.

CHRISTOFOLETTI, A. Sistemas dinâmicos: as abordagens da teoria do caos e da Geometria Fractal em Geografia. In: VITTE, A. C.; GUERRA, A. J. T. (Org.). **Reflexões sobre a Geografia Física no Brasil**. Rio de Janeiro: Bertrand Brasil, 2004.

CHRISTOFOLETTI, A.; OKA-FIORI, C. O uso da densidade de rios como elemento para caracterizar as formações superficiais. **Notícia Geomorfológica**,

Campinas, v. 20, n. 39, p. 73-85, dez. 1980.

CHRISTOFOLETTI, A.; PEREZ FILHO, A. Estudos sobre as formas de bacias hidrográficas. **Boletim de Geografia Teorética**, Rio Claro, v. 3, n. 9-10, p. 83-92, 1975.

CHRISTOFOLETTI, A.; TAVARES, A. C. Análise de vertentes: caracterização e correlação de atributos do sistema. **Notícia Geomorfológica**, Campinas, v. 17, n. 34, p. 65-83, dez. 1977.

CLARK, M.; SMALL, J. **Slopes and Weathering**. New York: Cambridge University Press, 1982.

CLIMATOLOGÍA. **Clasificación del clima según Köppen**. 1 mapa: color. 1994. Disponível em: <http://www.atmosfera.cl/HTML/climatologia/koppen.htm>. Acesso em: 22 ago. 2015.

COATES, D. R. **Environment Geomorphology**. Binghamton: Geomorphology Publications of the State University of New York, 1971.

COMUNITEXTO. **Movimento de massa**: conceitos. 1 ilustr.: color. 2013. Disponível em: <http://www.comunitexto.com.br/movimento-de-massa-conceitos/#.VaOpnvlViko>. Acesso em: 21 mar. 2016.

CONSTRUINDO o planeta Terra. Direção: National Geographic. EUA: NatGEO, 2011. 94 min. Disponível em <https://www.youtube.com/watch?v=6eKH3btIUlo&list=PL9zbp30PRHDDbJ_njD7JgjGYuOmMuyylK>. Acesso em: 21 mar. 2016.

COSTA, J. A. Alagoas. In: SOCIEDADE BRASILEIRA DE GEOLOGIA. Comissão Técnico-científica de Geomorfologia. **A Geomorfologia**: um quadro atual do ensino e da pesquisa. Belém: SBG, 1988. p. 23-25.

COSTA, M. L.; MORAES, E. L. Mineralogy, Geochemistry and Genesis of Kaolins from the Amazon Region. **Mineralium Deposita**, v. 33, p. 283-297, 1998.

CRANDALL, R. **Geografia, geologia, suprimento d'água, transporte** e açudagem nos estados orientais do Nordeste do Brasil: Ceará, Rio Grande do Norte, Paraíba. Rio de Janeiro: Ifocs, 1910.

CUNHA, M. A. (Coord.). **Ocupação de encostas**. São Paulo: Instituto de Pesquisas Tecnológicas – IPT, 1991.

CUNHA, S. B. da; GUERRA, A. J. T. (Org.). **Geomorfologia**: exercícios, técnicas e aplicações. Rio de Janeiro: Bertrand Brasil, 1996.

CUNHA, S. B. da; GUERRA, A. J. T. (Org.). **Geomorfologia**: exercícios, técnicas e aplicações. 2. ed. Rio de Janeiro: Bertrand Brasil, 2002.

CURCIO, G. R. **Relações entre geologia, geomorfologia, pedologia e fitossociologia das planícies fluviais do Rio Iguaçu, Paraná, Brasil**. 488 f. Tese (Doutorado em Engenharia Florestal) – Universidade Federal do Paraná, Curitiba, 2006. Disponível em: <http://www.floresta.ufpr.br/pos-graduacao/defesas/pdf_dr/2006/t195_0222-D.pdf>. Acesso em: 21 mar. 2016.

DAVIS, W. M. O ciclo geográfico. **Boletim Campineiro de Geografia**, Campinas, v. 3, n. 1, 2013.

_____. The Geographical Cycle. **The Geographical Journal**, London, v. 14, n. 5, p. 481-504, nov. 1899. Disponível em: <http://www.ugb.org.br/final/normal/artigos/classicos/Davis_1899.pdf>. Acesso em: 21 mar. 2016.

DEMEK, J. Generalization of Geomorphological Maps. **Proceedings of the Commission on Applied Geomorphology, Sub-commission o Geomorphological Mapping**, Poland. p. 36-72, 1967.

DIAS, J. A. **A análise sedimentar e os conhecimentos dos sistemas marinhos**. Universidade do Algarve. 2004. Disponível em: <http://www.oceanografia.ufba.br/ftp/Sedimentologia/Bibliografia/Alverino_Dias_Analise%20Sedimentar%20

Sistemas%20Marinhos_2004. pdf>. Acesso em: 21 mar. 2016.

DICIONÁRIO PRIBERAM. **Tropismo**. Disponível em: <http://www. priberam.pt/dlpo/tropismo>. Acesso em: 13 jan. 2016.

EARTH Revealed: intemperismo e solos (Pedologia). Disponível em: <https://www.youtube.com/ watch?v=nyl0z_1Xbo4&feature =youtu.be>. Acesso em: 2 fev. 2016.

ENCYCLOPEDIA Britannica. **Ciclo do relevo conforme Davis**. 1994. Disponível em: <http:// media-3.web.britannica. com/eb-media/55/7755- 004-A569A5BA.gif>. Acesso em: 20 mar. 2016.

ENCYCLOPEDIA Britannica. **Ferdinand Paul Wilhelm, baron von Richthofen**. Disponível em: <http://www. britannica.com/EBchecked/ topic/502885/Ferdinand-Paul- Wilhelm-baron-von-Richthof en>. Acesso em: 19 mar. 2016.

____. **Principais biomas do mundo**. 1 mapa: color. 2013. Disponível

em: <escola.britannica.com.br/ assembly/177582/distribuicao- global-dos-principais-biomas- terrestres?view=print>. Acesso em: 21 mar. 2016.

ENTRE Rios: a urbanização de São Paulo. Direção: Caio Silva Ferraz, Luana de Abreu e Joana Scarpelini. São Paulo, 2009. 25 min. Disponível em: <https:// vimeo.com/14770270>. Acesso em: 21 mar. 2016.

EP. **Camadas da atmosfera**. 1 ilustr.: color. Disponível em: <http:// www.estudopratico.com.br/ camadas-da-atmosfera/>. Acesso em: 21 mar. 2016.

ERHART, H. La théorie bio-rexiste- sique et les problèmes biogéo- graphiques et paléobiologiques. **Society Biogeography**, France, CNR, v. 288, p. 43-53, 1956.

ESTEVES, F. A. **Fundamentos de Limnologia**. Rio de Janeiro: Interciência; Finep, 1988.

FÁBIO JUNIOR, S. M. **Serra do Bodopitá**. 1 fot.: color. jul. 2012. Disponível em: <http://revistapesquisa.

fapesp.br/2012/07/16/
a-origem-da-montanha/>.
Acesso em: 21 mar. 2016.

FAO – Organização das Nações
Unidas para Alimentação e
Agricultura. **World Reference
Base for Soil Resources (WRB)**.
2014. Disponível em: <www.fao.
org/3/a-i3794e.pdf>. Acesso em:
2 fev. 2016.

FAUSTINO, J. **Planificación y gestión de manejo de cuencas**.
Turrialba: Catie, 1996.

FERREIRA, I. L. **Estudos geomorfológicos em áreas amostrais
da Bacia do Rio Araguari – MG**:
uma abordagem da cartografia geomorfológica. Dissertação
(Mestrado em Geografia) –
Universidade Federal de
Uberlândia, Uberlândia, 2005.

FILIZOLA, H; GOMES, M. A. F.;
BOULET, R. **Passagem de
uma ravina a voçoroca**. 1 fot.:
color. Disponível em: <http://
www.agencia.cnptia.embrapa.
br/gestor/agricultura_e_
meio_ambiente/arvore/
CONTAG01_60_210200792814.
html>. Acesso em: 21 mar. 2016.

FIOCRUZ. **Fotossíntese**. Disponível
em: <http://www.fiocruz.br/
biosseguranca/Bis/infantil/
fotossintese.htm>. Acesso em:
20 mar. 2016.

FLORENZANO, T. G. (Org.).
Geomorfologia: conceitos e
tecnologias atuais. São Paulo:
Oficina de Textos, 2008.

FONSECA, J. R. da. **Boçoroca no
município paulista de Avaré**.
1 fot.: color. Dicionário livre
de Geociência. Disponível em:
<http://www.dicionario.pro.br/
index.php/Bo%C3%A7oroca>.
Acesso em: 21 mar. 2016.

FURRIER, M. A geomorfologia: uma
reflexão conceitual. **Cadernos
do Logepa**, João Pessoa, v. 8,
n. 1-2, p. 37-53, jan./dez. 2013.

GAMA, M. da S.; AFONSO, J. C.
De Svante Arrhenius ao
peagâmetro digital: 100 anos
de medida de acidez. **Quím.
Nova** [on-line]. 2007, v. 30,
n. 1, p. 232-239. Disponível
em: <http://www.scielo.
br/scielo.php?pid=S0100-
40422007000100038&script=sci_
arttext>. Acesso em: 30 jan. 2016.

GANDOLFI, N. **Bacia do Mogi-Guaçu**: morfometria da drenagem, sedimentologia e investigações físico-químicas. 123 f. Tese (Doutorado em Engenharia) – Universidade de São Paulo, São Carlos, 1968.

GARCÍA, A. G. **Perfil topográfico con Googlemaps y Google Docs**. Construção de Perfil Topográfico em Googlemaps e Google Docs. Disponível em: <https://www.youtube.com/watch?v=4XbWKmYrE4E>. Acesso em: 21 mar. 2016.

GEOGRAFIA (ensino fundamental): as formas de relevo – Novo Telecurso. Direção: Ricardo Elias. Brasil: Fundação Roberto Marinho, 2000. 15 min. Disponível em: <https://www.youtube.com/watch?v=v3XdDJX38N0>. <https://www.youtube.com/watch?v=XUipo0kP_K8>. Acesso em: 21 mar. 2016.

GEONAUTILUS. **Aerofotogrametria de medio**: fot. aérea digital. 23 ago. 2011. Disponível em: <http://www.geonautilus.com.br/wp-content/uploads/2011/08/aerofotogrametria.jpg>. Acesso em: 20 mar. 2016.

GEOSSOL. Colocação de estacas para o monitoramento da voçoroca. 1 fot.: color. In: ALVES, A. de M. Evolução de processo erosivo no município de João Dias – RN no primeiro semestre de 2008. **Okara**: Geografia em Debate, v. 2, n. 2, p. 142-153, 2008. Disponível em: <http://www.okara.ufpb.br/ojs/index.php/okara/article/viewFile/2644/3350>. Acesso em: 20 mar. 2016.

GEOSSOL. Trabalho de medição do monitoramento da voçoroca. 1 fot.: color. In: ALVES, A. de M. Evolução de processo erosivo no município de João Dias – RN no primeiro semestre de 2008. **Okara**: Geografia em Debate, v. 2, n. 2, p. 142-153, 2008. Disponível em: <http://www.okara.ufpb.br/ojs/index.php/okara/article/viewFile/2644/3350>. Acesso em: 21 mar. 2016.

GILBERT, G. K. **Geology of the Henry Mountains**. Washington: Government Printing Office, 1877. Disponível em: <http://www.ugb.org.br/final/normal/artigos/classicos/Gilbert_1877.pdf>. Acesso em: 21 mar. 2016.

GIOMETTI, A. L. B. R.; GARCIA, G. J. Análise morfométrica e hidrográfica da Bacia do Rio Jacaré Pepira (SP). **Geografia**, Rio Claro, v. 19, n. 2, 1999.

GIRÃO, O.; CORRÊA, A. C. de B. A contribuição da geomorfologia para o planejamento da ocupação de novas áreas. **Revista de Geografia**, Recife, v. 21, n. 2, p. 36-58, jul./dez. 2004.

GOMES, A. S.; CLAVICO, E. **Propriedades físico-químicas da água**. Rio de Janeiro: Departamento de Biologia Marinha da Universidade Federal Fluminense, 2005. Disponível em: <http://www.uff.br/ecosed/PropriedadesH2O.pdf>. Acesso em: 21 mar. 2016.

GONÇALVES, L. F. H.; GUERRA, A. J. T. Movimentos de massa na cidade de Petrópolis (Rio de Janeiro). In: GUERRA, A. J. T.; CUNHA, S. B. (Org.). **Impactos ambientais urbanos no Brasil**. Rio de Janeiro: Bertrand Brasil, 2001. p. 189-252.

GOVERNO DO ESTADO DO PARANÁ. Secretaria de Educação. **Zonas térmicas da Terra**. Disponível em: <http://www.geografia.seed.pr.gov.br/modules/galeria/detalhe.php?foto=421&evento=5>. Acesso em: 13 jan. 2016.

GREGORY, K. J. **A natureza da Geografia Física**. Rio de Janeiro: Bertrand Brasil, 1992.

GROTZINGER, J.; JORDAN, T. **Para entender a Terra**. 6. ed. Porto Alegre: Bookman, 2013.

GUERRA, A. T. **Dicionário geológico-geomorfológico**. 4. ed. Rio de Janeiro: IBGE, 1972.

GUERRA, A. T.; GUERRA, A. J. T. **Novo dicionário geológico-geomorfológico**. Rio de Janeiro: Bertrand Brasil, 1997.

GUERRA, A. J. T. Processos erosivos nas encostas. In: GUERRA, A. J. T.; CUNHA, S. B. (Org.).

Geomorfologia: uma atualização de bases e conceitos. Rio de Janeiro: Bertrand Brasil, 1994. p. 149-209.

GUERRA, A. J. T.; CUNHA, S. B. da. (Org.). Degradação ambiental. In: ___, ___. **Geomorfologia e meio ambiente**. 3. ed. Rio de Janeiro: Bertrand Brasil, 2000. p. 337-379.

GUERRA, A. J. T.; MARÇAL, M. dos S. (Org.). **Geomorfologia Ambiental**. Rio de Janeiro: Bertrand Brasil, 1996.

GUERRA, A. J. T.; MENDONÇA, J. K. S. Erosão dos solos e a questão ambiental. In: VITTE, A. C.; GUERRA, A. J. T. (Org.). **Reflexões sobre a geografia física no Brasil**. 2. ed. Rio de Janeiro: Bertrand Brasil, 2007. p. 225-256.

GUIMARÃES, F. de M. S. Divisão regional do Brasil. **Revista Brasileira de Geografia**, Rio de Janeiro, ano 3, n. 2, 1941.

HACK, J. T. Geomorphology of the Shenandoah Valley, Virginia and West Virginia, and Origin of the Residual Ore Deposits. **United States Geological Survey Professional Paper**, Washington, n. 484, 1965.

___. Interpretation of Erosional Topography in Humid Temperate Regions. **American Journal of Science**, Washington, v. 258, p. 80-97, 1960. Disponível em: <http://earth.geology.yale.edu/~ajs/1960/ajs_258A_11.pdf/80.pdf>. Acesso em: 21 mar. 2016.

HACK, J. T. Studies of Longitudinal Stream Profiles in Virginia and Maryland. **United States Geological Survey Professional Paper**, Washington, n. 294-B, p. 45-97, 1957.

HAMELIN, L. E. Géomorphologie: geographie globale-geographie totale. Cahiers de Geographie de Québec. v. VIII, n. 16, p. 199-218. Tradução de A. Christofoletti. **Not. Geomorfológica**, Campinas, n. 13/14, p. 3-22, 1964.

HIRUMA, S. T. Revisão dos conhecimentos sobre o significado das linhas de seixos.

Revista do Instituto Geológico, São Paulo, v. 27-28, n. 1/2, p. 53-64, 2007. Disponível em: <http://www.ppegeo.igc.usp.br/pdf/rig/v27-28n1-2/v27n1a04.pdf>. Acesso em: 21 mar. 2016.

HORTON, R. E. Erosional Development of Streams and Their Drainage Basins: a Hydrophysical Approach to Quantitative Morphology. **Geol. Soe. Am. Bull.**, v. 56, n. 3, p. 275-370, 1945.

HUTTON, J. **Theory of the Earth with Proofs and Illustrations**. Edinburgh: William Creech, 1795.

IBGE – Instituto Brasileiro de Geografia e Estatística. **Atlas geográfico escolar**. Rio de Janeiro: IBGE, 2002.

_____. Carta do Brasil. **Mariana**. 1976. Disponível em: <http://biblioteca.ibge.gov.br/visualizacao/mapas/GEBIS%20-%20RJ/SF-23-X-B-I-3.jpg>. Acesso em: 21 mar. 2016.

_____. **Compartimentos de relevo**. Rio de Janeiro: IBGE, 2006a.

1 mapa: color. Escala 1: 30 000 000. Disponível em: <ftp://geoftp.ibge.gov.br/atlas/atlas_nacional_do_brasil_2010/2_territorio_e_meio_ambiente/atlas_nacional_do_brasil_2010_pagina_74_dominios_morfoestruturais_e_morfoclimaticos_compartim.pdf>. Acesso em: 21 mar. 2016.

IBGE – Instituto Brasileiro de Geografia e Estatística. **Domínios morfoestruturais e morfoclimáticos**. Rio de Janeiro: IBGE, 2006b. 1 mapa: color. Escala 1: 30 000 000. Disponível em: <ftp://geoftp.ibge.gov.br/atlas/atlas_nacional_do_brasil_2010/2_territorio_e_meio_ambiente/atlas_nacional_do_brasil_2010_pagina_74_dominios_morfoestruturais_e_morfoclimaticos_compartim.pdf>. Acesso em: 21 mar. 2016.

_____. **Estado do Acre geormofológico**. [s.l.]: IBGE, 2005. 1 mapa: color. Escala 1: 1 000 000. Disponível em: <ftp://geoftp.ibge.

gov.br/mapas_tematicos/ geomorfologia/unidades_ federacao/ac_geomorfologia. pdf>. Acesso em: 21 mar. 2016.

IBGE – Instituto Brasileiro de Geografia e Estatística. **Glossário geológico**. Rio de Janeiro: IBGE, 1999. Disponível em: <http://biblioteca. ibge.gov.br/visualizacao/ monografias/GEBIS%20-%20RJ/ glossariogeologico.pdf>. Acesso em: 13 jan. 2016.

____. **Manual técnico de geomorfologia** (Coord. Bernardo de Almeida Nunes et al.). Rio de Janeiro: IBGE, 1995. (Série Manuais Técnicos em Geociências, n. 5).

____. **Manual técnico de geomorfologia** (Coord. Bernardo de Almeida Nunes et al.). 2. ed. Rio de Janeiro: IBGE, 2009. Disponível em: <ftp:// geoftp.ibge.gov.br/documentos/ recursos_naturais/manuais_ tecnicos/manual_tecnico_ geomorfologia.pdf>. Acesso em: 20 mar. 2016.

IBGE – Instituto Brasileiro de Geografia e Estatística. **Noções básicas de cartografia**. 2014. Disponível em: <http://www. ibge.gov.br/home/geociencias/ cartografia/manual_nocoes/ elementos_representacao. html>. Acesso em: 20 mar. 2016.

IKEYA, M. **New Applications of Electron Spin Resonance**. New Jersey: World Scientific, 1993.

INFANTI JR., N.; FORNASARI FILHO, N. Processos de dinâmica superficial. In: SANTOS, A. M. dos; OLIVEIRA, S. N. A. de B. (Ed.). **Geologia de Engenharia**. São Paulo: Associação Brasileira de Geologia de Engenharia, 1998.

INFOPÉDIA. **Força de Coriolis**. Disponível em: <http://www. infopedia.pt/$forca-de-coriolis>. Acesso em: 13 jan. 2016.

INPE – Instituto Nacional de Pesquisas Espaciais. **Introdução à astronomia e astrofísica**. São José dos Campos, 2003. Disponível em: <http:// staff.on.br/maia/Intr_Astron_ eAstrof_Curso_do_INPE.pdf>. Acesso em: 21 mar. 2016.

ÍSOLA, L.; CALDINI, L. de M. **Atlas Geográfico Saraiva**. São Paulo: Saraiva, 2007. Disponível em: <https://cartografiaescolar.files.wordpress.com/2013/02/brasil-altitudes.jpg>. Acesso em: 21 mar. 2016.

ISTO É. **Enciclopédia ilustrada da Terra**. São Paulo: Editora 3, 2009. v. 12. p. 440-441.

IUSS – International Union of Soil Science. Disponível em: <http://www.iuss.org/>. Acesso em: 21 mar. 2016.

JAHN, A. **Denudational Balance of Slope**. Poland: Geographia Polonica, 1968.

JAMES, P. E. As terras cafeeiras do Brasil de sudeste. **Boletim Geográfico**, ano 3, n. 29, p. 701-16, 1949.

_____. **Latin America**. London: The Leighton Straker Book Binding Company, 1950.

JUNK, W. J.; BAYLEY, P. B.; SPARKS, R. E. The Flood Pulse Concept in River: Floodplain Systems. **Can. Spec. Publ. Aquatic. Sci.**, Toronto, v. 106, p. 110-127, 1989.

KING, L. C. A geomorfologia do Brasil Oriental. **Revista Brasileira de Geografia**, Rio de Janeiro, v. 18, n. 2, p. 147-265, 1956.

_____. Canons of Landscape Evolution. **Bull. Geology Society of America**, Washington, v. 64, n. 7, p. 721-732, 1953.

KLEIN, C. La notion de cycle en géomorphologie. **Revue de Géologie Dynamique et Géographie Physique**, Paris, v. 26, n. 2, p. 95-107, 1985.

KLEIN, C. **Morphology of the Earth**. Edinburgh: Oliver & Boyd, 1967.

KLIMASZEWSKI, W. Datailed Geomorphical Maps. **ITC Journal**, v. 1982-3, p. 265-272, 1982.

KÖPPEN, W. Versuch einer Klassifikation der Klimate, vorzugsweise nach ihren Beziehungen zur Pflanzenwelt. **Geogr. Zeitschr.**, n. 6, p. 593-611, 657-679, 1900.

KOSSOY, B. **História e fotografia**. 2. ed. São Paulo: Ateliê Editorial, 1989.

KOSSOY, B. **Realidades e ficções na trama fotográfica**. São Paulo: Ateliê Editorial, 1999.

KOTTEK, M. et al. World Map of the Köppen-Geiger Climate Classification Updated. **Meteorologische Zeitschrift**, Berlin, Stuttgart, v. 15, n. 3, p. 259-263, 2006. Disponível em: <http://koeppen-geiger.vu-wien. ac.at/pdf/Paper_2006.pdf>. Acesso em: 21 mar. 2016.

KÜGLER, H. Grundlagen und Regeln der kartographischen Formulierung geographischer Aussagen in ihrer Anwendung auf geomorphologische Karten. **Petermanns Geographische Mitteilungen**, Gotha, v. 119, n. 2, p. 145-159, 1975.

KÜGLER, H. Kartographisch--semiotische Prinzipien und ihre Anwendung auf geomorphologische Karten. **Petermanns Geographische Mitteilungen**, Gotha, v. 120, n. 1, p. 65-78, 1976a.

_____. Zur Aufgabe der geomorphologischen Forschung und Kartierung in der DDR. **Petermanns Geographische Mitteilungen**, Gotha, v. 120, n. 2, p. 154-160, 1976b.

LA HISTORIA CON MAPAS. **Paleoforma**. Disponível em: <http://www.lahistoriacon mapas.com/historia/definicion-de-paleoforma/#sthash. N4BfBu2k.dpuf>. Acesso em: 13 jan. 2016.

LAKATOS, E. M.; MARCONI, M. A. **Metodologia científica**. 3. ed. rev. e ampl. São Paulo: Atlas, 1991.

LIMA, M. I. C. de. **Análise de drenagem e seu significado geológico-geomorfológico**. Apostila. 3. ed. Belém, 2006. Disponível em: <http://www.neotectonica. ufpr.br/geomorfologia/1.pdf>. Acesso em: 21 mar. 2016.

LIMA, W. P.; ZAKIA, M. J. B. Hidrologia de matas ciliares. In: RODRIGUES, R. R.; LEITÃO FILHO, H. F. (Ed.). **Matas ciliares**: conservação e recuperação. 2. ed. São Paulo: EdUSP, 2000. p. 33-43.

LISBOA, M. A. **Oeste de São Paulo, Sul de Mato Grosso**. Rio de Janeiro, 1909.

LISLE, R. J.; BRABHAM, P. J.; BARNES, J. W. **Mapeamento geológico básico**. 5. ed. Rio de Janeiro: Bookmam, 2014.

LONGWELL, C. R.; FLINT, R. F. **Introduction to Physical Geology**. New York: John Wiley & Sons, 1962.

LOVELOCK, J. **Gaia**: um novo olhar sobre a vida na Terra. Lisboa: Edições 70, 1995.

LYELL, C. **Principles of Geology, Being an Attempt to Explain the Former Changes of the Earth's Surface, by Reference to Causes Now in Operation**. London: John Murray, 1830. v. 1.

MACHADO, C. A. A pesquisa de depósitos tecnogênicos no Brasil e no mundo. **Revista Tocantinense de Geografia**, Araguaína, ano 1, n. 2, p. 15-35, jan./jun. 2013. Disponível em: <http://www.revista.uft.edu.br/index.php/geografia/article/viewFile/522/pdf2>. Acesso em: 21 mar. 2016.

MACHADO, L. M. C. P. **A estruturação hortoniana de bacias hidrográficas do Planalto Paulistano e das escarpas da Serra do Mar, SP**. Dissertação (Mestrado em Geografia Física) – Universidade de São Paulo, São Paulo, 1979.

MACHADO NETO, M. M. **Fundamentos da Administração**. 2013. Disponível em: <http://pt.slideshare.net/UerjFundamentosDaAdministracao2013_1/trabalho-fund-adm-grupo-dia-15072013>. Acesso em: 21 mar. 2016.

MARÇAL, M. dos S.; GUERRA, A. J. T. Processo de urbanização e mudanças na paisagem da cidade de Açailândia (Maranhão). In: GUERRA, A. J. T.; CUNHA, S. B. **Impactos ambientais urbanos no Brasil**. Rio de Janeiro: Bertrand Brasil, 2001. p. 275-303.

MARTONNE, E. de. Problemas morfológicos do Brasil Tropical

Atlântico. **Rev. Bras. de Geografia**, IBGE – CNG. Rio de Janeiro, n. 5(4), p. 523-550; n. 6(2): p. 155-178, 1943-1944.

MATTAR, C. **Geografia é vida, é transdisciplinaridade, é saber!** 2012. Disponível em: <http://cristianemattar.blogspot.com.br/2012_07_01_archive.html>. Acesso em: 25 abr. 2016.

MATTOS, S. H. V. L.; PEREZ FILHO, A. Complexidade e estabilidade em sistemas geomorfológicos: uma introdução ao tema. **Revista Brasileira de Geomorfologia**, Rio de Janeiro, v. 5, n. 1, p. 11-18, 2004.

MAURO, C. A. de; DANTAS, M.; ROSO, F. A. Geomorfologia. In: **Projeto Radambrasil**, Brasília, Rio de Janeiro, folha SD. 23, p. 205-296, 1982.

MECÂNICA INDUSTRIAL. **Como funciona um penetrômetro**. Disponível em: <http://www.mecanicaindustrial.com.br/536-como-funciona-um-penetrometro/>. Acesso em: 20 mar. 2016a.

MECÂNICA INDUSTRIAL. **Penetrômetro**. 1 fot.: color. Disponível em: <http://www.mecanicaindustrial.com.br/536-como-funciona-um-penetrometro/>. Acesso em: 20 mar. 2016b.

MEDEIROS, G. F. **Susceptibilidade à erosão na alta bacia do Ribeirão Barreiro**: Alexânia – GO. 172 f. Dissertação (Mestrado em Engenharia Civil) – Universidade Federal de Goiás, Escola de Engenharia Civil, Goiânia, 2009.

MEDEIROS, P. C. A face oculta da privatização e os desafios da gestão social das águas no Estado do Paraná. **Revista RA'E GA**, Curitiba, n. 10, p. 117-130, 2005.

_____. **Fotografia curso de capacitação em maquetes** – Brasil. 1 fot.: color. Curitiba, 2011. Acervo do autor.

MENDES, J. C. **Elementos de estratigrafia**. São Paulo: T. A. Queiroz, 1992.

MILLOT, G. Géochimie de la surface et formes du relief. **Societé Géologie Bulletin**, Paris, v. 30, n. 4, p. D229-D233, 1977.

____. Les grands aplainissements des soeles continentaux dans les pays tropicaux et desertiques. Mémoires H. Service. **Societé Géologie de France**, Paris, n. 10, p. 295-305, 1980.

____. Planation of Continents by Intertropical Weathering and Pedogenetic Processes. In: INTERNATIONAL SEMINAR ON LATERITISATION PROCESSES, 2., 1982, São Paulo. **Anais**... Organização e edição de A. J. Melfi e A. Carvalho. São Paulo: IUGS/Unesco/IGCP/IAGC, 1983. p. 53-63.

MINEROPAR – Serviço Geológico do Paraná. **Glossário de termos geológicos**. Disponível em: <http://www.mineropar.pr.gov. br/modules/glossario/conteudo. php>. Acesso em: 19 mar. 2016.

MORAIS, M. V. R. Distrito Federal. In: SOCIEDADE BRASILEIRA DE GEOLOGIA. Comissão Técnico-científica de

Geomorfologia. **A geomorfologia**: um quadro atual do ensino e da pesquisa. Belém: SBG, 1988. p. 28-30.

MOREIRA, A. N. Cartas geomorfológicas. **Geomorfologia**, São Paulo, Universidade de São Paulo, Instituto de Geografia, n. 5, p. 1-11, 1969.

MUEHE, D. Geomorfologia costeira. In: GUERRA, A. J. T.; CUNHA, S. B. (Org.). **Geomorfologia**: uma atualização de bases e conceitos. 4. ed. Rio de Janeiro: Bertrand Brasil, 2001. p. 253-308.

NASCIMENTO, E.; KRUNN, K. A utilização de imagens de sensoriamento remoto no ensino da Geografia: uma experiência de capacitação de professores. In: SIMPÓSIO BRASILEIRO DE SENSORIAMENTO REMOTO, 13., Florianópolis, 2007. **Anais**... Florianópolis: Inpe, 2007. p. 1545-1550. Disponível em: <http://marte. sid.inpe.br/col/dpi.inpe.br/ sbsr@80/2006/11.16.02.46/

doc/1545-1550.pdf>. Acesso em: 21 mar. 2016.

NUNES, B. de A. et al. (Coord.). **Manual técnico de Geomorfologia**. Rio de Janeiro: IBGE, 1995. (Série Manuais Técnicos em Geociências, n. 5). Disponível em: <http://www.labogef.iesa.ufg.br/labogef/arquivos/downloads/Manual_Tecnico_de_Geomorfologia_07928.pdf>. Acesso em: 21 mar. 2016.

OLIVEIRA, A. A. B. A abordagem sistêmica no planejamento e gestão de bacias hidrográficas. In: SIMPÓSIO BRASILEIRO DE GEOGRAFIA FÍSICA APLICADA, 10., 2003. **Anais**... Rio de Janeiro: UERJ, 2003.

OLIVEIRA, A. M. dos S. A abordagem geotecnogênica: a Geologia de Engenharia no Quinário. In: BITAR, O. Y. (Coord.). **Curso de geologia aplicada ao meio ambiente**. São Paulo: IPT/ABGE, 1995. p. 231-241.

OLIVEIRA, A. M. dos S. Depósitos tecnogênicos associados à erosão atual. In: CONGRESSO BRASILEIRO DE GEOLOGIA DE ENGENHARIA, 6., Salvador, 1990. **Anais**... São Paulo: ABGE, 1990. v. 1. p. 411-415.

OLIVEIRA, A. M. dos S. et al. Tecnógeno: registro da ação geológica do homem. In: SOUZA, C. R. de G. et al. (Org.). **Quaternário do Brasil**. Ribeirão Preto: Holos, 2005. p. 363-378.

OLIVEIRA, L. M. de. **Acidentes geológicos urbanos**. Curitiba: Mineropar, 2010.

OLIVEIRA, M. A. T. Processos erosivos e preservação de áreas de risco de erosão por voçorocas. In: GUERRA, A. J. T.; SILVA, A. S.; BOTELHO, R. G. M. (Org.). **Erosão e conservação dos solos**: conceitos, temas e aplicações. Rio de Janeiro: Bertrand Brasil, 1999. p. 57-99.

OLIVEIRA, R. G.; MEDEIROS, W. E. Evidences of Buried Loads in the Base of the Crust of Borborema Plateau (NE Brazil) from Bouguer Admittance Estimates. **Journal of South American Earth Sciences**, Mexico City, v. 37, p. 60-76, ago. 2012.

OLLIER, C. D. **Tectonics and Landforms**. Geomorphology Texts. London: Longman, 1981.

OPA – Organização de Preservação Ambiental. **Ecossistemas = biocenose + biótipo**. Disponível em: <http://www.opabrasil.org.br/Biocenose_Biotipo.html>. Acesso em: 20 mar. 2016.

ORDEN POUR LE MÉRITE. **Albrecht Penck**. 1 fot.: p.b. Disponível em: <http://www.orden-pourlemerite.de/mitglieder/albrecht-penck?m=3&u=6>. Acesso em: 19 mar. 2016.

PANIZZA, A. de C.; FONSECA, F. P. Técnicas de interpretação visual de imagens. **Geousp: Espaço e Tempo**, São Paulo, n. 30, p. 30-43, 2011.

PASSARGE, S. Physiologische Morphologie. **Metteil. Geogr. Gesellsch**. v. XXVI. Hamburg: Friederícksen, 1912.

PELOGGIA, A. U. G. **O homem e o ambiente geológico**: geologia, sociedade e ocupação urbana no município de São Paulo. São Paulo, Xamã, 1998.

PENCK, A. **Morphologie der Erdoberfläche**. Stuttgart: Engelhorn, 1894. v. 2.

PENCK, W. Die morphologische Analyse. Ein Kapitel der physikalischen Geologie. **A. Penck's Geogr. Abhandl.**, 2 Reihe, H. 2, J. Engelhorns Nachf., Stuttgart, 283 p., 21 fig., 12 pl. photogr., 1 portrait de l'auteur (ouvrage traduit en anglais par H. Czech et K. C. Boswell 1953), 1924.

_____. **Morphological Analysis of Landforms**. London: McMillan, 1953. (First edition 1924).

PENTEADO, M. M. **Fundamentos de Geomorfologia**. 3. ed. Rio Janeiro: IBGE, 1980.

PHILLIPS, J. D. Erosion, Isostatic Response, and the Missing Peneplains. **Geomorphology**, v. 45, p. 225-241, 2002.

PICADÃO NO QUILÔMETRO 100 (Relatório da Expedição do Rio Feio). 1 fot.: p.b. Disponível em: <http://www.scielo.br/img/

revistas/hcsm/v15n3/10f4.jpg>. Acesso em: 22 ago. 2015.

PINESE JÚNIOR, J. F. (Org.). **Esquema Ilustrativo das parcelas experimentais**. 1 ilustr. Disponível em: <http://www.scielo.br/img/revistas/sn/v20n2/a10fig02.gif>. Acesso em: 20 mar. 2016.

PIVETTA, M. Uma serra no Nordeste Oriental. 1 ilustr.: color. jul. 2012. In: _____. **A origem da montanha**. Disponível em: <http://revistapesquisa.fapesp.br/2012/07/16/a-origem-da-montanha/>. Acesso em: 21 mar. 2016.

PLANT & SOIL SCIENCES E-LIBRARY. 2015. Disponível em: <http://passel.unl.edu/Image/siteImages/P33LG.jpg>. Acesso em: 14 jan. 2016.

PONÇANO, W. L.; PRANDINI, F. L. Boçorocas no Estado de São Paulo: uma revisão. In: SIMPÓSIO NACIONAL DE CONTROLE DE EROSÃO, 4., Marília, 1987. **Anais**... São Paulo: ABGE, 1987. p. 149-177.

PORTO, C. G. Intemperismo em regiões tropicais. In: GUERRA, A. J. T.; CUNHA, S. B. (Org.). **Geomorfologia e meio ambiente**. Rio de Janeiro: Bertrand Brasil, 1996.

POWELL, J. W. **Exploration of the Colorado River of the West and its Tributaries**. Washington, DC: US Govt. Printing Office, 1875.

PRANDINI, F. L. Erosão: particularidades dos ravinamentos. In: PECULIARITIES OF GEOTECHNICAL BEHAVIOR OF TROPICAL LATERITIC AND SAPROLITIC SOILS, São Paulo, 1985. **Progress Report**... São Paulo: ABMS, 1985. Tema 3.

PRANDINI, F. L. Occurrence of Boçorocas in Southern Brazil: Geological Conditioning of Environmental Degradation. In: INTERNATIONAL CONGRESS OF THE IAEG, 2., São Paulo, 1974. **Proceedings**... São Paulo: ABGE, 1974, v. 1, tema 3, trab. 36.

PUCRS – Pontífica Universidade Católica do Rio Grande do Sul. **Ventos**. Disponível em:

<http://enadepucrs.uni5.net/enade/wp-content/uploads/Screen-shot-2011-06-28-at-2.25.28-PM.png>. Acesso em: 13 jan. 2016.

PUGH, J. C. Isostatic Readjustment in the Theory of Pediplanation. **Geological Society of London**, London, Quart Jour., v. 3, p. 361-369, 1955.

RATIER, R. Camadas da atmosfera. **Nova Escola**. Disponível em: <http://revistaescola.abril.com.br/geografia/fundamentos/quantas-partes-divide-atmosfera-quais-diferencas-entre-elas-geografia-temperatura-517578.shtml>. Acesso em: 13 jan. 2016.

RAVINA. In: **Dicionário livre de Geociências**. Disponível em: <http://www.dicionario.pro.br/index.php/Ravina>. Acesso em: 21 mar. 2016.

REGO, L. F. de M. **Notas sobre a geomorfologia de São Paulo e sua gênesis**. São Paulo: Inst. Astron. Geofísico, 1932.

RICHTHOFEN, F. von. Tareas y métodos de la geografía actual: el método de la geografía general. **Didáctica Geográfica**, n. 3, p. 49-62, 1978.

RODRIGUES, K. de M. **Variabilidade espacial de atributos químicos, físicos e biológicos em voçoroca revegetada no município de Pinheiral – RJ**. 83 f. Dissertação (Mestrado em Ciências em Agronomia, área de concentração Ciência do Solo) – Universidade Federal Rural do Rio de Janeiro, Seropédica, 2010. Disponível em: <http://www.ia.ufrrj.br/cpacs/arquivos/teses_dissert/274_(ME-2010)_Khalil_de_Menezes_Rodrigues.pdf>. Acesso em: 2 fev. 2016.

RODRIGUES, M. **Anais da Quarta Conferência Latino-americana sobre Sistemas de Informação Geográfica/Segundo Simpósio Brasileiro de Geoprocessamento**. São Paulo: Epusp, 1993.

ROSS, J. L. S. **Geomorfologia**: ambiente e planejamento. São Paulo: Contexto, 1990.

ROSS, J. L. S. **Geomorfologia**: ambiente e planejamento. 4. ed. São Paulo: Contexto, 1997.

____. O registro cartográfico dos fatos geomórficos e a questão da taxonomia do relevo. **Revista do Departamento de Geografia da USP**, São Paulo, n. 6, p. 17-30, 1992.

____. Os fundamentos da Geografia da natureza. In: ____ (Org.). **Geografia do Brasil**. São Paulo: EdUSP, 1996. p. 15-65.

____. Relevo brasileiro: uma nova proposta de classificação. **Revista do Departamento de Geografia da USP**, São Paulo, n. 4, p. 25-39, 1985. Disponível em: <http://www.revistas.usp.br/rdg/article/viewFile/47094/50815>. Acesso em: 22 ago. 2015.

RUELLAN, F. Orientação científica dos métodos de pesquisa geográfica. **Revista Brasileira de Geografia**, Rio de Janeiro, v. 5, n. 1, p. 51-60, 1943.

RUHE, R. V. Background and Preparation. In:

Geomorphology: Geomorphic Process and Surficial Geology. USA: Houghton Mifflin, 1975.

SALA SANJAUME, M.; BATALLA VILLANUEVA, R. J. **Teoria y métodos en Geografia Física**. Madrid: Editorial Sintesis, 1996.

SALGADO, A. A. R. Superfícies de aplainamento: antigos paradigmas revistos pela ótica dos novos conhecimentos geomorfológicos. **Revista Geografias**: Artigos Científicos, Belo Horizonte, n. 3(1), p. 64-78, jan./jun. 2007.

SANTANA, D. P. **Manejo integrado de bacias hidrográficas**. Sete Lagoas: Embrapa, 2003. 63 p. (Embrapa Milho e Sorgo. Documentos, 30). Disponível em: <http://www.agencia.cnptia.embrapa.br/recursos/docume30ID-TUSBRYuXa7.pdf>. Acesso em: 21 mar. 2016.

SANTOS, I dos. **Modelagem geo-bio-hidrológica como ferramenta no planejamento ambiental**: estudo da bacia hidrográfica do Rio Pequeno, São José dos Pinhais – PR.

Dissertação (Mestrado em Agronomia, área de concentração Ciência do Solo) – Universidade Federal do Paraná, Setor de Ciências Agrárias, Curitiba, 2001. Disponível em: <http://dspace.c3sl.ufpr.br/dspace/bitstream/handle/1884/28700/D%20-%20IRANI%20DOS%20SANTOS.pdf?sequence=1>. Acesso em: 14 jan. 2016.

SANTOS, V. **Cascalheira soterrada** (stone line ou paleopavimento). 1 fot.: color. Disponível em: <http://www.cchla.ufrn.br/ANA/image004.jpg>. Acesso em: 21 mar. 2016.

SBCS – Sociedade Brasileira de Ciência do Solo. **Pedologia**: fundamentos. Disponível em: <http://www.sbcs.org.br/loja/index.php?route=product/product&product_id=57>. Acesso em: 12 jan. 2016.

SCHIMIDT, J.; HEWITT, A. Fuzzy Land Element Classification from DTMs Based on Geometry and Terrain Position. In: ANJOS; D. S. dos; MENEGUETTE JUNIOR, M.; NUNES, J. O. R. Classificação da curvatura de vertentes em perfil via modelo numérico de terreno. In: SIMPÓSIO BRASILEIRO DE SENSORIAMENTO REMOTO, 15., Curitiba, 2011. **Anais**... Curitiba: Inpe, 2011. Disponível em: <http://www.dsr.inpe.br/sbsr2011/files/p0433.pdf>. Acesso em: 21 mar. 2016.

SCHUMM, S. A. **The Fluvial System**. Caldwell: Blackburn Press, 1977.

SEMARH/SE – Secretaria de Estado do Meio Ambiente de Sergipe. Disponível em: <http://www.semarh.se.gov.br/comitesbacias/uploads/img483eae0a0cd5e.jpg>. Acesso em: 14 jan. 2016.

SHARPE, C. F. S. **Landslides and Related Phenomena**: a Study of Mass-movements of Soil and Rock. New York: Columbia University Press, 1938.

SHIKLOMANOV, I. **World Water Resources**: a New Appraisal and Assessment for the 21th Century. Paris: IHP/Unesco, 1998.

SHREVE, R. L. Probabilistic-topologic Approach to Drainage-basin Geomorphology. **Geology**, v. 3, p. 527-529, 1975.

SILVA JÚNIOR, L. de O.; CAETANO, L. C. **Aquíferos**. CPRM – Companhia de Pesquisa de Recursos Minerais. Disponível em: <http://www.cprm.gov.br/publique/cgi/cgilua.exe/sys/start.htm?infoid=1377&sid=129>. Acesso em: 21 mar. 2016.

SILVA, T. I.; RODRIGUES, S. C. Tutorial de Cartografia Geomorfológica ArcGis 9.2 e Envi 4.0. **Manuais Técnicos – Rev. Geogr. Acadêmica**, Uberlândia, ano XIII, v. 3, n. 2, 2009. Disponível em: <http://www.mapasacademicos.com.br/tutoriais/tutorial-geo-mapas-geomorfologico-ENVI-e-ARCGIS.pdf>. Acesso em: 10 abr. 2016.

SOCHAVA, V. B. Geographie und Ökologie. **Petermanns Geographische Mitteilunge**, Gotha, v. 118, n. 2, p. 89-98, 1972.

SOILCONTROL. **Infiltrômetro de duplo anel**. 1 fot.: color. Disponível em: <http://www.soilcontrol.com.br/arquivos/soilcontrol/produtos/big/scan0001_200851315248.jpg>. Acesso em: 20 mar. 2016.

SOUSA, R. R. de. Oficina de maquete de relevo: um recurso didático. **Revista Terra e Didática**, Barra do Garças, v. 10, p. 22-28, 2014. Disponível em: <http://www.ige.unicamp.br/terraedidatica/v10_1/PDF10_1/Td%20v10-86-Romario.pdf>. Acesso em: 21 mar. 2016.

SOUZA, M. J. N. Ceará. In: SOCIEDADE BRASILEIRA DE GEOLOGIA. Comissão Técnico-científica de Geomorfologia. **A Geomorfologia**: um quadro atual do ensino e da pesquisa. Belém: SBG, 1988. p. 26-27.

SPERLING, E. V. **Morfologia de lagos e represas**. Belo Horizonte: Desa; UFMG, 1999.

STENO, N. **De solido intra solidum naturaliter contento dissertationis Prodromus, Florence**. The Prodromus of Nicolaus Steno's Dissertation Concerning a Solid Body Enclosed by Process of Nature within a Solid. An English version with an introduction and explanatory notes by John Garrett Winter, University of Michigan. New York: MacMillan Company, 1916.

STRAHLER, A. N. Statistical Analysis in Geomorphic Research. **Journ. Geol.**, Chicago, v. 3, n. 1, p. 1-25, 1954.

STRAKNOV, N. M. **Principles of Lithogenesis**. Edinburgh: Oliver & Boyd, 1967.

SUERTEGARAY, D. A. A. Rio Grande do Sul: morfogênese da paisagem – questões para a sala de aula. **Boletim Gaúcho de Geografia**, Porto Alegre, n. 21, p. 117-132, 1996.

SUERTEGARAY, D. A. A.; ROSSATO, M. S. Natureza: concepções no ensino fundamental de Geografia. In: BUITONI, M. M. S. (Org.). **Geografia**: ensino fundamental. Brasília: Ministério da Educação, Secretaria da Educação Básica, 2010.

SUGUIO, K. A importância da Geomorfologia em Geociências e áreas afins. **Revista Brasileira de Geomorfologia**, Rio de Janeiro, v. 1, n. 1, p. 80-87, 2000.

____. **Dicionário de Geologia Sedimentar e áreas afins**. Rio de Janeiro: Bertrand Brasil, 1998.

SUGUIO, K.; BIGARELLA, J. J. **Ambiente fluvial**. Curitiba: Editora da UFPR; Adea, 1979.

TEIXEIRA, W. et al. (Org.). **Decifrando a Terra**. São Paulo: Oficina de Textos, 2000.

TER-STEPANIAN, G. The Beginning of Technogene. **Bulletin of the International Association of Engineering Geology**, Paris, n. 38, p. 133-142, 1988.

TESSLER, M. G.; MAHIQUES, M. M. de. Processos oceânicos e a fisiografia dos fundos marinhos. In: TEIXEIRA, W. et al. (Org.). **Decifrando a Terra**. São Paulo, Oficina de Textos, 2001. p. 262-284.

THOMAS, M. F. **Geomorphology in the Tropics**. Chichester: John Wiley & Sons, 1994.

TORRES, J. A. V. **Estratigrafia, princípios y métodos**. Madrid: Editorial Rueda, 1994.

TRICART, J. A geomorfologia nos estudos integrados de ordenação do meio natural. **Boletim Geográfico**, Rio de Janeiro: IBGE, v. 34, n. 251, p. 15-42, out./dez. 1976.

____. **Ecodinâmica**. Rio de Janeiro: IBGE/Supren, 1975.

____. Mise en point: l'évolution des versants. **L'information Geographique**, n. 21, p. 108-15, 1957.

____. Paisagem e ecologia. **Inter-fácies**: escritos e documentos, São José do Rio Preto: Unesp, n. 76, p. 1-55, 1982.

TRICART, J. **Principes et méthodes de la geomorphologie**. Paris: Masson, 1965.

TRICART, J.; SILVA, C. T. **Estudo de geomorfologia da Bahia e Sergipe**. Salvador: Imprensa Oficial da Bahia, 1968.

TROLL, C. Die Landschaftsguertel der Tropischen Anden. **Inhadl 24 Dt. Geographentag zu Danzig**, p. 263-270, 1932.

TUCCI, C. E. M. (Org.). **Hidrologia**: ciência e aplicação. 3. ed. Porto Alegre: Editora da UFRGS, 2009.

UFCG – Universidade Federal de Campina Grande. **Emmanuel de Martonne**. Disponível em: <http://www.dec.ufcg.edu.br/biografias/EmanueMa.html>. Acesso em: 19 mar. 2016.

UFPR – Universidade Federal do Paraná. **Maak em expedições pelo Brasil**. 1 fot.: p.b. 23 ago. 2014. Disponível em: <http://www.ufpr.br/portalufpr/wp-content/uploads/2014/10/mostra1.jpg>. Acesso em: 20 mar. 2016.

UGB – União da Geomorfologia Brasileira. **Textos clássicos em geomorfologia**. Disponível em: <http://www.ugb.org.br/final/normal/main_template.php?pg=16> Acesso em: 20 mar. 2016.

UNESCO – Organização das Nações Unidas para a Educação, a Ciência e a Cultura. **Ground Water, Environment and Development – Briefs. n. 2**. 1992. Traduzido e adaptado por DRM/RJ. Disponível em: <http://www.drm.rj.gov.br/index.php/areas-de-atuacao/3-aguassub terraneas>. Acesso em: 26 jan. 2016.

_____. **Infiltrômetro**. 1 fot.: color. Disponível em: <http://webworld.unesco.org/water/ihp/db/glossary/glu/ZZ/GP0671.GIF>. Acesso em: 20 mar. 2016.

UNESP – Universidade Estadual Paulista "Túlio de Mesquita Filho". Faculdade de Ciências. **Pesquisa sobre efeito estufa numa visão interdisciplinar**. Disponível em: <http://wwwp.fc.unesp.br/~lavarda/procie/dez14/angelina/>. Acesso em: 13 jan. 2016.

UNIÃO EUROPEIA. Parlamento e Conselho Europeu. **Directiva 2000/60/CE do Parlamento Europeu e do Conselho**, de 23 de outubro de 2000, que estabelece um quadro de acção comunitária no domínio da política da água. Disponível em: <http://eur-lex.europa.eu/resource.html?uri=cellar:5c835afb-2ec6-4577-bdf8-756d3d694eeb.0009.02/DOC_1&format=PDF>. Acesso em: 14 jan. 2016.

VALERIANO, M. M. Curvatura vertical de vertentes em microbacias pela análise de modelos digitais de elevação. **Revista Brasileira de Engenharia Agrícola e Ambiental**, Campina Grande, v. 7, n. 3, p. 539-546, 2003. Disponível em: <http://www.scielo.br/scielo.php?pid=S1415-43662003000300022&script=sci_arttext>. Acesso em: 21 mar. 2016.

VALERIANO, M. M. Dados topográficos. In: FLORENZANO, T. G. (Org.). **Geomorfologia**: conceitos e tecnologias atuais. São Paulo: Oficina de Textos, 2008. p. 72-104.

VAREJÃO-SILVA, M. V. **Meteorologia e climatologia**. Versão digital.

Recife: Inmet, 2006. Disponível em: <http://www.icat.ufal.br/laboratorio/clima/data/uploads/pdf/METEOROLOGIA_E_CLIMATOLOGIA_VD2_Mar_2006.pdf>. Acesso em: 29 jan. 2016.

VELOSO, A. J. G. Importância do estudo das vertentes. **GEOgraphia**, Rio de Janeiro, v. 4, n. 8, 2002. Disponível em: <http://www.uff.br/geographia/ojs/index.php/geographia/article/view/89>. Acesso em: 21 mar. 2016.

VENTURI, L. A. B. (Org.). **Praticando geografia**: técnicas de campo e laboratório. São Paulo: Oficina de Textos, 2005.

VERONESE, V. F. A incorporação do processamento digital de imagens aos estudos de recursos naturais: limitações e perspectivas. **Revista Brasileira de Geografia**, Rio de Janeiro, IBGE, v. 57, n. 3, p. 29-38, jul./set. 1995.

VIANELLO, R. L.; ALVES, A. R. **Meteorologia básica e aplicações**. Viçosa: UFV – Imprensa Universitária/UFV, 1991.

WEBNODE. **Divisor de águas**. Disponível em: <http://files.professoralexeinowatzki.webnode.com.br/200000302-f18b7f285b/divisor%20de%20aguas.JPG>. Acesso em: 14 jan. 2016.

WIKIMEDIA COMMONS. **William Morris Davis**. 1934. 1 fot.: p.b. Disponível em: <https://commons.wikimedia.org/wiki/File:William_Morris_Davis.jpg>. Acesso em: 20 mar. 2016.

ZONAS CLIMÁTICAS. **Figura**. 1 ilustr.: color. Disponível em: <http://cmapspublic.ihmc.us/rid=1MCQM5RJJ-9FZFF1-25LH/Zonas%20Clim%C3%A1ticas.jpg>. Acesso em: 20 mar. 2016.

Bibliografia comentada

AB'SABER, A. Fundamentos da geomorfologia costeira do Brasil atlântico inter e subtropical. **Revista Brasileira de Geomorfologia**, Uberlândia, v. 1, p. 27-43, 2000. Disponível em: <http://www.ugb.org.br/home/artigos/RBG_01/Artigo02_RBG_2000.pdf>. Acesso em: 21 mar. 2016.

Nessa obra, o professor Ab'Saber realiza um resgate das contribuições conceituais e metodológicas que a geomorfologia costeira recebeu durante o século XX. Segundo a concepção do estudo, para compreendermos melhor a ordem dos fatores na geomorfogênese e na hidrogeomorfologia de um litoral, é necessário considerarmos o espaço costeiro como a faixa que se estende da linha de costa até a retroterra costeira e que está submetida às variações do nível do mar ao longo do tempo. O professor realiza uma abordagem tríplice do litoral: terra, mar e dinâmica climática. Assim, identifica e descreve 49 setores de norte a sul do litoral brasileiro, considerando a ocupação humana do litoral e as alterações físicas e morfológicas do relevo litorâneo.

AB'SABER, A. **Os domínios de natureza no Brasil**: potencialidades paisagísticas. São Paulo: Ateliê Editorial, 2003.

Nessa obra, o professor Aziz Nacib Ab'Saber nos apresenta, com a generosidade científica que lhe é peculiar, os domínios da natureza, aos quais se refere como potencialidades paisagísticas existentes no Brasil. O método do professor combina os aspectos morfoclimáticos, pedológicos, hidrológicos, ecológicos e fitogeográficos das paisagens para formar um mosaico do espaço geográfico de nosso país. O autor denomina de *potencialidades paisagísticas brasileiras* as paisagens de mares e morros, cerrados e caatingas, a Amazônia brasileira e os anexos: "Relictos, redutos e refúgios"; "Cerrados *versus* Mandacarus"; "Paisagens de exceção e *canyons* brasileiros", apresentando-os detalhadamente. Segundo Ab'Saber, existem seis grandes domínios paisagísticos e macroecológicos no território brasileiro: 1) domínio das terras baixas florestadas da Amazônia; 2) domínio das depressões interplanálticas semiáridas do Nordeste; 3) domínio dos "mares de morros" florestados; 4) domínio dos chapadões centrais recobertos de cerrados e penetrados por florestas de galeria; 5) domínio dos planaltos de araucárias; e 6) domínio das pradarias mistas do Rio Grande do Sul. O autor descreve com detalhes os aspectos morfoclimáticos e fitogeográficos de cada um desses domínios, abordando suas principais características e contrastes, que são responsáveis por formar um cenário com combinações distintas em cada domínio. A obra é um subsídio aos estudiosos, professores, planejadores e pesquisadores de diferentes áreas do conhecimento, que têm como objetivo compreender o grande mosaico paisagístico do Brasil. Nos estudos de geomorfologia, as contribuições desse autor foram várias, sendo esta uma de suas últimas obras.

CASSETI, V. **Geomorfologia**. 2005. Disponível em: <http://www.funape.org.br/geomorfologia/index.php>. Acesso em: 21 mar. 2016.

O professor Valter Casseti coordenou esse projeto com as professoras Maria Amélia Nunes Guimarães e Carmem Nunes Guimarães Leite, com ajuda da Fundação de Apoio à Pesquisa (Funape), da Universidade Federal de Goiás (UFG), na elaboração e hospedagem da página eletrônica que divulga a obra *Geomorfologia* gratuitamente aos estudantes e professores do Brasil e do mundo. Os conteúdos apresentados marcam a trajetória acadêmica do professor Casseti, dedicado ao estudo da geomorfologia. Os primeiros capítulos resgatam parte dos conteúdos dos livros *Elementos de geomorfologia*, publicado pelo Centro Gráfico da UFG (1990, 1994 e 2001) e *Ambiente e apropriação do relevo*, publicado pela Editora Contexto (1991 e 1995), com revisão, alteração e incorporação de conhecimentos. A obra apresenta os níveis de abordagem sistematizados pelo professor Aziz Nacib Ab'Saber (compartimentação topográfica, estrutura superficial e fisiologia da paisagem), que servem de base para nossa proposta de estudo. O trabalho ainda apresenta os elementos da geomorfologia cartográfica, faz relações entre a geomorfologia e o estudo da paisagem e apresenta um apanhado de métodos e técnicas para a pesquisa em geomorfologia.

CHRISTOFOLETTI, A. **Geomorfologia**. São Paulo: Edgar Blücher, 1974.

Essa obra, da década de 1970, é uma das importantes contribuições do professor Antonio Christofoletti ao ensino da geomorfologia no Brasil. Diante da escassez de produção bibliográfica sobre o tema na época, essa obra tem como objetivo estimular os estudantes das Ciências Naturais e Humanas ao estudo das formas de relevo. Para o autor, a geomorfologia tem função relevante no contexto das geociências, pois atua sobre o embasamento rochoso, estudando os processos morfogenéticos que modelam a topografia terrestre, em cujo campo também interferem as forças geodinâmicas da Terra. Christofoletti deixa transparecer sua tendência à abordagem sistêmica na compreensão e na explicação dos processos e das formas das vertentes, das características das bacias hidrográficas e das redes fluviais, da morfologia litorânea e da morfologia cársica. Nessa linha de contribuição, o autor apresenta um panorama sobre as diversas teorias geomorfológicas que serviram e ainda servem de base para pesquisadores e educadores que aplicam a geomorfologia em seus trabalhos.

GUERRA, A. J. T.; MARÇAL, M. dos S. **Geomorfologia ambiental**. Rio de Janeiro: Bertrand Brasil, 1996.

O livro nos apresenta um panorama sobre o aumento dos problemas ambientais e das transformações globais nos últimos séculos. Mostra ainda a importância da geomorfologia como uma ciência capaz de integrar aspectos que envolvem conhecimentos das atividades sociais e ambientais, que servem de base aos estudos e às pesquisas voltados às ações de caráter prático. Para os autores, a geomorfologia ambiental permite associar as questões sociais às análises da natureza e incorporar ainda as relações políticas e econômicas que estão associadas na produção do espaço geográfico. A geomorfologia deve ser aplicada ao estudo de catástrofes causadas ao meio ambiente a fim de evitá-las (ou, pelo menos, ter seus efeitos minimizados), reduzindo bastante o número de vítimas humanas fatais, bem como os danos a bens materiais, recursos hídricos, flora e fauna. Por isso, defendem que a geomorfologia ambiental deve ser compreendida e adotada como um importante instrumento no planejamento a serviço da gestão das cidades e das regiões agrárias. O estudo também destaca a evolução de conceitos, teorias, abordagens e metodologias na ciência geomorfológica, o que tem levado à criação de vários ramos nessa área do conhecimento, na qual duas grandes subdivisões podem ser feitas: geomorfologia pura e geomorfologia aplicada. Por fim, os autores sugerem que, nos estudos ambientais, seja considerado o papel da ação do ser humano nos processos geomorfológicos e na evolução das formas de relevo, ou seja, o ser humano atuando como agente geomorfológico.

IBGE – Instituto Brasileiro de Geografia e Estatística. **Manual técnico de Geomorfologia**. 2. ed. Rio de Janeiro: IBGE, 2009. Disponível em: <ftp:// geoftp.ibge.gov.br/documentos/recursos_naturais/manuais_tecnicos/ manual_tecnico_geomorfologia.pdf>. Acesso em: 21 mar. 2016.

O *Manual técnico de geomorfologia*, elaborado pela Diretoria de Geociências do Instituto Brasileiro de Geografia e Estatística (IBGE), tem a finalidade de apresentar técnicas e procedimentos para a interpretação e o mapeamento do relevo, com a expectativa de atender a setores da sociedade que necessitam desse tipo de informação, cumprindo parte de sua missão institucional de retratar o Brasil com informações necessárias ao conhecimento de sua realidade e ao exercício da cidadania. O manual traz ainda a evolução do mapeamento geomorfológico no Brasil, especialmente na área da interpretação de imagens em meio digital, geoprocessamento e sistemas de informações geográficas (SIGs) integrados a bancos de dados. Estabelece normas e procedimentos para a produção e o armazenamento de informações de geomorfologia em meio digital, atendendo, assim, às necessidades de especificações técnicas exigidas pela academia, por setores profissionais e pela Administração Pública. A obra dedica uma seção aos procedimentos e às técnicas de interpretação e mapeamento geomorfológico, bem como suas aplicações no ensino e na pesquisa geomorfológicas.

VENTURI, L. A. B. (Org.). **Praticando geografia**: técnicas de campo e laboratório. São Paulo: Oficina de Textos, 2005.

Essa obra foi elaborada por um grupo que reuniu professores, mestres e doutores, geógrafos e outros profissionais. Ela descreve o progresso das técnicas de análise de campo e de laboratório empregadas na prática do ensino da Geografia. Várias das técnicas apresentadas são aplicadas ao estudo do relevo terrestre, particularmente no Capítulo 5, intitulado "Algumas técnicas de pesquisa em geomorfologia". Além disso, os autores apresentam um panorama sobre as novas tecnologias, como o GPS, mostram procedimentos para elaboração de um croqui de paisagem, o uso de fotografias, as classificações do relevo e do solo com o uso de imagens de satélite, entre outras abordagens. Os autores aplicaram as propostas de trabalho no curso de Geografia da Universidade de São Paulo (USP) e, com base nessas experiências, produziram um apanhado de práticas pedagógicas para o ensino da Geografia e suas áreas de domínio.

Respostas

Capítulo 1

Atividades de autoavaliação

1. c

2. e

3. b

4. c, a, b

5. b

Atividades de aprendizagem
Questões para reflexão

1. Esperamos que o aluno desenvolva o raciocínio sobre o relevo terrestre, suas formas e seus processos como objeto de estudo da geomorfologia.

2. Esperamos que o estudante indique sua percepção sobre as formas e as identifique usando seus conhecimentos preliminares sobre o relevo.

Atividade aplicada: prática

Os estudantes deverão sistematizar as informações recolhidas e elaborar uma reflexão sobre os objetivos e o objeto da geomorfologia.

Capítulo 2

Atividades de autoavaliação

1. c

2. b

3. c

4. b

5. c

Atividades de aprendizagem
Questões para reflexão

1. Conforme diz o texto, os estudos sistematizados sobre o relevo aparecem inicialmente na escola anglo-americana, contidos na teoria do ciclo geográfico de Willian Morris Davis. Na escola alemã, aparece como método aplicado no sistema geomorfológico de Walther Penck.

2. Segundo o sistema de W. M. Davis (1899), o relevo sofre um rápido soerguimento com posterior estabilidade tectônica e eustática. Para W. Penck (1953), o relevo sofre uma ascensão de massa com intensidade e duração diferentes.

Atividade aplicada: prática

O estudante deverá responder às questões de acordo com os elementos perceptíveis em sua paisagem local, considerando as componentes indicadas e de acordo com o texto.

Capítulo 3

Atividades de autoavaliação

1. b

2. c

3. b

4. c

5. d

Atividades de aprendizagem
Questões para reflexão

1. De acordo com o autor, existem duas grandes linhas de pesquisa no campo específico da geomorfologia: uma de caráter experimental, que visa trabalhar por meio de experiências em laboratórios e estações; e outra de caráter empírico, que é desenvolvida com base em coletas de dados dos pesquisadores, por meio de observações e descrições da paisagem, minuciosas e indispensáveis para a interpretação da gênese do relevo.

2. De acordo com o texto, entre os métodos para datação das rochas, podem ser aplicados: a geocronologia, usando técnicas como a estratigrafia e a paleontologia, que permitem uma geocronologia relativa, mostrando as camadas de unidade geomorfológicas; a radiocronologia, que permite a geocronologia absoluta, sendo possível calcular a idade de disposição de rochas na faixa de idade do Período Terciário (últimos 65 milhões de anos) ao Arqueano Inicial (3,8 bilhões de anos atrás).

Atividade aplicada: prática

Conforme mostra a imagem da carta topográfica, é possível observarmos: título, identificação da fonte, articulação e localização da folha, fonte, escala, localidades, limites, vias de circulação, pontos de controle, curvas de nível, redes hidrográficas, legenda.

Capítulo 4

Atividades de autoavaliação

1. a

2. d

3. d

4. b

5. b

Atividades de aprendizagem
Questões para reflexão

1. Conforme o *Manual técnico de geomorfologia* do IBGE (2009), a classificação apresenta os seguintes táxons: domínios morfoestruturais, regiões geomorfológicas, unidades geomorfológicas, modelados e formas de relevo simbolizadas.

2. O estudante deverá indicar os quatro tipos de modelados conforme o texto – acumulação, aplainamento, dissolução e dissecação – e apresentar um exemplo de cada, considerando o texto ou suas observações de campo.

Atividade aplicada: prática

A resposta é pessoal, com base nas observações de campo e na identificação no mapa constante no capítulo em estudo.

Capítulo 5

Atividades de autoavaliação

1. b

2. c

3. b

4. b

5. a

Atividades de aprendizagem
Questões para reflexão

1. De acordo com os conteúdos apresentados no capítulo, os climas que apresentam maior umidade e temperatura tendem à maior intemperização dos materiais do regolito, enquanto nos climas frios e secos os processos de intemperização tendem a ser mais fracos e lentos. O grau de intemperização depende das condições climáticas, das propriedades dos materiais e das variáveis locais. Como resultado, produz a transformação das rochas em materiais mais estáveis, em condições físico-químicas diferentes daquelas em que foram originadas.

2. O estudante deverá indicar as zonas: tropical interior de aplainamento parcial, peritropical de aplainamento acentuado e subtropical de relevo misto. Os biomas predominantes são a

floresta tropical, as pradarias e savanas e a caatinga. Os climas predominantes são o tropical, o temperado e o semiárido.

Atividade aplicada: prática

O estudante poderá discorrer sobre o conceito de depósito tectogênico, de acordo com o livro, exemplificando os elementos observáveis na paisagem de seu município. As formas de ocupação humana – urbana ou rural – mostram-se nas construções, vias de circulação, pastagens e culturas, áreas cobertas e descobertas de vegetação, entre outras formas a serem explorada pelo estudante, conforme seu domínio e sua percepção espacial.

Capítulo 6

Atividades de autoavaliação

1. d

2. b

3. b

4. c

5. e

Atividades de aprendizagem
Questões para reflexão

1. O estudante poderá indicar as classes apresentadas por Sharpe (1938): rastejamento ou *creep*; fluxos de terra; avalancha; deslizamentos e desmoronamentos.

2. O estudante poderá interpretar o diagrama com o auxílio da leitura do capítulo, destacando os processos de erosão em relação a tipos e usos do solo, variáveis climáticas, cobertura e usos humanos como elementos do balanço erosivo nas vertentes.

Atividade aplicada: prática

Na área representada são observadas várias voçorocas, que correspondem ao modelo clássico. Observamos que ambas se iniciam por uma ravina profunda, onde aparecem as águas superficiais. O desmoronamento do topo das paredes é bastante perceptível na imagem.

Anexo 1

Formas simbolizadas (IBGE, 2009)
Quadro A – Formas relacionadas às ações fluviais, lacustres e marinhas

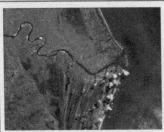
Crédito: Imagem Mosaico GeoCover na folha SD24zc

Delta
Protuberância na linha de costa formada pelo acúmulo de sedimentos na foz dos rios em direção ao oceano, ou mares parcialmente fechados, lagunas ou lagos. Ocorre associado a planícies fluviomarinhas, fluviolacustres e lagunares.

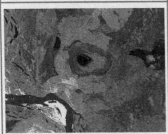
Crédito: Imagem Mosaico GeoCover na folha SC22zc

Auréola de colmatagem
Zona de acumulação de materiais de granulometria fina nas bordas de lagos e lagunas, marcando níveis de oscilação das águas provenientes de precipitações pluviométricas, variações de marés ou rios que ali desembocam.

Crédito: Imagem Mosaico GeoCover na folha SA19zd

Borda de terraço
Desnível que limita um plano de aluviões antigas ou um plano de um pedimento, formado em consequência da variação do nível de base regional ou por influência da neotectônica, localizado na margem das planícies fluviais, lacustres, lagunares e marinhas.

(continua)

(Quadro A - continuação)

 Crédito: Composição ALOS/ AVNIR 2 R3G4B2 na folha SD23ya	 **Cone de dejeção** Depósito de material detrítico transportado por torrentes até a desembocadura em áreas de piemonte. Apresenta forma cônica, abrindo-se para jusante, sendo o eixo coincidente com a linha de maior competência da corrente. Ocorre no sopé das escarpas, por abandono de carga devido à diminuição de energia da torrente, sob condições de clima favorável à desagregação de materiais e ao transporte da carga ou por situação de instabilidade tectônica.
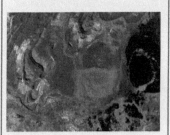 Crédito: Imagem Landsar 7/ ETM+ R5G4B3 na folha SE21vb	 **Leque aluvial (*alluvial fan*)** Depósito em forma de leque que se espraia declive abaixo a partir de um ápice localizado na base de uma área mais elevada. Ocorre em áreas de contato de dois tipos de relevos distintos, marcados por forte ruptura de declive, em quaisquer sistemas morfogenéticos, o que acarreta aspectos texturais diferenciados.
 Crédito: Imagem Mosaico GeoCover na folha SC23zc	 **Garganta** Passagem estreita causada pelo aprofundamento do talvegue de um rio em rochas resistentes à erosão, existentes em terrenos dobrados e falhados, geralmente discordante da estruturação regional. Pode ocorrer em regiões submetidas a eventos neotectônicos.

(Quadro A – continuação)

 Crédito: Imagem Mosaico GeoCover na folha SE24yb	 **Depressão pseudocárstica** Forma circular e/ou ovalada, deprimida, com fundo chato e, geralmente, fechada, às vezes comunicando-se com a rede de drenagem, mas concentrando água da chuva. Assemelha-se às elaboradas no relevo cárstico, porém tem a sua origem e desenvolvimento associados a processos diferentes dos que envolvem o carste propriamente dito. Ocorre nos tabuleiros e nas chapadas recobertos por colúvios e/ou latossolos, sobre variados tipos de litologia de permeabilidade contrastante com a da cobertura.
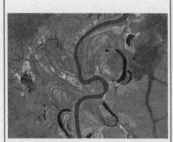 Crédito: Imagem Mosaico GeoCover na folha SC20yc	 **Barras em pontal (*point bars*)** Feições de deposição muito comuns no sistema fluvial meandrante. Morfologicamente, são constituídas por uma sucessão de linhas desenvolvidas na margem convexa, que crescem em função da migração do canal. Ocorrem nas várzeas dos principais rios e em meandros abandonados.

(Quadro A – continuação)

 Crédito: Imagem Mosaico GeoCover na folha SB20xb	 **Barras de canal (*scroll bars*)** Formas de leito de rio de ocorrência aperiódica resultantes da atuação de múltiplos eventos erosivos e deposicionais. Geralmente apresentam um padrão de crescimento longitudinal com a presença de barras mais antigas normalmente fixadas pela vegetação. Frequentemente encontradas em acumulações fluviais na calha de grandes rios (ilhas fluviais arenosas).
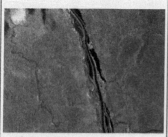 Crédito: Imagem Mosaico GeoCover na folha SB20xd	 **Dique marginal (*natural levee*)** Pequena elevação que se estende paralelamente às margens dos rios, resultado da deposição aluvial, essencialmente arenosa, por ocasião das cheias em que o rio transborda o seu canal principal.
 Crédito: Imagem Mosaico GeoCover na folha SB20zb	 **Paleodrenagem (*palaeochannel*)** Forma de depósito linear fluvial, fluviomarinho ou lacustre correspondente a uma drenagem preexistente, seja na forma de canal (paleocanal), seja na forma de meandro abandonado que tenha sido posteriormente colmatado – paleomeandro. Ocorre nas planícies e, sobretudo, nos terraços fluviais de rios e margens lacustres. Em determinadas situações pode ser um indicativo importante de ação neotectônica.

(Quadro A – continuação)

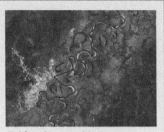 Crédito: Imagem Mosaico GeoCover na folha SB19xb	 **Meandro abandonado (*oxbow lake*)** Lago formado por avulsão de canal no meandro, destacado e individualizado do canal principal, fechado por diques marginais e/ou barras em pontal. Ocorre em planícies fluviais de grande extensão e em planícies fluviolacustres.
 Crédito: Imagem Mosaico GeoCover na folha NA20xd	 **Vereda** Zona deprimida de forma ovalada, linear ou digitiforme dentro de área estruturalmente plana ou aplanada por erosão. É resultante de processos de exsudação do lençol freático, cujas águas geralmente convergem para um talvegue, assinalada por vegetação típica, caracterizada por palmeiras de diferentes espécies, particularmente buritis, podendo conter área com turfa. Ocorre nas chapadas das bacias e em coberturas sedimentares, bem como em planaltos pertencentes a outras áreas sujeitas à atuação de sistemas morfoclimáticos de cerrado.

(Quadro A - continuação)

 Crédito: Imagem Mosaico GeoCover na folha SD21vc	 **Dale** Depressão rasa, úmida, preenchida por materiais orgânicos e/ou minerais, associada a fenômenos de subsidência e/ou extravasamento do lençol freático, formado pelo direcionamento das águas de recarga que fluem para o vale. Ocorre no terço superior das vertentes, nos limites inferiores das chapadas, correspondendo às nascentes de drenagem.
 Crédito: Imagem Mosaico GeoCover na folha SE24yd	 **Cristas de praia (*beach ridges*)** Formações arenosas alongadas existentes na planície marinha, isoladamente ou em feixes progradantes, geralmente paralelas à praia atual. Sua geometria exibe sequências truncadas em diferentes ângulos relacionadas a mudanças no regime de ondas, correntes, bem como a variações do nível do mar. Ocorrem ao longo da planície costeira, conectadas a praias arenosas e, mais frequentemente, próximas a grandes deltas.

(Quadro A - continuação)

 Crédito: Imagem Mosaico GeoCover na folha NA22xc	 **Chenier** Cordões de praia subparalelos constituídos por sedimentos arenosos, bioclastos e, por vezes, matéria orgânica, assentados em substrato lamoso, formados com base na alternância dos processos de progradação e do retrabalhamento das ondas. Essas feições são evidências morfológicas e estratigráficas de antigas linhas de costa, em ambientes de baixo gradiente influenciados pela ação das marés. Ocorrem exclusivamente em planícies marinhas.
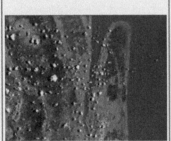 Crédito: Imagem Mosaico GeoCover na folha NA22vb	 **Linhas de acresção** Feições associadas a planícies marinhas que indicam o crescimento dos cabos lamosos (*mudcapes*). Podem ser linhas retilíneas ou sob a forma de arcos em sucessivas posições frontais de crescimento do cabo, fixadas pela vegetação. Ocorrem em planícies costeiras sob alta influência de correntes e marés.
 Crédito: Imagem Mosaico GeoCover na folha SB25ya	 **Falésia** Forma costeira abrupta esculpida por processos erosivos marinhos de alta energia. Ocorre no limite entre as formas continentais e a praia atual, em trechos de costas altas.

(Quadro A - continuação)

 Crédito: Imagem Mosaico GeoCover na folha SB25ya	 **Paleofalésia** Rebordo costeiro, íngreme ou suavizado, resultante da erosão marinha pretérita devida à progradação da linha de costa. Ocorre no limite entre as formas continentais e as planícies marinha e/ou fluviomarinha que sofreram os efeitos das variações do nível do mar e/ou neotectônica.
 Crédito: Imagem Mosaico GeoCover na folha SE24yb	 **Paleolitoral** Ruptura de declive que evidencia oscilações do nível do mar, favorecendo a formação de antiga linha de praia no limite com o continente, representada por uma antiga praia, restinga, etc., antecedendo sedimentos marinhos mais recentes. Ocorre nas costas baixas, próximas a estuários, ou em setores do litoral onde ocorreu a progradação.
 Crédito: Imagem Mosaico GeoCover na folha SD24yd	 **Recife** Linha de material bioclástico consolidado, às vezes recoberta de corais e algas encrostantes, geralmente paralela à costa e/ou fechando barras fluviais, resultante de recuo do nível do mar, e, atualmente, exposta diretamente à ação das ondas e marés.

(Quadro A – conclusão)

Crédito: Imagem Mosaico
GeoCover na folha SG22xd

Restinga (*barrier spit*)
Feição linear subparalela à linha de praia, formada pelo acúmulo de sedimentos decorrente da ação de processos marinhos. É um tipo de barreira costeira que se restringe apenas ao cordão litorâneo que fecha parcialmente as embocaduras de rios, as angras, baías ou pequenas lagunas. Ocorre nas planícies litorâneas de contorno irregular, nas proximidades de desembocaduras de rios e falésias que possam fornecer sedimentos arenosos.

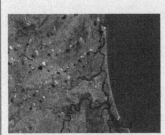

Crédito: Imagem Mosaico
GeoCover na folha SD24zc

Ilha barreira (*barrier island*)
Feição emersa de um depósito sedimentar situada junto a duas desembocaduras lagunares entre a face litorânea (*shoreface*) e a laguna. É um tipo particular de barreira costeira desconectada da terra continental principal por ambientes úmidos.
Frequentemente associada às demais barreiras costeiras, estende-se longitudinalmente em relação à linha de costa.

Fonte: Adaptado de IBGE, 2009.

Quadro B – Forma relacionada à ação eólica

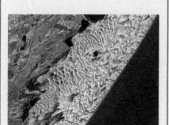

Crédito: Imagem Mosaico GeoCover na folha SH22za

Duna
Depósito arenoso de origem eólica de dimensões e formas variadas, tais como: parabólica, barcana e longitudinal, posicionado de acordo com a direção principal dos ventos, eventualmente apresentando disposição linear. Ocorre na zona litorânea, remobilizando depósitos marinhos e/ou fluviomarinhos, e no interior, como resultado do retrabalhamento de acumulações fluviais, lacustres ou de enxurradas.

Fonte: Adaptado de IBGE, 2009.

Quadro C – Formas relacionadas à ação cárstica

Crédito: Imagem Mosaico GeoCover na folha SD23xc

Borda de patamar cárstico
Ruptura de declive em borda de superfície plana de topo de planalto ou de chapada, podendo formar degraus e/ou conter *lapiès*, cânions e outras formas de dissolução de rochas carbonáticas. Ocorre em áreas de rochas calcárias ou dolomíticas, geralmente truncadas por um plano estratigráfico com camadas sedimentares permeáveis, posteriormente exumado e dissecado por uma retomada de erosão.

(continua)

(Quadro C - continuação)

Crédito: Composição ALOS/ AVNIR 2 R3G2B1 na folha SD23xc

Lapiés
Sulcos ou caneluras esculpidos por águas pluviais nas superfícies de rochas carbonáticas, com especial destaque em fraturas, constituindo uma feição típica de relevo cárstico.

Crédito: Imagem Mosaico GeoCover na folha SE23za

Dolina
Depressão cárstica de forma oval ou arredondada, de bordas íngremes e fundo chato, podendo conter lagoa com argilas de descalcificação ou outros materiais de preenchimento resultantes da dissolução. Ocorre em áreas de rochas carbonáticas, principalmente calcários e dolomitos solúveis, dispostas em camadas espessas, pouco dobradas e fraturadas, submetidas a sistemas morfogenéticos úmidos atuais ou pretéritos.

Crédito: Imagem Mosaico GeoCover na folha SD23xc

Morro cárstico
Forma de relevo residual resultante da dissolução de calcários, apresentando-se com feições variadas: bloco maciço com torres ou pináculos ruiniformes ou colina de topo plano. Ocorre em áreas, de rochas carbonáticas, submetidas a sistemas morfoclimáticos úmidos.

(Quadro C - continuação)

 Crédito: Imagem Mosaico GeoCover na folha SC23zd	 **Ressurgência** Ponto de saída de água subterrânea nas bordas de relevos cársticos. Ocorre em áreas de rochas carbonáticas, principalmente calcários e dolomitos solúveis, dobradas e fraturadas, submetidas a sistemas morfoclimáticos úmidos atuais ou pretéritos.
 Crédito: Composição ALOS/ AVNIR 2 R3G4B2 na folha SD23vd	 **Sumidouro** Poço cárstico por onde se infiltram as águas da chuva ou de rios, apresentando forma afunilada, alargada por dissolução de rochas carbonáticas. Ocorre principalmente em áreas de calcários e dolomitos solúveis, dobrados e fraturados, submetidos a sistemas morfoclimáticos úmidos atuais ou pretéritos.
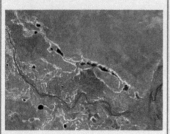 Crédito: Composição ALOS/ AVNIR 2 R3G4B 2 na folha SC23zb	 **Uvala** Depressão com a forma de uma rosácea irregular, resultante da coalescência de várias dolinas ou articulada a um sistema de fraturas do substrato rochoso. Ocorre em áreas de rochas carbonáticas, sobretudo calcários e dolomitos, dispostos em camadas espessas, pouco dobradas e fraturadas, submetidas a sistemas morfogenéticos úmidos atuais ou pretéritos.

(Quadro C - conclusão)

Crédito: Imagem Mosaico GeoCover na folha SC24ya

Vale cárstico
Zona deprimida de forma alongada ou digitada, geralmente de fundo chato e com bordas côncavas bem marcadas, elaborada por dissolução de rochas carbonáticas. Pode apresentar ressurgência na cabeceira e ser fechado a jusante, com a ocorrência de sumidouro. Ocorre em áreas de rochas carbonáticas, sobretudo calcários e dolomitos solúveis, dispostas em camadas espessas, pouco dobradas e fraturadas, submetidas a sistemas morfogenéticos úmidos atuais ou pretéritos.

Fonte: Adaptado de IBGE, 2009.

Quadro D - Formas relacionadas à dissecação que englobam feições residuais

Crédito: Imagem Mosaico GeoCover na folha SD23va

Crista simétrica
Forma de relevo residual alongada, isolada, com vertentes de declividade forte e equivalentes que se interceptam formando uma linha contínua. Ocorre em rochas metamórficas e intrusivas ou em outras litologias mais resistentes do que as circunvizinhas.

(continua)

379

(Quadro D – continuação)

 Crédito: Imagem Mosaico GeoCover na folha SD22xb	 **Crista assimétrica (*hogback*)** Forma de relevo residual alongada cujas encostas apresentam declividade superior a 30°, uma das quais formando escarpa nítida. Ocorre com mais frequência em rochas metamórficas ou em metassedimentos dobrados com mergulho subvertical, isoladas ou formando feixe de cristas.
 Crédito: Imagem Mosaico GeoCover na folha NA20xb	 **Inselbergue** Forma residual que apresenta feições variadas tipo crista, cúpula, domo ou "dorso de baleia", apresentando encostas com declives em torno de 50° a 60°, dominando uma superfície de aplanamento herdada ou funcional, com a qual forma no sopé uma ruptura (*knick*) de onde divergem as rampas de erosão. Ocorre com maior frequência em depressões periférica e interplanáltica, em áreas de rochas metamórficas cortadas por intrusões, explorando as diferenças de resistências entre estas e as rochas encaixantes.

(Quadro D - conclusão)

Crédito: Imagem Mosaico
GeoCover na folha SA19xb

Pontão
Forma de relevo residual que apresenta feições variadas, tais como: topos aguçados, encostas íngremes e predominantemente convexas, desnudadas por esfoliação esferoidal. Ocorre em áreas de relevos dissecados constituídos por rochas metamórficas e/ou intrusivas diaclasadas, podendo ocorrer em meio a "mares de morros" como formas residuais de batólitos, *stocks* e outros tipos intrusivos.

Fonte: Adaptado de IBGE, 2009.

Quadro E – Formas relacionadas a bacias e coberturas sedimentares

Crédito: Imagem Mosaico
GeoCover na folha SE21zd

Cuesta
Forma de relevo assimétrico com desnível abrupto resultante de recuo erosivo de camadas sedimentares homoclinais, de resistências diferentes, apresentando frente escarpada (*front*) e reverso com fraca declividade. Ocorre em áreas externas de bacias sedimentares e dobramentos de cobertura, apresentando às vezes falhamentos associados.

(continua)

(Quadro E – conclusão)

Crédito: Imagem Mosaico GeoCover na folha SB23yc

Morro testemunho (mesa)
Relevo residual de topo plano, limitado por escarpas, resultante do recuo pela erosão de frente de *cuesta* ou de outras escarpas de relevos tabuliformes formados em rochas sedimentares ou excepcionalmente em derrames vulcânicos. Ocorre nas depressões periféricas, precedendo frentes de planaltos sedimentares ou sobre esses planaltos, chapadas e tabuleiros, assinalando contato de rochas de resistências diferentes ou limites de recuo de erosão.

Fonte: Adaptado de IBGE, 2009.

Quadro F – Formas relacionadas a dobramentos

Crédito: Imagem Mosaico GeoCover na folha SE21vb

Borda de anticlinal escavada
Escarpa voltada para o centro da anticlinal escavada em consequência da erosão seletiva sobre camadas menos resistentes ao longo da charneira da dobra. Ocorre em estruturas dobradas, truncadas por aplanamento, levantadas por epirogênese e retrabalhadas pela erosão, resultando numa inversão topográfica.

(continua)

382

(Quadro F – continuação)

 Crédito: Imagem Mosaico GeoCover na folha SD23xd	 **Borda de sinclinal suspensa** Escarpa voltada para o exterior de sinclinal suspensa em consequência da erosão seletiva nas partes externas da dobra. Ocorre em estruturas dobradas, aplanadas, levantadas por epirogênese que provocou uma inversão da topografia.
 Crédito: Imagem Mosaico GeoCover na folha SD21za	 *Combe* Depressão alongada acompanhando a direção da charneira de uma anticlinal aplanada e escavada pela erosão seletiva. Representa estágio inicial de esvaziamento de uma anticlinal. Ocorre em áreas de relevo dobrado parcialmente conservado.
 Crédito: Imagem Mosaico GeoCover na folha SF23va	 **Dorso anticlinal** Forma preservada pela existência de uma camada resistente à erosão associada à charneira de dobra anticlinal. Ocorre em estrutura dobrada parcialmente conservada devido a condições especiais, tal como a presença de camadas de rochas mais duras, que a resguardaram da erosão.

383

(Quadro F – conclusão)

 Crédito: Imagem Mosaico GeoCover na folha SE23xc	 **Facetas triangulares de camada** Formas predominantemente triangulares resultantes da esculturação de estratos sedimentares de resistência distinta à erosão, acompanhando o seu mergulho e limitadas por escarpas. Ocorrem em estruturas dobradas ou homoclinais, nos flancos das anticlinais e de sinclinais constituídas de camadas com resistências diferentes à erosão.
 Crédito: Imagem Mosaico GeoCover na folha SD23xb	 **Marcas de enrugamento** Cristas justapostas paralelamente, com regular distribuição espacial, resultado de intensa deformação de caráter rúptil a dúctil. Ocorrem geralmente em terrenos que foram submetidos a intensa atividade tectônica, em especial de cinemática transcorrente ou transpressiva.

Fonte: Adaptado de IBGE, 2009.

Quadro G – Formas relacionadas à tectônica de falha

 Crédito: Imagem Mosaico GeoCover na folha SE23za	**Escarpa adaptada à falha** Escarpa resultante da erosão remontante, acompanhando paralelamente uma zona de falha. Ocorre nas zonas de falhamentos verticais e/ou transcorrentes em morfoestruturas constituídas por rochas rígidas.

(continua)

(Quadro G – continuação)

Crédito: Imagem Mosaico
GeoCover na folha SD21ya

Escarpa de falha

Escarpa resultante de deslocamento vertical ou horizontal de blocos falhados ou da exumação de plano de falha anteriormente truncado pela erosão. Ocorre nas zonas de falhamentos verticais e/ou transcorrentes, em morfoestruturas constituídas de rochas rígidas e nos contatos destas com bacias sedimentares subsidentes.

Crédito: Imagem Mosaico
GeoCover na folha SD23vc

Facetas triangulares de falha

Facetas triangulares delimitadas por escarpas resultantes da esculturação de planos de falhas. Ocorrem em escarpas de falhas e em frentes dissecadas de blocos falhados.

Crédito: Imagem Mosaico
GeoCover na folha SH22vc

Vale ou sulco estrutural

Incisão em forma de vale originada de falha, fratura ou diáclase, submetida à tectônica rúptil, de ocorrência litológica generalizada. Ocorre geralmente em rochas rígidas (quartzitos, granitos e metamórficas diversas) submetidas à tectônica.

(Quadro G - conclusão)

Crédito: Imagem Mosaico
GeoCover na folha NA22vb

Anomalia de drenagem
Feição encontrada em canal de drenagem, caracterizada por mudança brusca do padrão de canal, estreitamento e/ou desvio provocado pela súbita mudança na direção normal da rede de drenagem. Dentre as formas mais comuns, destacam-se as anomalias em arco e cotovelos em regiões afetadas pela neotectônica.

Fonte: Adaptado de IBGE, 2009.

Quadro H - Forma relacionada a estruturas circulares

Crédito: Imagem Mosaico
GeoCover na folha SE23ya

Borda de estrutura circular
Ressalto topográfico, geralmente de forma circular ou elíptica, situado em plano superior ao da rocha encaixante ou, então, interiormente erodida em razão da diferença de resistência à erosão. Caracteriza-se pela presença de ravinas e/ou material coluvial em suas encostas, com padrões de drenagem anelar e radial. Ocorre nos corpos ígneos intrusivos, em rochas sedimentares e secundariamente em rochas metamórficas.

Incluem-se nessa categoria as estruturas de impacto ou astroblemas.

Fonte: Adaptado de IBGE, 2009.

Quadro I – Formas de gênese indiferenciada

Crédito: Composição CBERS 2/ CCD R3G4B2 na folha SH22xa

Borda de patamar estrutural
Rebordo erosivo que limita superfície tabular, formando degrau de topo parcial ou totalmente coincidente com um plano estratigráfico exumado. Ocorre predominantemente em bacias sedimentares ou nos limites destas com outras estruturas discordantes, em contatos de camadas de rochas de litologias distintas.

Crédito: Composição CBERS 2/ CCD R2G4B2 na folha SH22xc

Cânion
Vale profundo com vertentes íngremes e desnível elevado, esculpido em litologias variadas. Pode ter controle estrutural ou não e geralmente ocorre em planaltos.

Crédito: CBERS 2/CCD R2G4B2 na folha SH22xa

Escarpa erosiva
Desnível abrupto limitando um tipo de modelado ou forma individualizada decorrente da atuação dos processos erosivos com o recuo das vertentes resultante das alternâncias climáticas. Ocorre de forma indistinta em diversos tipos de modelados e litologias.

(continua)

387

(Quadro G - conclusão)

 Crédito: Imagem Mosaico GeoCover na folha SD23vb	 **Escarpa em relevo monoclinal** Desnível na borda de um bloco assimétrico formado de rochas sedimentares cujas camadas apresentam baixo a médio mergulho (3° a 30°), retratando o recuo da erosão em relação às rochas de seu embasamento. Ocorre, comumente, em bacias sedimentares.
 Crédito: Imagem Mosaico GeoCover na folha SF23xb	 **Linha de cumeada** Forma de relevo alongada, resultante da interseção de vertentes de forte declividade, geralmente constituindo a direção geral de estruturas tectogênicas, formando grandes alinhamentos em terrenos sujeitos a forte deformação. Pode, também, representar estruturas primárias no caso de rochas ígneas plutônicas, de abrangência local, com tendências a formar feições circulares ou elípticas.
 Crédito: Imagem Mosaico GeoCover na folha SD21xd	**Ressalto** Ruptura de declive que limita diferentes tipos de modelado ou diferentes níveis altimétricos cujo traçado pode ser relacionado a controle estrutural ou litológico.

Fonte: Adaptado de IBGE, 2009.

Anexo 2

Mapa A – Planalto da Borborema: variação altimétrica

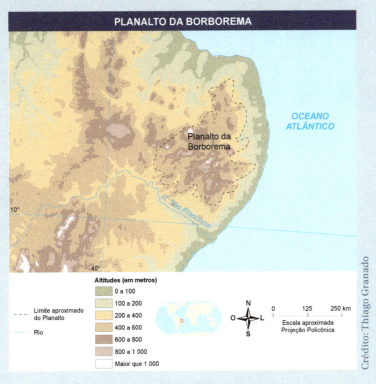

Fonte: Adaptado de Oliveira; Medeiros, 2012, p. 64.

Mapa B – Mapa altimétrico do Brasil

Fonte: IBGE, 2002, p. 96.

Mapa C – Brasil: domínios morfoestruturais e morfoclimáticos

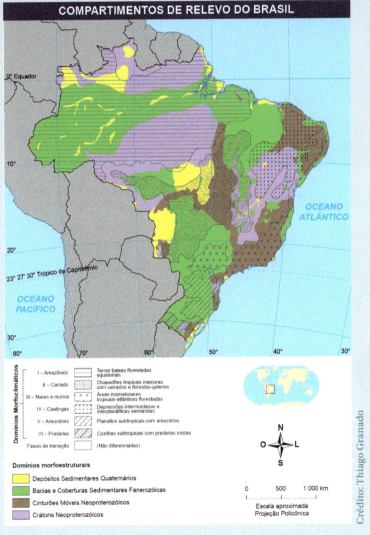

Fonte Adaptado de IBGE, 2006b.

Mapa D – Brasil: compartimentos de relevo

Fonte: Adaptado de IBGE, 2006a.

Mapa E – Classificação climática de Köppen-Geiger (I)

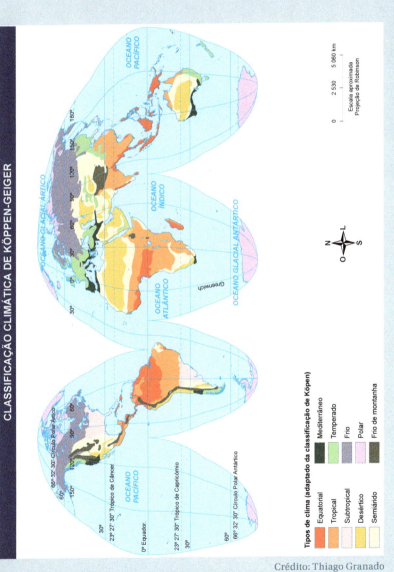

Fonte: Adaptado de Climatologia, 1994.

Crédito: Thiago Granado

Mapa F – Classificação climática de Köppen-Geiger (II)

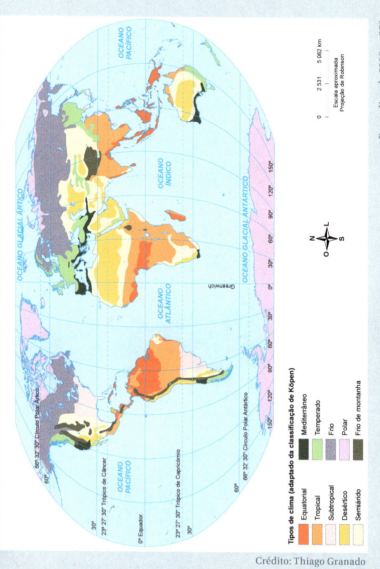

Fonte: Kottek, 2006, p. 259.

Crédito: Thiago Granado

Sobre o autor

Paulo César Medeiros é geógrafo, doutor em Geografia (2011) pela Universidade Federal do Paraná (UFPR) e professor da rede pública estadual de educação básica do Paraná e da rede federal de educação básica, técnica e tecnológica no Paraná. Também é autor de livros didáticos para a educação básica, técnica e tecnológica. É diretor técnico-científico do Centro de Estudos, Defesa e Educação Ambiental do Paraná (Cedea/PR) e pesquisador no grupo de pesquisa Educação, Trabalho e Tecnologias Sociais, no Instituto Federal do Paraná (IFPR), em Curitiba.

Os papéis utilizados neste livro, certificados por instituições ambientais competentes, são recicláveis, provenientes de fontes renováveis e, portanto, um meio **respons**ável e natural de informação e conhecimento.

Impressão: Reproset